Michio Kushi

Der makrobiotische Weg

Michio Kushi

Der makrobiotische Weg

Das vollständige makrobiotische Diät- und Übungsbuch

Verlag Hermann Bauer
Freiburg im Breisgau

CIP-Titelaufnahme der Deutschen Bibliothek

Kushi, Michio:
Der makrobiotische Weg: d. vollst. makrobiot. Diät- u. Übungsbuch / Michio Kushi. [Ins Dt. übertr. von Christine Bendner]. – 2. Aufl. – Freiburg im Breisgau: 1988
Einheitssacht.: The macrobiotic way (dt.)
ISBN 3-7626-0299-9

Die amerikanische Originalausgabe erschien 1985 unter dem Titel
The Macrobiotic Way. The Complete Macrobiotic Diet & Exercise Book.
bei Avery Publishing Group Inc., Wayne, New Jersey.

Mit 34 Zeichnungen.

Ins Deutsche übertragen von Christine Bendner.

2. Auflage 1988
ISBN 3-7626-0299-9

Satz: Typo Tausend GmbH, Nürnberg
Druck und Bindung: May & Co, Darmstadt.
Printed in Germany.

Inhalt

Einleitung

Der Begriff Makrobiotik taucht erstmals in den Schriften des Hippokrates, des Vaters der westlichen Medizin, auf. In seinem Essay »Luft, Wasser, Orte« beschrieb er mit diesem Wort Menschen, die besonders gesund waren und ein hohes Alter erreichten. Aus dem Griechischen übersetzt bedeutet *makro* »groß« und *bios* »Leben«. Herodot, Aristoteles, Galen und andere Autoren des klassischen Altertums bezeichneten mit dem Begriff Makrobiotik einen bestimmten Lebensstil, der auf der Grundlage einer einfachen Ernährungsweise beruhte und der Gesundheit und Langlebigkeit versprach.

Gegen Ende des achtzehnten Jahrhunderts war es der deutsche Arzt und Philosoph Christoph W. Hufeland, der neues Interesse an diesem Begriff weckte. Sein vielbeachtetes Buch über Ernährung und Gesundheit trug den Titel *Makrobiotik oder Die Kunst, das Leben zu verlängern.*

Nahezu ein Jahrhundert später erfuhr der Begriff Makrobiotik eine weitere Renaissance – dieses Mal in Japan. Zwei Professoren, Sagen Ishitsuka, Mediziner, und Yukikazu Sakurazawa heilten sich mit einer Diät aus Vollreis (braunem Reis), Misosuppe, Meeresgemüsen (Algen) und anderen traditionellen Nahrungsmitteln von schweren Krankheiten. Diese Lehrer verbrachten viele Jahre damit, die östlichen Heilweisen und Philosophien zu studieren und mit jüdisch-christlichem Gedankengut und holistischen Ansätzen der modernen westlichen Wissenschaft und Medizin zu verbinden. Sakurazawa kam 1920 nach Paris. Er nannte sich später George Ohsawa und wandte den Begriff Makrobiotik auf seine Lehren an.

Vom Beginn seiner Erkrankung bis zu seinem Tode im Alter von vierundsiebzig Jahren widmete Oshawa sein Leben der Aufgabe, die Anwendbarkeit der Makrobiotik unter normalen Lebensbedingungen zu demonstrieren. Er setzte sich stark für die Verbreitung von Informationen über diesen Lebensstil ein, besuchte mehr als dreißig Länder, hielt über siebentausend Vorträge und veröffentlichte über dreihundert Bücher.

Oshawa hatte viele Schüler, unter ihnen Mishio Kushi, den Autor dieses Buches. Kushi wurde im Jahre 1926 geboren und erwarb einen Grad in Völkerrecht an der Universität von Tokio, bevor er 1949 in die Vereinigten Staaten kam. Während er seine Studien an der Columbia-Universität in New York fortsetzte, begann er, die makrobiotische Lehre über Ernährung und Gesundheit zu verbreiten. Kushi teilte sein Wissen über Makrobiotik und natürliche Lebensweise mit einer solchen Begeisterung mit anderen Menschen, daß er beschloß, diese Arbeit zu seiner Lebensaufgabe zu machen.

Als er begann, Makrobiotik zu lehren, begegnete er vielen Menschen, die zwar eifrig bemüht waren zu lernen, für die es jedoch vollkommen ungewohnt war, einfache, naturbelassene Nahrung zu essen. Kushi erkannte, daß es notwendig war, die makrobiotische Ernährung an den modernen Geschmack anzupassen, ohne ihre Einheit zu zerstören. Im Laufe der Jahre unternahm er viele Reisen und hielt viele Vorträge vor verschiedenen Gruppen, um den makrobiotischen Weg überall in der Welt bekanntzumachen. Er und seine Mitarbeiter werden häufig eingeladen, vor den Vereinten Nationen in New York zu sprechen, wo eine makrobiotische Vereinigung entstanden ist.

Die Makrobiotik befürwortet eine Ernährung, bei der der Energiebedarf hauptsächlich durch Vollgetreide, Bohnen und einheimische Gemüse gedeckt wird. Darüber hinaus werden bei dieser Ernährungsform nahrhafte Sojaprodukte, die im Osten seit Jahrhunderten verwendet werden, sowie mineralreiche Meeresfrüchte wie Algen und bestimmte Fischsorten verzehrt. In der makrobiotischen Ernährung wird rotes Fleisch (Rind- und Schweinefleisch) und Geflügel durch bescheidene Mengen Schellfisch und andere Weißfischarten ersetzt. Meersalz und natürliche Süßungsmittel aus Getreide (zum Beispiel Reissirup oder Gerstenmalz) ersetzen das normale Kochsalz und den Industriezucker – beides Produkte, die eine Hauptrolle in der modernen Kost spielen.

Als Michio Kushi sich entschlossen hatte, die Herausforderung anzunehmen, vielen Menschen bei der Umstellung auf eine gesündere Ernährungs- und Lebensweise zu helfen, hatte er Schwierigkeiten, die Lebensmittel, die er empfahl, überhaupt zu beschaffen. Also gründete er gemeinsam mit seiner Frau Aveline eine Vertriebsorganisation für Naturkost, um diese Lücke zu schließen. Sein kleines Unternehmen, das später unter dem Namen *Erewhon* firmierte, entwickelte sich schließlich zu einem Spezialunternehmen für makrobiotische Erzeugnisse und Naturkost mit einem Umsatz von siebzehn Millionen Dollar.

Michio und Aveline Kushi gründeten die *East-West-Foundation* (Ost-West-Bund e.V.) und das Kushi-Institut – zwei Lehreinrichtungen, die ohne Profit arbeiten –, um eine weitere Erforschung und Verbreitung des makrobiotischen Weges zu ermöglichen. Außerdem riefen sie das *East West Journal* ins Leben (eine Monatszeitschrift mit einer weltweiten Auflage von gegenwärtig fünfundsiebzigtausend Exemplaren) und eröffneten mehrere makrobiotische Restaurants.

Die Kushis haben fünf Kinder. Michio und Aveline Kushi haben zahlreiche Bücher über verschiedene Anwendungsbereiche der makrobiotischen Lehre veröffentlicht, unter anderen *The Book of Microbiotics; The Book of Do-In: Exercise for Physical and Spiritual Development; The Cancer Prevention Diet; Your Face Never Lies; An Introduction to Oriental Diagnosis; The Macrobiotic Approach to Cancer; Natural Healing Through Macrobiotics; How to Cook with Miso; The Changing Seasons Macrobiotic Cookbook* und *Macrobiotic Pregnancy and Care of the Newborn*. Außerdem veröffentlichte Michio Kushi eine Buchreihe mit dem Titel *Teachings of Michio Kushi*.

In den vergangenen zwei Jahren hatte ich Gelegenheit, Michio und Aveline Kushi näher kennenzulernen. Sie sind außergewöhnliche Menschen. Besonders beeindruckte mich ihre anscheinend unerschöpfliche Energie und die Geduld und das Mitgefühl, die sie für ihre Mitmenschen aufbringen. Als Wissenschaftler, Philosoph, Autor und Lehrer ist Michio Kushi oft von den frühen Morgenstunden bis nach Mitternacht unermüdlich tätig. Ob er einzelne Ratsuchende empfängt, Pläne zur weiteren Entwicklung und Verbreitung der makrobiotischen Lebensweise diskutiert, einer Sitzung des wissenschaftlichen makrobiotischen Komitees beiwohnt, ein Seminar für Mediziner oder Menschen aus anderen Heilberufen abhält oder einfach mit einem Freund über das Leben plaudert – Kushi ist stets bereit, seine grenzenlose Begeisterung für das Leben und seine Fähigkeit, die Probleme des Lebens mit feinem Humor zu betrachten, aktiv mit anderen zu teilen.

Dieses Buch entstand aus meinem Wunsch, Michio Kushis makrobiotischen Ansatz zu natürlicher Ernährung und Gesundheit zu verstehen und in einfachen Begriffen einer breiten Öffentlichkeit zugänglich zu machen. Michio Kushi ist in dem Sinne Autor dieses Buches, als sein Inhalt sich aus den vielen Diskussionen, die wir über dieses Thema führten, herausbildete. Außerdem wurde Material aus seinen Vorträgen und seinen anderen Büchern und Artikeln verwendet.

Michio und ich sind unseren Familien und Freunden dankbar für die wertvolle Unterstützung, die sie uns bei der Entstehung dieses Buches zuteil werden ließen. Besonderer Dank gebührt Aveline Kushi und Wendy Esko für ihre Hilfe bei der Zusammenstellung der Rezepte, bei der auch Karen Williamson, Caroline Heindenry und Colleen Blauer mitarbeiteten. Besonders bedanken möchten wir uns auch bei Lawrence Haruo Kushi von der *Harvard School of Public Health* sowie bei Phillip Kushi und Ed Esko von der *East-West-Foundation*, Bill Tara vom Kushi Institut und Lenny Jacobs, Linda Roszak und Mark Mayell vom *East-West-Journal* für ihre Mithilfe bei der stilistischen Gestaltung und für die Überprüfung verschiedener Abschnitte auf Genauigkeit und Klarheit.

Außerdem bedanken wir uns bei Diana Puglisi, deren hervorragende redaktionelle Fähigkeiten und Geduld dazu beitrugen, aus unserem Manuskript ein Buch entstehen zu lassen, sowie bei Lydia Wilen für ihre schriftstellerische Hilfe. Vor allem aber gilt besonderer Dank dem Geschäftsführer unseres Verlages, Rudy Shur, für seine Ermutigung, Begeisterung und Unterstützung während der ganzen Dauer des Projektes.

Mein größter Wunsch ist es, daß der Geist des Teilens und der Zusammenarbeit, durch den dieses Buch Wirklichkeit wurde, in irgendeiner Form das Leben der Leser berühren möge. Denn im Teilen finden wir Fülle, Frieden und Glück.

Stephen Blauer
Boston, Massachusetts

Vorwort

Als ich vor einigen Jahren eine große Konzerttournee durch die Vereinigten Staaten plante, spürte ich den Wunsch, jemanden bei mir zu haben, der für mich kochen und mir helfen würde, meinen Körper in guter Verfassung zu halten, während ich unterwegs war. In jener Zeit begann ich gerade, rotes Fleisch und Industriezucker nach und nach von meinem Speisezettel zu verbannen und spürte das Verlangen nach einer »vegetarischen« Ernährung. (Obgleich ich ein Schokoladensüchtiger war und noch bin und Eiskrem über alles liebte). Und siehe da, ein Mann namens Ron Lemire, ein ausgezeichneter (professioneller) Koch und Masseur, tauchte auf und bot mir an, den Job zu übernehmen. In den darauffolgenden Monaten gab ich einhundertfünfundzwanzig Konzerte in hundert Städten überall im Land. Normalerweise war ich während dieser Zeit abwechselnd zwei Wochen auf Tournee und zwei Wochen zu Hause. Wenn ich unterwegs war und Rons Mahlzeiten aß, verfügte ich über unglaubliche Energie, geistige Klarheit und spürte inneren Frieden (eine wesentlich geringere Anfälligkeit für Streß und Anspannung). Meine Stimme war stärker und klarer denn je, und ich fühlte mich leicht und gesund und gut.

Wenn ich zu Hause war und meine normale Ernährung wieder aufnahm, fühlte ich mich völlig anders. Das Essen war gewöhnlich sehr reichhaltig mit vielen Soßen und Gewürzen, Zucker und Sahne zubereitet. Um ehrlich zu sein, zu Hause bringe ich nicht die gleiche Disziplin auf wie unterwegs, und ich konnte meine Finger nicht von der Keksdose lassen oder mich von der Eiskrem, die im Kühlschrank auf mich wartete, fernhalten. Ich schlief schlecht, fühlte mich ziemlich kraftlos und steif und war entweder aufbrausend oder durcheinander – kurz, ich fühlte mich nicht wohl.

Meine Eltern haben kein einziges dummes Kind in die Welt gesetzt, und nach etwa fünf Mini-Tourneen war mir klar, daß mein Leben unterwegs sich nur in einem Punkt von meinem Leben zu Hause unterschied: in der Ernährungsweise. Allmählich bemerkte ich auch, daß die Mahlzeiten, die Ron mir während der Tourneen vorsetzte, einem bestimmten Muster folgten. Die Hauptmahlzeit am Mittag bestand aus einer Suppe, einem Getreidegericht, ein paar Bohnen, etwas gedünstetem Gemüse, einem Salat und einem köstlichen Nachtisch. Das Essen schien mehr als »nur vegetarisch« zu sein. Es folgte einer bestimmten Disziplin. Zu dieser Zeit begann ich, etwas über den makrobiotischen Weg zu erfahren – über die Kräfte Yin und Yang, über Ausgewogenheit und Harmonie und über Michio Kushi und seine hervorragende Arbeit.

Ich hatte damals das Privileg, Michio und Aveline, ihre Familie und Freunde in Brookline, Massachusetts, persönlich kennenlernen zu dürfen. Und ich habe seitdem noch viele andere Freunde der Makrobiotik in verschiedenen East-West-Zentren auf der ganzen Welt kennengelernt. Ich bin dankbar, daß ich bei ihrem unermüdlichen Bestreben, mehr und mehr Menschen eine gesunde und glückliche Lebensweise zu vermitteln, und eine friedliche Welt mitzugestalten, eine kleine Rolle spielen durfte.

Während dieses Entwicklungsprozesses wurde meine eigene Vision von einer großen menschlichen Familie stärker und klarer. In dem Maße, in dem sich mein Wissen über Ernährung und Gesundheit vertieft, vertieft sich auch meine Überzeugung. Wir können den Hunger auf diesem Planeten beenden. Wir können Krebs und Herzkrankheiten heilen. Frieden ist möglich.

Niemand arbeitet unermüdlicher und wirkungsvoller an diesen Zielen als Michio Kushi, seine Familie und seine Freunde – und all jene, die dem makrobiotischen Weg folgen.

John Denver
Aspen, Colorado

Einführung

Die Makrobiotik ist eine Ernährungs- und Lebensform, die schon seit Tausenden von Jahren von vielen Menschen auf der ganzen Welt praktiziert wird. Sie entwikkelte sich aus einem intuitiven Verständnis für die natürliche Ordnung der Existenz. Es ist das Ziel der modernen Makrobiotik, uns eine Lebensweise zu vermitteln, die uns helfen kann, den stets größer werdenden Graben zwischen Mensch und Natur zu überbrücken. Die makrobiotische Theorie geht davon aus, daß Krankheit und Unglück die Lektionen sind, mit denen uns die Natur wieder zu einer gesunden Art zu essen und zu leben zurückführen will, und daß diese Probleme nicht nötig wären, lebten wir in Harmonie mit unserer Umwelt.

Die makrobiotische Ernährung basiert auf Vollgetreiden und anderen naturbelassenen, traditionellen Nahrungsmitteln, die ihrer Jahreszeit entsprechend verwendet werden. Dadurch, daß wir uns so weit von den natürlichen Elementen entfernt haben, sind uns viele wertvolle Dinge verlorengegangen, und wir können viel von Volksstämmen wie den Hunza, Vilcabamba oder Abkhasiern lernen, die ständig in engem Kontakt mit der Natur leben. Die Menschen dieser Völker sind vital, gesund und körperlich sehr aktiv – manchmal noch weit über ihren hundertsten Geburtstag hinaus. Sie nehmen fast ausschließlich naturbelassene Nahrungsmittel zu sich. Ihre Ernährungsform ist im wesentlichen makrobiotisch, denn sie basiert hauptsächlich auf Vollgetreiden wie Weizen, Gerste, Buchweizen, Mais und braunem Reis, die mit frischen Gemüsen, grünen Blättern, Erbsen, Bohnen, Nüssen und Früchten kombiniert werden. Obwohl sie hin und wieder ein wenig Fleisch, Geflügel oder Milch verzehren, machen diese Nahrungsmittel weniger als ein Prozent ihrer gesamten Kost aus. Wir sind vielleicht nicht in der Lage, das gleiche Niveau körperlicher Aktivität zu erreichen (obwohl dies von vielen Seiten befürwortet wird) oder den einfachen, ländlichen Lebensstil dieser Menschen anzunehmen, aber wir können dennoch eine gesündere und ganzheitlichere Ernährungsweise anstreben. In der Tat wird in den Vereinigten Staaten aufgrund jüngster Forschungen, die von der amerikanischen Regierung veranlaßt wurden, allgemein eine einfachere Ernährung empfohlen. Zwei Publikationen, *Dietary Goals for the United States* (Ernährungsziele für die Vereinigten Staaten, 1977) und *Diet, Nutrition and Cancer* (Ernährung und Krebs, 1982) sprachen sich deutlich für eine umfassende Umstellung der Ernährung aus. Sie befürworten einen erhöhten Verbrauch von Vollgetreide, Vollkornprodukten, Bohnen, frischen Gemüsen und Früchten und eine Einschränkung beim Verzehr von roten Fleischsorten, Käse, Eiern, Geflügel sowie von stark raffinierten Nahrungsmitteln, die kaum noch Ballaststoffe enthalten. Außerdem wurde eine Einschränkung des Salz-, Zucker- und Fettkonsums empfohlen.

Hunderte von Medizinern und Ernährungswissenschaftlern, die an dieser Studie beteiligt waren, sind überzeugt, daß die Änderung der Ernährungsgewohnheiten einen erheblichen Rückgang bestimmter Krankheiten wie Herzleiden, Bluthochdruck, Fettsucht, Leber-Gallestörungen und Krebs bewirken kann. Im ersten Bericht, der vom *McGovern Senate Select Committee on Nutrition and Human Needs* (Unter Senator McGovern gebildeter Ausschuß zur Untersuchung der Nahrungs- und anderer Grundbedürfnisse der amerikanischen Bevölkerung) herausgegeben wurde, kamen die Wissenschaftler zu dem Schluß, daß »die gegenwärtigen Ernährungsgewohnheiten sich ebenso verheerend auf die Volksgesundheit auswirken können wie die Infektionskrankheiten zu Beginn unseres Jahrhunderts«.

Obwohl diese beeindruckenden Studien in den Medien nur wenig Beachtung fanden, wenden sich nun Tausende von Menschen alternativen Lebensweisen, wie der makrobiotischen Ernährung, zu, um Krankheiten vorzubeugen und ihre Gesundheit zu verbessern. Einige bekannte Mediziner, darunter Dr. Keith Block, Gesundheits- und Ernährungsberater bei CBS-Radio in Chicago und Dr. Robert Mendelsohn, vormals medizinischer Direktor des *American International Hospital* in Zion, Illinois, preisen die makrobiotische Ernährung als Hoffnungsstrahl in der Gesundheitsvorsorge.

Dr. Edward Kass und Dr. Frank Sacks von der Harvard Universität berichten im *American Journal of Epidemology* (Ausgabe Mai 1974), daß die makrobiotische Diät geeignet ist, den Blutdruck von Hochdruckpatienten zu normalisieren. Ihre Beobachtungen an zweihundertzehn Patienten, die sich auf makrobiotische Ernährung umgestellt hatten, zeigten, daß die vorwiegend vegetarische Kost imstande war, erhöhte Blutdruckwerte auf ein normales Niveau zu senken, und außerdem wesentlich besser als die normale Ernährung des Durchschnittsamerikaners geeignet war, dieses Niveau auch zu halten.

Ein Jahr später veröffentlichte das *New England Journal of Medicine* einen weiteren Bericht, in dem Kass und Sacks feststellten, daß Patienten, die sich auf makrobiotische Ernährung umgestellt hatten, niedrigere Blutfett- und Cholesterinwerte aufwiesen als der Durchschnittsamerikaner, auch wenn sie sich die meiste Zeit ihres Lebens mit der üblichen modernen Kost ernährt hatten (die oft zu erhöhten Cholesterinwerten führt). 1982 bestätigten J.T. Knuiman und C.E. West Dr. Kass' Beobachtungen in einer eigenen Forschungsreihe, in der sie die totalen Blutfett- und Cholesterinwerte von Makrobiotikern, Vegetariern und Nichtvegetariern verglichen hatten. Ihr Bericht wurde in der medizinischen Zeitschrift *Atherosclerosis* veröffentlicht. Durch ihre Erfolge bei der Vorbeugung und Bekämpfung von Bluthochdruck und erhöhten Blutfettwerten wurde die makrobiotische Diät medizinisch glaubwürdig und gewann auch therapeutische Bedeutung. Einige Ärzte empfehlen sie ihren Patienten bereits zusätzlich zur Standardbehandlung.

Im Lemuel Shattuck-Krankenhaus in Boston haben die Angestellten und bestimmte Patientengruppen die Möglichkeit, sich makrobiotisch zu ernähren. In Linko, Portugal, gab man einer Gruppe von Gefängnisinsassen Gelegenheit, makrobiotisch zu essen. Chico Varatojo, Direktor eines makrobiotischen Zentrums innerhalb des Gefängnisses, ist überzeugt, daß die Unausgewogenheit der herkömmlichen Ernährung mitverantwortlich für Kriminalität und asoziales Verhalten in unserer modernen Gesellschaft ist.

Bei der Umstellung auf makrobiotische Ernährung sollte man vertrauensvoll und ohne Hast vorgehen. Man nimmt die natürlichen, ganzheitlichen Nahrungsmittel am besten nach und nach in den Speiseplan auf, indem man anfangs vielleicht nur braunen Reis (im Dampfdrucktopf gekocht) hinzufügt und dann allmählich immer mehr auf naturbelassene Nahrung übergeht. Nach und nach werden Sie lernen, auch die Zubereitungsarten zu variieren. Ganz allmählich sollten auch starkschmeckende Gewürze und Zusätze vermieden und durch Zubereitungsarten ersetzt werden, die das natürliche Aroma und die Vitalität der Speisen hervorheben. Die Kapitel über Nahrungszubereitung und der Rezeptteil dieses Buches werden Ihnen helfen, köstliche makrobiotische Mahlzeiten zu bereiten, so als hätten Sie Ihr Leben lang auf diese Weise gekocht.

Im Gegensatz zu vielen anderen Ernährungssystemen hat sich die Makrobiotik in den vergangenen fünfzig Jahren ständig weiter ausgebreitet. Die Lehrer der Makrobiotik gehörten zu den Pionieren des neuen Ernährungsbewußtseins, das naturbelassene und biologisch angebaute Nahrungsmittel fordert. Es gibt gegenwärtig über hundert Makrobiotik-Zentren in aller Welt, in denen diese Ernährungsform und Kochkunst gelehrt wird.

Sie werden beim Lesen dieses Buches immer wieder auf Berichte von Menschen stoßen, die, nachdem sie eine Zeitlang an verschiedenen Beschwerden und Krankheiten gelitten hatten, mit der makrobiotischen Ernährungsweise experimentierten und entdeckten, daß sie ihnen wirklich helfen konnte. In all diesen Fällen trugen drei Faktoren wesentlich zur Genesung bei: die gute Qualität, richtige Quantität und Zusammenstellung gut zubereiteter Nahrung, regelmäßige Bewegung und eine positive geistige Einstellung. Von diesen Prinzipien der makrobiotischen Lebensweise handelt dieses Buch.

In Kapitel 1 erfahren Sie, woraus sich die makrobiotische Kost zusammensetzt, inwiefern sie sich von der normalen Durchschnittsnahrung unterscheidet, die heute in vielen Teilen der Welt üblich ist, und wie Sie die Makrobiotik nutzen können, um Ihre eigene Gesundheit und die Ihrer Familie zu verbessern.

1 Der Weg zu einer besseren Gesundheit

Der makrobiotische Ansatz zu Ernährung, Bewegung und Lebensführung kann Ihnen und Ihrer Familie zu einer besseren Gesundheit verhelfen. Wenn Sie sich entschließen, sich makrobiotisch zu ernähren und auch den anderen Empfehlungen dieses Buches zu folgen, werden Sie die Früchte einer aktiven, intelligenten und aufbauenden Lebensweise ernten. Sie werden die Fülle und Harmonie der Natur entdecken – selbst inmitten der Zwänge und Bedrohungen unserer komplizierten modernen Welt.

Die makrobiotische Philosophie lehrt uns, daß eine ganzheitliche Ernährung der direkteste Weg zu einer guten Gesundheit ist. Daher werden wir im ersten Teil dieses Buches untersuchen, welche Rolle die Ernährung in der makrobiotischen Lebensweise spielt. Mehr als jedes andere Ernährungssystem berücksichtigt und betont die Makrobiotik individuelle Unterschiede in bezug auf die Lebensumstände, das heißt, in welcher Umgebung ein Mensch lebt, welche Arbeit er verrichtet und wie sein gegenwärtiger Gesundheitszustand ist.

Dieser Ernährungsform, die auf dem philosophischen Prinzip von Gleichgewicht und Harmonie beruht, liegt eine relativ einfache Vorstellung zugrunde: Das Klima und die geographische Lages Ihres Wohnortes, das Niveau Ihrer körperlichen Aktivität und Ihr physiologischer Zustand bestimmen Ihre Nahrungsbedürfnisse. Diese Faktoren stellen wesentlich bessere Kriterien für die Nahrungsauswahl dar als allgemeine Ernährungsrichtlinien und Kalorientabellen.

Außerdem zeigt die Makrobiotik die schädlichen Auswirkungen auf, die moderne Methoden der Nahrungsaufbereitung auf unsere physische und geistige Gesundheit haben. In der makrobiotischen Ernährung werden nur ganzheitliche Nahrungsmittel oder solche, die auf natürliche, traditionelle Weise verarbeitet wurden, verwendet.

Ganzheitliche, naturbelassene Nahrung

Im Gegensatz zu natürlich lebenden Völkern wie den Hunza und Vilcabamba (und anderen traditionellen Kulturen), die hauptsächlich Vollgetreide aus eigenem Anbau, frische Gemüse und Früchte und nur in ganz geringem Maße aufbereitete Nahrungsmittel mit chemischen Zusätzen (wenn überhaupt) verzehren, nimmt der Durchschnittsamerikaner heutzutage fast ausschließlich künstlich aufbereitete und denaturierte Lebensmittel zu sich. Alex Schauss schreibt in *Diet, Crime, and Delinquency* (Ernährung, Kriminalität und Verbrechen): »Im Jahre 1971 erreichten die Vereinigten Staaten den zweifelhaften Ruhm, die erste Nation der Erde zu sein, deren Ernährung zu über fünfzig Prozent aus aufbereiteten Nahrungsmitteln besteht.« Samuel Epstein, Mediziner, bemerkt in *The Politics of Cancer* (Krebspolitik), daß der Durchschnittsamerikaner gegenwärtig pro Jahr viertausendfünfhundert Gramm (neun Pfund) chemische Zusätze in Form von Konservierungsstoffen, künstlichen Farbstoffen, Geschmacksstoffen und anderen Hilfsstoffen mit der Nahrung aufnimmt. Diese »amerikanische« Kost ist jedoch auch für viele Überflußgesellschaften in anderen Industrienationen typisch. Am Beispiel der guten Gesundheit und Langlebigkeit vieler Menschen, deren Nahrung keine chemischen Zusätze enthält, können wir allerdings feststellen, daß die Beifügung von Lebensmittelchemikalien durchaus nicht notwendig zur Erhaltung einer guten Gesundheit ist.

Der übermäßige Verzehr von kalorienreichen Lebensmitteln und gesättigten Fetten sowie der Verlust an Wertstoffen durch Aufbereitung und chemische Zusätze können als die Hauptursachen für den ungeheuren Anstieg von Gesundheitsstörungen in vielen westlichen Industrienationen betrachtet werden. Das *National Center for Health Statistics* (Staatliches Zentrum für Gesundheitsstatistik) stellt in seiner Studie *Current Health Interviews Survey* (Auswertung neuester Gesundheitsumfragen) fest, daß nahezu jeder zweite Amerikaner an chronischen Beschwerden leidet, die wahrscheinlich zu irgendeiner Art von Krankheit führen werden. Um diese Situation umzukehren, empfiehlt die Makrobiotik den Verzehr von ganzheitlichen Lebensmitteln, hauptsächlich pflanzlicher Herkunft, die weniger Kalorien, weniger gesättigte Fette und keine chemischen Zusätze enthalten und keine oder nur minimale Aufbereitung erfordern.

Nahrungsmittel der eigenen Klimazone

In den Vereinigten Staaten (und überall auf der Erde) stellt jede Region durch ihre spezifischen Klimaverhältnisse und geographischen Besonderheiten bestimmte Anforderungen an die dort lebende Bevölkerung. Wenn wir Nahrung aus der gleichen Klimazone zu uns nehmen, das heißt Nahrungsmittel, die in der Umgebung gewachsen sind, in der wir leben, kann sich unser Organismus den natürlichen Veränderungen unserer Umwelt besser anpassen. Ein Mensch, der im feuchten, kalten Klima Schottlands oder Irlands lebt, tut gut daran, Gerichte aus dem fettreichen Hafer zu verzehren, die dort zu den traditionellen Speisen gehören. Für die Menschen im Süden der Vereinigten Staaten ist es besser, braunen Reis oder die süßeren Maisprodukte zu essen, die in dieser Region wachsen.

Unser Speisezettel sollte einen größtmöglichen Anteil an Nahrungsmitteln aus unserer natürlichen Umgebung enthalten. Ein Bewohner Neuenglands, der Orangen aus Florida oder Bananen aus Costa Rica ißt, ignoriert die Tatsache, daß zwischen dem Körper und seiner unmittelbaren Umgebung eine enge Beziehung besteht und wird anfälliger für jahreszeitlich bedingte Krankheiten wie Erkältungen und Grippe oder möglicherweise noch ernstere Krankheiten. Die meisten Einwohner der Vereinigten Staaten leben in der gemäßigten Zone nördlich des Wendekreises des Krebses und südlich des nördlichen Polarkreises. Die Nahrungsmittel, die natürlicherweise in der gemäßigten Zone wachsen – besonders

Getreide, Bohnen, Samen, Gemüse und einige Fruchtsorten – enthalten in ausgewogenem Maße alle Nährstoffe, die die Menschen jener Gegenden (in denen diese Nahrungsmittel angebaut und geerntet werden) benötigen.

Die makrobiotische Ernährung im Vergleich zu anderen Ernährungsformen

Die schematische Zeichnung auf der folgenden Seite zeigt einen Vergleich zwischen der makrobiotischen Ernährungsform, der gewöhnlichen Ernährungsform in modernen Industriegesellschaften und einer Kostform, die von einem Regierungskomitee in der Publikation *Dietary Goals for the United States* (Ernährungsziele für die Vereinigten Staaten) empfohlen wurde.

Die makrobiotische Ernährung setzt sich aus ganzheitlichen, das heißt nicht denaturierten Lebensmitteln zusammen, wobei komplexe Kohlehydrate die hauptsächlichen Energielieferanten sind. Durch spezielle Zubereitungsmethoden wird dafür gesorgt, daß die Nährstoffe optimal erhalten bleiben und das natürliche Aroma der Speisen hervorgehoben wird. Künstlich aufbereitete Nahrungsmittel mit chemischen Zusätzen, handelsübliches Kochsalz und Rohr- oder Rübenzucker werden möglichst völlig gemieden. Milchprodukte, rote Fleischsorten, Geflügel und Speisen, die diese Nahrungsmittel enthalten, werden im allgemeinen für Bewohner der gemäßigten Klimazonen nicht empfohlen. Die »Dietary Goals« dagegen schließen in ihren Empfehlungen stark aufbereitete Nahrungsmittel, die chemische Zusätze und Konservierungsmittel enthalten, nicht aus. Die hier empfohlene Ernährungsweise kann im Hinblick auf ihren gesundheitlichen Wert nicht als optimal betrachtet werden, da sie noch zu viele gesättigte Fette, Zucker, Cholesterin und hochraffinierte Pflanzenöle enthält. Es werden keine besonderen Empfehlungen für die Zubereitung der Speisen und eine ausgewogene Zusammenstellung gegeben. Dennoch stellen diese Empfehlungen im Vergleich zu unserer allgemein üblichen, modernen Ernährung einen großen Fortschritt dar.

Die übliche Ernährung der modernen Industriegesellschaft basiert hauptsächlich auf aufbereiteten und künstlich hergestellten Nahrungsmitteln. Sie enthält einen viel zu hohen Anteil an gesättigten tierischen Fetten, Cholesterin und hochraffinierten Pflanzenfetten. Außerdem weist sie einen Mangel an komplexen Kohlehydraten, Ballaststoffen, natürlichen Vitaminen und Mineralien auf. Aufgrund des exzessiven Salz- und Zuckerkonsums und der vielen chemischen Zusätze (bis heute haben etwa 2.500 verschiedene Chemikalien Eingang in unsere Nahrung gefunden) wird die moderne Ernährungsweise im Hinblick auf Quantität und Qualität mehr und mehr zum Gegenstand heftiger Kritik.

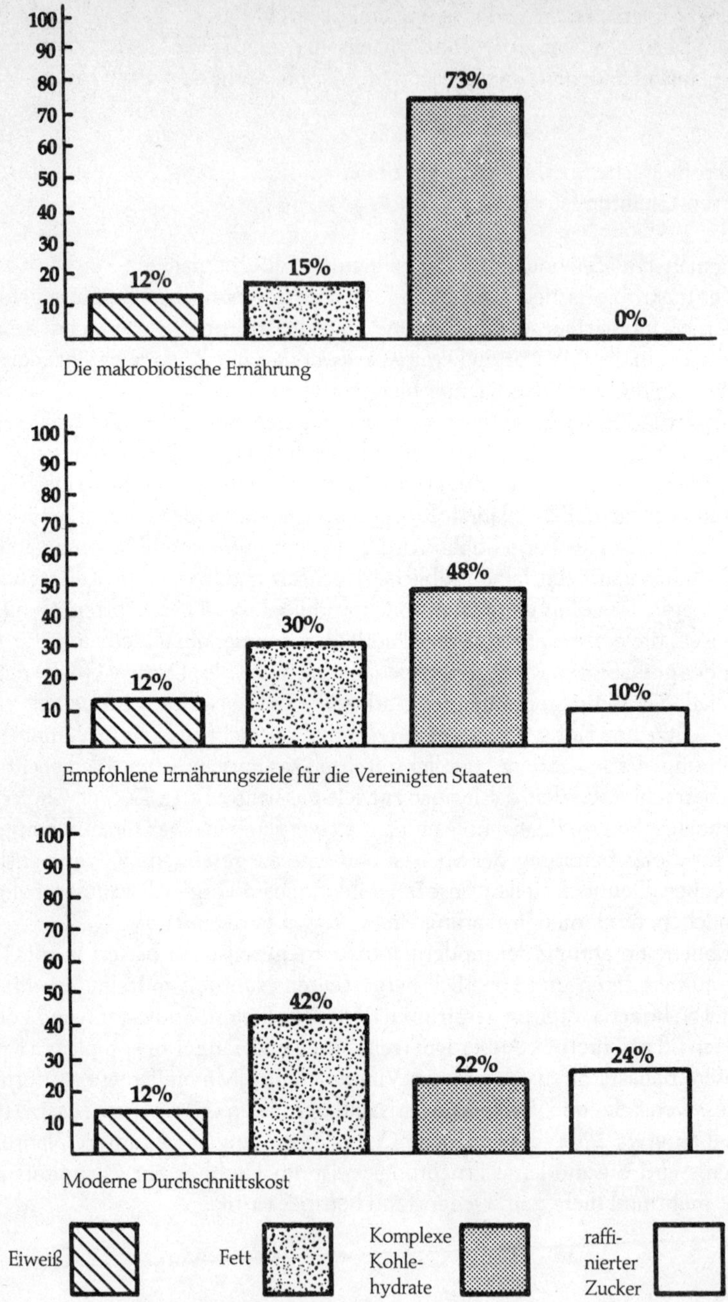

Abbildung 1.1: Vergleich dreier Ernährungsformen

Die makrobiotische Basiskost

Die makrobiotische Kost setzt sich zusammen aus 50 bis 60 Prozent Vollgetreide und daraus hergestellten Produkten, 20 bis 30 Prozent einheimischen Gemüsen (möglichst aus biologischem Anbau), 5 bis 10 Prozent Bohnen und Meeresgemüsen, 5 bis 10 Prozent Suppen und 5 Prozent anderen Zutaten und Beilagen (einschließlich Getränken, Fisch und Desserts). In Abbildung 1.2 werden die prozentualen Anteile der verwendeten Lebensmittel graphisch dargestellt. Vielleicht sind Ihnen viele der Nahrungsmittel, die die makrobiotische Basiskost bilden, gar nicht bekannt. Diese Speisen und die unten abgebildete Speisekarte werden für Sie an Bedeutung gewinnen, wenn Sie dieses Buch gelesen und die Rezepte ausprobiert haben. Beim makrobiotischen Weg gehört die Freude am köstlichen und gesunden Essen zum Lebensstil. Falls Sie schon jetzt mehr über die einzelnen makrobiotischen Speisen und Zutaten erfahren möchten, schlagen Sie bitte auf Seite 205 nach.

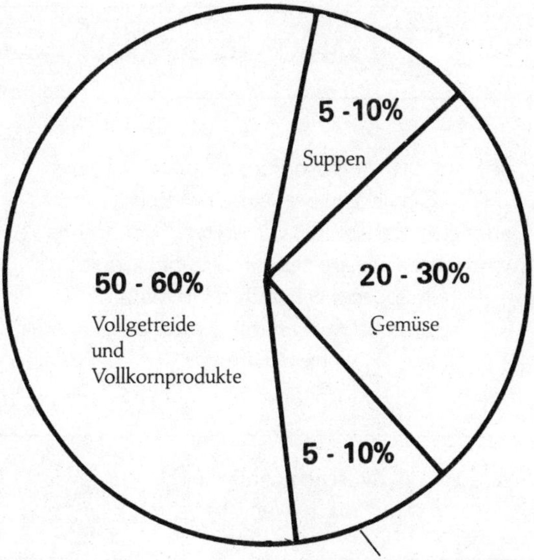

Bohnen und Meeresgemüse

Zuzüglich Getränke, Nahrungsergänzungsmittel und Gewürze

Abbildung 1.2: Zusammensetzung der makrobiotischen Ernährung

Frühstück
Haferbrei Vollkorn-(Sauerteig) Toast mit Apfelkraut Bancha-Tee
Mittagessen
Gurken-Sushi und Tempeh-Sauerkraut-Sushi, gedämpfter Salat mit Tofudressing, Bancha-Tee mit Zitrone
Abendessen
Miso-Suppe Gebackene Seezunge mit Reis Geriebener Rettich mit gerösteten Nori-Streifen Kurzgedämpfte Karotten mit Brunnenkresse und Umeboschi-Schalotten Dressing Couscous-Kuchen mit Birnensoße Getreidekaffee
Zwischenmahlzeiten (nach Wunsch)
Geröstete Samen oder Nüsse mit Rosinen, Reisbällchen, Reiskuchen, selbstgemachtes Popcorn, Früchte der Saison (gekocht, getrocknet oder frisch) Mochi-Kuchen (aus süßem braunem Reis) Vollkornkekse ohne Backtriebmittel

Dänemarks »Makrobiotisches Experiment«

Während des Ersten Weltkrieges führte die Blockade Dänemarks in weiten Teilen des Landes zu großer Lebensmittelknappheit, und viele Menschen litten an Unterernährung. Mikkel Hinhede, Direktor des staatlichen dänischen Instituts für Ernährungsforschung, wurde zum Ernährungsberater der dänischen Regierung berufen. Hinhede war nicht nur imstande, das Problem zu lösen – es gelang ihm sogar, eine völlige Wende herbeizuführen.

In den Jahren vor dem Krieg hatte Dänemark billiges Getreide importiert. Dänische Bauern züchteten Schweine, Rinder und Geflügel und exportierten Eier und Butter nach England. Die Dänen selbst verzehrten große Mengen an Fleisch und Eiern. Nach der Blockade waren sie jedoch von ihrem Getreidenachschub abgeschnitten, und es gab 5.000.000 (getreidefressende) Haustiere und 3.500.000 Menschen, die ernährt werden mußten.

Unverzüglich wies Hinhede die Bauern an, vier Fünftel der Schweine und ein Fünftel der Rinder zu schlachten, so daß mehr Getreide für die Ernährung der Menschen zur Verfügung stünde. Zusätzlich wurde der Verzehr von Schweinefleisch oder anderen Fleischsorten eingeschränkt oder ganz ausgeschaltet. Hinhede sorgte außerdem dafür, daß die Alkoholproduktion eingeschränkt wurde, denn er wußte, daß das dazu benötigte Getreide für einen besseren Zweck verwendet werden konnte: um ein spezielles Vollkornbrot, genannt »Kleiebrot« herzustellen. Die Dänen aßen wieder mehr Haferbrei, grüne Salate, Gemüse, Erbsen, Bohnen und Früchte und verzehrten weniger Milch und Butter.

Von Oktober 1917 bis Oktober 1918 – in der schlimmsten Zeit des Krieges – entwickelte sich Dänemark zur gesündesten Nation Europas. Innerhalb eines Jahres sank bei einer Ernährungsweise, die mit der makrobiotischen vergleichbar ist, die Krebsrate um 60 Prozent und die allgemeine Sterblichkeitsrate um mehr als 40 Prozent. Nach dem Krieg kehrten die Dänen wieder zu ihrer üblichen Ernährungsweise zurück, und die Sterblichkeitsrate war bald wieder auf das Vorkriegsniveau gestiegen.

Mikkel Hinhede: »The Effects of Food Restriction During War on Mortality in Copenhagen« (Die Auswirkungen der Lebensmittelverknappung während des Krieges auf die Sterblichkeitsrate in Kopenhagen), *Journal of the American Medical Association* 74 (1920): 381–382.

Obwohl rote Fleischsorten, Geflügel, Milchprodukte und daraus zubereitete Gerichte im allgemeinen nicht für Bewohner der gemäßigten Zonen empfohlen werden, muß die makrobiotische Ernährung nicht ausschließlich vegetarisch sein. Es können kleine Mengen Schellfisch und andere Weißfischarten verzehrt werden. Normalerweise werden tierische Nahrungsmittel jedoch durch die nahrhaften Tofu- und Tempeh-Gerichte ersetzt (Sojaprodukte, die mit Hilfe traditioneller Methoden und ohne chemische Zusätze minimal aufbereitet wurden). Weitere Bestandteile dieser Kost, die oft anstelle von Fleisch und Milchprodukten verwendet werden, sind »Seitan«, ein eiweißreiches Weizenprodukt, »Amasake«, ein süßes milchartiges Getränk aus braunem Reis, und eine Reihe anderer Nahrungsergänzungsmittel, auf die wir später noch näher eingehen werden.

Ganzheitliche Nahrungsmittel werden so naturbelassen wie möglich verzehrt. Anstelle von Weißmehlprodukten und ähnlichem sollte Vollreis (bei dem nur die äußere Hülle entfernt wurde), Vollkornhafer, Vollkornroggen, Vollkornweizen, Mais, Buchweizen und Hirse verwendet werden. Bei der Herstellung von Nudeln oder beim Brotbacken sollten Vollkornmehle aus Weizen, Roggen oder Buchweizen das weiße Mehl ersetzen. Ein vollwertiges Frühstück kann aus ganzem Hafer, Haferflocken, frisch gemahlenem Maismehl oder braunem Reis zubereitet werden. Auf Seite 24 ist ein typischer Speiseplan für einen Tag abgebildet.

2 Das Beste, was Sie essen können

Versuchen Sie gewöhnlich, den Verzehr von stärkehaltigen Nahrungsmitteln zu vermeiden, weil diese angeblich dick machen? Es wird Sie vielleicht überraschen zu hören, daß die komplexen natürlichen Stärken, die wir in Vollgetreide, wie braunem Reis oder Vollkornweizenmehl sowie in den verschiedenen Gemüsen finden, in der Tat die besten Nahrungsmittel sind, die wir zu uns nehmen können. Natürliche Speisen, die komplexe Kohlehydrate enthalten, sind Energieträger. Verglichen mit Eiweiß oder Fett versorgen die komplexen Kohlehydrate den Körper mit leichter verwertbarem Brennstoff (Energie) und lassen weniger Schlacken im Körper zurück.

Bei fast jeder Mahlzeit nehmen wir Kohlehydrate in irgendeiner Form zu uns. In unserer modernen Welt, in der aufbereitete und raffinierte Nahrungsmittel zur Gewohnheit geworden und überall leicht erhältlich sind, nimmt der Durchschnittsverbraucher jedoch über die Hälfte der Kohlehydrate in Form von einfachen Kohlehydraten zu sich, und das Problem besteht darin, daß einfache, raffinierte Kohlehydrate unsere Gesundheit ruinieren können.

Komplexe Kohlehydrate im Gegensatz zu einfachen Kohlehydraten

Ein süßes Gebäckstück und eine Tasse Kaffee mit Milch und Zucker am Morgen oder ein Riegel Schokolade am Nachmittag scheinen uns mit neuer Energie zu versorgen, aber in Wirklichkeit führen diese einfachen Kohlehydrate innerhalb von wenigen Minuten zu Ermüdungserscheinungen, wenn der Zucker den Blutstrom verläßt. Dies geschieht, weil der Insulinspiegel in die Höhe schießt, um einer zu schnellen Freisetzung des Zuckers entgegenzuwirken. Dadurch sinkt wiederum der Blutzucker so stark ab, daß wir unruhig werden und sofort wieder ein Verlangen nach noch größeren Mengen Zucker verspüren. Tag für Tag muß unser Körper also eine unangenehme Berg- und Talfahrt überstehen, und unseren Gefühlen bleibt nichts anderes übrig, als diesem Auf und Ab zu folgen.

Bei der makrobiotischen Ernährung werden die einfachen Kohlehydrate durch komplexe Kohlehydrate ersetzt, die nur langsam im Körper freigesetzt werden. Brauner Reis, zum Beispiel, gibt einen ständigen Glukosestrom von zwei Kalorien pro Minute ins Blut ab. Der Zucker eines Schokoladenriegels wird dagegen wesentlich schneller verbrannt und setzt dreißig oder mehr Kalorien pro Minute frei. Einfache Zucker wie Honig, raffinierter, weißer Zucker und sogar Fruchtzucker werden schnell ins Blut aufgenommen, da sie ohne die Beteiligung von Pankreasenzymen verdaut werden, aber die Energie, die wir durch sie bekommen, hält nicht lange vor. Eine makrobiotische Mahlzeit aus Vollkornprodukten, Gemüsen und

Bohnen versorgt uns über Stunden hinweg mit einem kontinuierlichen Energiestrom und führt nicht zu Stimmungsschwankungen oder einem suchtartigen Verlangen nach Süßigkeiten.

Energienahrung im Gegensatz zu Aufbaunahrung

Kohlehydrate versorgen uns mit Energie. Proteine helfen unserem Körper, Zellen, Muskeln und Gewebe aufzubauen und zu erneuern. Obwohl der menschliche Körper zu einem großen Teil aus Eiweiß besteht, brauchen wir hauptsächlich Energienahrung, um unser inneres Gleichgewicht aufrechtzuerhalten. Kohlehydrate müssen dem Körper ständig zugeführt werden, da er nur kleine Mengen davon speichern kann. Nur wenn die Versorgung mit Kohlehydraten nicht ausreichend ist, wie zum Beispiel während einer Hungerperiode, beginnt der Körper, die Eiweißdepots abzubauen und in Energie umzuwandeln. Die Hunza, ein Volk, das für seine Gesundheit und Langlebigkeit bekannt ist, decken etwa 75 Prozent ihres Energiebedarfs mit komplexen Kohlehydraten und nur 25 Prozent durch Proteine und Fette. In ihrer Nahrung entspricht das Verhältnis von komplexen Kohlehydraten zu Eiweiß also sechs oder sieben zu eins – genau wie in der makrobiotischen Ernährung. Im Gegensatz dazu enthält die in vielen Teilen der Erde übliche Nahrung einen Eiweißanteil von 12 Prozent und nur 22 Prozent komplexe Kohlehydrate – was einem Verhältnis von zwei zu eins entspricht (siehe Abbildung 1.1 auf Seite 22). Das bedeutet Schwerarbeit für den Körper, denn er muß die mit der Nahrung aufgenommenen Proteine und Fette in Energie umwandeln. Hinzu kommt noch, daß diese Umwandlungsprozesse Schlacken im Körper zurücklassen, die über die Leber und die Nieren ausgeschieden werden müssen. Im Gegensatz dazu basiert die makrobiotische Kost hauptsächlich auf rückstandsfrei verbrennenden komplexen Kohlehydraten. Diese werden vom Körper in energiespendende Glukose, in Kohlendioxyd (das ausgeatmet wird) und in Wasser umgewandelt.

Süßes Hoch, süßes Tief

Die Qualität der Kohlehydrate in unserer Nahrung ist ebenso wichtig wie die Quantität. Ein Mangel an komplexen Kohlehydraten und ein übermäßiger Verzehr von einfachen Kohlehydraten sind die Hauptursachen für das weitverbreitete hypoglykämische Syndrom (Unterzuckerung des Blutes). Die Hypoglykämie äußert sich anfangs als unstillbares Hungergefühl, das sogar bei vollem Magen bestehen bleiben kann. Einige andere Symptome sind Müdigkeit, Erschöpfung, übermäßiges Schwitzen, ein Zwang zum Gähnen, Zittern und unkontrollierbare Gefühlsschwankungen.

Über 10 Millionen Amerikaner leiden an Hypoglykämie – viele von ihnen, ohne es zu wissen. Auf den ersten Blick scheint es absurd: Wie können so viele Menschen an einer Unterzuckerung des Blutes leiden, während sie etwa zwei

Pfund Zucker pro Woche essen? Wenn Sie sich unsere Ausführungen über einfache Kohlehydrate ins Gedächtnis rufen, verstehen Sie, daß der Zucker selbst das Problem darstellt. Da Zucker in Form von Glukose den gesamten Organismus mit Energie versorgt, kann sich ein Mangel negativ auf jedes einzelne Organ auswirken – besonders auf das Gehirn, das, um gut funktionieren zu können, auf den Zucker angewiesen ist. Ißt man jedoch *zuviel* Zucker, *verringert* sich die Zuckermenge, die dem Organismus zur Energieversorgung zur Verfügung steht.

Die Langerhansschen Inseln sind winzige Drüsen innerhalb der Bauchspeicheldrüse, die die Produktion des Hormons Insulin steuern. Werden nun mit der Nahrung übermäßige Mengen an einfachen (schnellverbrennenden) Zuckern aufgenommen, werden diese Drüsen überstimuliert. Wenn ein Hypoglykämiker beispielsweise einen Riegel Schokolade ißt oder eine süße Limonade trinkt, werden die Langerhansschen Inseln stimuliert, übermäßige Mengen Insulin zu produzieren, die ins Blut schießen und den Insulinspiegel plötzlich in die Höhe schnellen lassen. Dadurch sinkt der Blutzuckerspiegel rapide ab und die Glykogen-Depots (in der Leber gespeicherte Zuckerreserven für schnelle zusätzliche Energieversorgung) werden erschöpft. Unfähig, den Blutzuckerspiegel ohne Glykogen anzuheben, funkt die Leber einen SOS-Ruf zum Gehirn – worauf der Hypoglykämiker plötzlich ein starkes Verlangen nach noch mehr Zucker verspürt. Wird nun wieder Zucker verzehrt, wiederholt sich dieser Kreislauf. Andernfalls setzt der Körper das Hormon Adrenalin frei, das unter anderem die Aufgabe hat, im Körper Zuckerreserven für Notfälle zu mobilisieren. Die Ausschüttung von Adrenalin ins Blut ist eine der Ursachen für die obengenannten Symptome des hypoglykämischen Syndroms. Patienten, die von ihrem Arzt den Rat bekommen haben, keinen Zucker zu sich zu nehmen, essen dennoch häufig weiterhin Süßigkeiten, weil sie nicht verstehen, weshalb es ihnen schaden sollte.

Fast jeder Hypoglykämiker bekommt von seinem Arzt die Standardempfehlung, eine Diät mit hohem Eiweißanteil einzuhalten. Kurzfristig scheint diese Methode auch erfolgreich zu sein. Jedesmal, wenn der Patient ein starkes Verlangen nach Zucker verspürt, soll er statt dessen ein eiweißreiches Nahrungsmittel zu sich nehmen. Wenn der Glykogenspiegel in der Leber konstant niedrig gehalten wird, ist der Körper gezwungen, Eiweiß in Glukose umzuwandeln, um die Energieversorgung sicherzustellen. Dieser Umwandlungsprozeß kostet allerdings soviel Energie, daß der Hypoglykämiepatient nach einigen Wochen normalerweise nicht mehr imstande ist, die Eiweißdiät durchzuhalten. Völlig erschöpft und zuckersüchtiger denn je gibt er die Diät schließlich auf.

Meine jahrelangen Erfahrungen mit Hypoglykämiepatienten haben mir einen anderen Weg zur Lösung dieses Problems aufgezeigt. Hypoglykämiker brauchen nicht mehr Eiweiß als jeder andere Mensch. Was sie jedoch am meisten brauchen, ist das, was wir alle in ausreichendem Maße benötigen: energiespendende Brennstoffe in Form von komplexen Kohlehydraten. Menschen, die an Hypoglykämie leiden, sollten auf raffinierten Zucker und andere raffinierte Nahrungsmittel möglichst völlig verzichten. Anfangs kann es erforderlich sein, daß sie über einen längeren Zeitraum mehrmals täglich kleinere Mahlzeiten zu sich nehmen. Wenn man sich einmal zu dieser Umstellung entschlossen hat, ist sie relativ einfach durchzuführen, denn der Vorteil der makrobiotischen Diät liegt darin, daß sie dem Körper die notwendigen Zuckerstoffe auf sichere Weise zuführt – indem die Kohlehydrate der Nahrungsmittel nur langsam ins Blut abgegeben werden. Dadurch werden die Energiereserven des Organismus wieder aufgefüllt und die Gier nach Süßigkeiten läßt von selbst nach. Allerdings sollte man berücksichtigen, daß jedes Individuum und jede Situation verschieden sind. Daher ist es ratsam, alle Fragen bezüglich der persönlichen Nahrungsbedürfnisse mit einem ausgebildeten Makrobiotik-Berater zu besprechen.

Das süße Leben eines Zuckersüchtigen

Mein Freund William Dufty, Mitarbeiter beim Rundfunk und Autor von *Lady Sings the Blues*, aß Süßigkeiten mit Begeisterung. »Ich muß wohl schon sehr früh süchtig geworden sein«, sagt er, »denn soweit ich mich zurückerinnern kann, waren die Mahlzeiten zu Hause für mich eine Art Fegefeuer, das aus Kartoffeln und Fleisch bestand und das ich erduldete, um schließlich zum Himmel zu gelangen: einem süßen Nachtisch.« Erst viele Jahre später, als er bei einem Pressefrühstück neben der Schauspielerin Gloria Swanson seinen Kaffee trank, wurde Bill sich seines Problems bewußt. Er wollte gerade einen Würfel Zucker in seine Tasse fallen lassen, als Gloria flüsterte: »Das Zeug ist pures Gift. Ich dulde es nicht in meinem Haus, geschweige denn in meinem Körper.« Die darauffolgende Unterhaltung blieb ihm noch Tage im Gedächtnis. Er hatte Übergewicht, und die meiste Zeit fühlte er sich schrecklich.

Nachdem Bill Gloria getroffen und die Makrobiotik entdeckt hatte, hörte er auf, Zucker zu essen und schrieb über seine Erfahrungen. Im Vorwort zu seinem Buch *Sugar Blues* schreibt er:

Eines Nachts las ich ohne abzusetzen ein kleines Buch, in dem einfach und klar gesagt wurde: »Wenn du krank bist, ist es deine eigene Schuld. Schmerzen sind die letzten Warnzeichen. Kein anderer weiß besser als du, wie du deinen Körper mißbraucht hast – also hör' auf damit.« Zucker ist Gift, war da zu lesen – tödlicher als Opium und gefährlicher als radioaktiver Niederschlag. Eine flüchtige Erinnerung an Gloria Swanson und den Zuckerwürfel. Hatte sie nicht zu mir gesagt: »Jeder muß durch eigene Erfahrung klug werden; manchmal auf dem harten Weg. Ich hatte nichts zu verlieren – außer meinen Schmerzen. So begann ich den nächsten Tag mit fester Entschlossenheit: Ich warf jeglichen Zucker aus meiner Küche. Dann warf ich alles fort, was Zucker enthielt: Getreideprodukte und Konserven, Suppen und Brot. Da ich nie zuvor die Inhaltsangaben auf den Etiketten beachtet hatte, war ich schockiert, als ich bemerkte, daß die Regale sich schnell leerten – und der Kühlschrank ebenfalls. Ich begann, ausschließlich Körner und Gemüse zu essen...

Die nächsten vierundzwanzig Stunden waren eine harte Zeit, aber der Morgen danach war eine Offenbarung. Ich ging erschöpft, schwitzend und zitternd zu Bett und wachte wie neugeboren auf. Getreide und Gemüse schmeckten wie ein Geschenk des Himmels.

Nach und nach geschahen einige Wunder: meine Hämorrhoiden verschwanden genauso wie mein Zahnfleischbluten. Meine Haut wurde klarer und fühlte sich beim Waschen völlig anders an. Ich entdeckte Knochen in meinen Händen und Füßen, die zuvor unter Schwellungen begraben waren. Ich sprang morgens zu ungewöhnlicher Stunde aus dem Bett. Mein Kopf schien wieder zu funktionieren. Ich hatte keine Schwierigkeiten mehr. Meine Hemden wurden mir zu groß und meine Schuhe ebenfalls. Und eines Morgens entdeckte ich mein Kinn wieder. Um eine lange, glückliche Geschichte kurz zu machen: Mein Gewicht fiel innerhalb von fünf Monaten von 205 Pfund auf nette 135 Pfund, und ich fand mich in einem neuen Körper, einem neuen Kopf und einem neuen Leben wieder...

Bill ernährt sich nun schon seit Jahren makrobiotisch und ist oft bei uns in Brookline zu Besuch. Einmal erzählte er mir im Vertrauen, daß es sich bei dem »kleinen Buch«, das sein Leben veränderte, um George Oshawas *Macrobiotics* handelte.

3 Die makrobiotische Kost und die Eiweißfrage

Proteine sind komplexe Moleküle, die in fast allen lebenden Organismen vorkommen. Während Kohlehydrate die beste Energiequelle darstellen, liefern Proteine das Rohmaterial für die lebenswichtigen Wachstums- und Reparaturprozesse im Körper.

Proteine sind die Bausteine des menschlichen Körpers. Sie befinden sich in großer Anzahl in den Muskeln, Sehnen, im Blut und in den Organen. Unser Haar, unsere Haut und unsere Fingernägel bestehen aus Proteinen. Dennoch sind es nicht die Proteine an sich, die wir in unserer Ernährung so dringend benötigen, sondern bestimmte Komponenten der Proteine, genannt Aminosäuren.

Während des Verdauungsvorgangs spaltet der Körper die Proteine in Aminosäuren auf. Die Aminosäuren, die wir mit der Nahrung aufnehmen, werden mit den innerhalb des Körpers gebildeten Aminosäuren in der Leber zusammengesetzt und formen so die Eiweißbausteine, die der Körper zum Wachstum, zur Reparatur von Zellen und Geweben und zur Aufrechterhaltung des Stoffwechsels braucht. Von den zweiundzwanzig Aminosäuren, die der Körper benötigt, um gesund zu bleiben, müssen acht – als essentielle Aminosäuren bezeichnet – mit der Nahrung zugeführt werden. Die anderen kann der Körper aus verschiedenen Stoffen selbst bilden. In diesem Kapitel wird die Eiweißfrage im Zusammenhang mit der Makrobiotik von zwei Seiten untersucht: Wie beeinflussen Qualität und Quantität des Nahrungseiweißes den Gesundheitszustand, besonders bei sportlichen Leistungen, und in welchem Verhältnis steht der Eiweißverbrauch zum Welthungerproblem?

Eiweiß in der makrobiotischen Ernährung

Bei der makrobiotischen Ernährung beziehen wir das Eiweiß, einschließlich der acht essentiellen Aminosäuren, aus den besten aller verfügbaren Eiweißquellen – aus Vollgetreide, Bohnen, Gemüse, Meeresgemüse, Samen, Nüssen, Fisch und Früchten. Andere Eiweißquellen wie rotes Fleisch, Geflügel und Milch enthalten normalerweise einen hohen Anteil an Stoffen, die zur Entstehung von Herzkrankheiten und anderen Gesundheitsstörungen beitragen können. Heutzutage essen viele Menschen zuviel Eiweiß, und da Nahrungsmittel mit hohem Eiweißanteil gewöhnlich auch viel Fett enthalten (insbesondere zuviele gesättigte Fette tierischen Ursprungs), essen sie auch zu viel Fett. Ein Übermaß an Eiweiß in der Nahrung kann zu Ansammlungen von Restharn führen sowie zu einer Ablagerung von Harnsäure, Fett und Cholesterin im Blut und in den Geweben. Eine Übersäuerung und Überfettung des Blutes führt wiederum zu einem Abbau lebenswichtiger

Mineraldepots (Eisen, Magnesium, Zink, Phosphor und Kalzium) und damit zu einer Degeneration von Knochen und Zähnen. Darüber hinaus gibt es Hinweise darauf, daß das Risiko, an bestimmten Krebsarten wie Brustkrebs, Darmkrebs, Mastdarmkrebs, Bauchspeicheldrüsenkrebs, Prostatakrebs und Nierenkrebs zu erkranken, durch einen hohen Eiweißverbrauch erhöht wird. Tabelle 3.1 auf den Seiten 34 und 35 gibt eine Übersicht über den Nährstoffgehalt verschiedener Lebensmittel. Die Prozentangaben für Eiweiß, Fett und Kohlehydrate basieren auf dem Gesamtkaloriengehalt des jeweiligen Nahrungsmittels. Bei braunem Reis setzt sich die Kalorienverteilung beispielsweise folgendermaßen zusammen: 7 Prozent Eiweiß, 4 Prozent Fett und 89 Prozent Kohlehydrate. Im Wurzelgemüse Rettich sind die Kalorien folgendermaßen verteilt: 16 Prozent Eiweiß, 5 Prozent Fett und 80 Prozent Kohlehydrate.

Bei der makrobiotischen Ernährung setzt sich der Gesamtkaloriengehalt durchschnittlich aus 12 Prozent Eiweiß, 15 Prozent Fett und 73 Prozent komplexen Kohlehydraten zusammen. Diese ideale Ausgewogenheit der Ernährung wird dadurch erreicht, daß eine Auswahl verschiedener Lebensmittel verzehrt wird, die eine optimale Menge an hochwertigem Eiweiß bieten, ohne zu viele gesättigte Fette oder zuviel Cholesterin zu enthalten.

Falls Sie Sportler sind

Die Mythen, von denen unsere Ernährung umgeben ist, beginnen erst in jüngster Zeit allmählich zu verblassen. Betrachten wir uns einige von ihnen. Normalerweise herrscht der Glaube, daß man eine Menge Eiweiß braucht, um große, starke Muskeln zu entwickeln. Das ist einfach nicht wahr. Selbst ein *Body-Builder* benötigt nicht mehr Eiweiß als jeder andere. Die Muskeln werden durch regelmäßiges, unermüdliches Training aufgebaut, nicht durch die Zufuhr von Eiweiß. Ein anderer weit verbreiteter Mythos ist der Glaube, daß die Muskeln durch starkes sportliches Training oder andere bewegungsintensive Tätigkeiten abgebaut würden und daß der Körper daher zusätzliches Eiweiß benötige, um sie wieder aufzubauen.

Schon im Jahre 1866 bewiesen führende Wissenschaftler, daß selbst anstrengende körperliche Tätigkeiten keine erhöhte Eiweißzufuhr erforderlich machen. Unglücklicherweise ist die falsche Annahme, Sportler benötigten fett- und eiweißreiche Nahrung, um ausdauernd und leistungsfähig zu sein, selbst in Fachkreisen noch immer weitverbreitet.

In jüngster Zeit wurde das sogenannte *Carbohydrate Loading* (Kohlehydratschub) zu einer beliebten Methode, Ausdauer und Widerstandsfähigkeit von Ausdauersportlern zu erhöhen. *Carbohydrate Loading* wurde im Jahre 1967 entwickelt, als Dr. Per-Olof Astrand, ein Sportmediziner, in Stockholm mit neun schwedischen Sportlern Ausdauertests auf dem Ergometer durchführte. Nachdem ihnen drei Tage lang eine Diät mit hohem Getreide- und Gemüseanteil verabreicht worden war, konnten die Sportler durchschnittlich dreimal länger in die Pedale treten als nach einer fleisch- und fettreichen Kost (tierische Fette). Bei Messungen des Glykogenspiegels (Brennstoffreserven), die er an den Oberschenkelmuskeln

Eiweiß-, Fett- und Kohlehydratanteil in Prozenten

	Eiweiß	Fett (ungesättigt)	Kohlehydrate
Vollgetreide und Vollkornprodukte			
Gerstengraupen	8	2	89
Brauner Reis	7	4	89
Buchweizen, Nudeln	12	6	82
Buchweizen, ganzes Korn	12	6	82
Maismehl, Vollkorn	7	9	84
Hirse, ganz	3	8	70
Hafergrütze	13	16	72
Popcorn	9	11	80
Roggen	11	4	85
Bulghur-Weizen	10	3	82
Weizen-Nudeln	9	3	84
Weizen, ganz	5	13	81
Gemüse			
Bohnensprossen	27	5	68
Broccoli	27	8	66
Rosenkohl	28	9	63
Weißkohl	13	7	80
Karotten	7	4	89
Blumenkohl	24	6	69
Sellerie	13	5	82
Grünkohl	23	17	60
Mais, süß	9	9	81
Rettich	16	5	80
Wirsing	28	21	51
Chinakohl	18	14	69
Pilze	25	9	55
Selleriekraut	23	14	62
Zwiebeln	11	2	88

der Sportler vornahm, fand Dr. Astrand 3,51 Gramm Glykogen pro 100 Gramm Muskelgewebe nach der vegetarischen Kost, im Vergleich zu 1,75 Gramm nach der fett- und eiweißreichen Kost.

Aus Dr. Astrands Versuchen und ähnlichen Experimenten anderer Forscher entwickelte sich das Konzept des *Carbohydrate Loading*. Der Kohlehydrataufbau dauert etwa eine Woche. Sieben Tage vor einem Sportwettkampf trainiert der Sportler oder die Sportlerin bis zur Erschöpfung, um die Glykogendepots in den Muskeln und in der Leber abzubauen. Während der nächsten drei Tage nimmt er oder sie soviel eiweiß- und fettreiche Nahrung (rotes Fleisch, Eier, Geflügel und Milch) und so wenig Kohlehydrate wie möglich zu sich. An den drei Tagen unmit-

Eiweiß-, Fett- und Kohlehydratanteil in Prozenten

	Eiweiß	Fett (ungesättigt)	Kohlehydrate
Gemüse			
Petersilie	20	11	69
Pastinaken	6	6	87
Grüne Erbsen	26	5	69
Kürbis	7	7	85
Gemüsebohnen	16	8	76
Winterkürbis	7	5	88
Zuckerrüben	7	2	90
Weiße Rüben	10	7	83
Brunnenkresse	29	13	57
Azukibohnen	23	3	74
Schwarze oder braune Bohnen	23	4	74
Kichererbsen	20	11	69
Linsen	26	Spuren	74
Limabohnen	20	4	75
Pintobohnen	23	3	74
Sojabohnen	29	37	34
Dahlerbsen	24	2	74

Quellen: Die Angaben basieren auf dem »Handbuch Nr. 8 – Nahrungszusammensetzung« des amerikanischen Landwirtschaftsministeriums und der Vereinigung japanischer Ernährungssachverständiger.

Anmerkung: Für gekochte und rohe Nahrungsmittel wurden keine unterschiedlichen Werte angegeben, da sich der Eiweiß-, Fett- und Kohlehydratgehalt durch das Kochen nur geringfügig verändert. Da die errechneten Werte auf ganze Zahlen aufgerundet wurden und von verschiedenen anderen Faktoren beeinflußt werden, beträgt die Gesamtsumme nicht in allen Fällen 100%.

telbar vor dem Wettkampf besteht die Diät der Sportler aus kohlehydratreichen Speisen mit geringem Fett- und Eiweißanteil wie Nudeln, Brot, Getreide, Süßspeisen und ähnlichem, die in kleinen Mahlzeiten über den Tag verteilt aufgenommen werden. Während dieser Phase des Kohlehydrataufbaus wird in den Muskeln und in der Leber ein relativ großer Vorrat an Glykogen gespeichert, den der Sportler am Tag des Wettkampfes braucht, um leistungsfähig und ausdauernd zu sein. Obwohl man mit der Methode des *Carbohydrate Loading* gewisse Erfolge erzielen kann, ist sie nicht frei von Gefahren. Während der Eiweiß- und Fettphase der Diät bildet sich Keton – ein toxischer Stoff, der zu Dehydrierung und zu Nierenschäden führen kann. Darüber hinaus besteht die Gefahr, daß während der Kohlehydratphase große Mengen Fett ins Blut abgegeben werden. Falls der Sportler bereits Herzprobleme hat, könnte der plötzliche Anstieg der Blutfette einen Herzanfall auslösen.

Der beste Weg, sportliche Leistungen, besonders im Ausdauersport zu verbessern, ist die ausgewogene makrobiotische Kost. Durch den hohen Anteil an komplexen Kohlehydraten können die Muskeln eine optimale Glykogenmenge speichern, ohne daß der Organismus in Gefahr gerät, einen Schock zu erleiden.

Die Ausdauerdiät

Die Vegetarier unter den Tieren – Pferde, Giraffen und Antilopen – haben eine viel größere Ausdauer als die fleischfressenden Tiere, wie zum Beispiel die Mitglieder der Katzenfamilie, die dafür bekannt sind, daß sie lange, faule Schläfchen halten. Diese Beziehung zwischen Ernährung und Ausdauer bestätigt sich auch beim Menschen. Die Tarahumara-Indianer, die in den Bergen der Sierra Madre nordwestlich von Mexiko leben, sind ein Beispiel für den fast ausschließlich vegetarisch lebenden Superathleten. Ihre Ernährung besteht hauptsächlich aus Bohnen, Mais, Kürbissen, Wurzelgemüsen, Wildpflanzen und Früchten und beinhaltet nur gelegentlich Tierprodukte (etwa ein Prozent der gesamten Nahrungsmenge). Und doch suchen die sportlichen Ausdauerleistungen dieser Menschen weltweit ihresgleichen. Die Tarahumaras sind von starkem, schlankem Wuchs und sind ausgezeichnete Läufer. Bei ihrem traditionellen Volkssport (eine Art Fußballspiel, das mit einem Eichenball von der Größe eines Baseballs gespielt wird) laufen die Spieler während eines Spiels bis zu zweihundert Meilen. Nachts beleuchten andere Spieler den Weg mit Fackeln. Die Läufer unterbrechen das Spiel nur etwa alle zwölf Meilen (ca. 19 Kilometer), um etwas zu essen und zu trinken. William E. Connor, der umfassende Studien über die Lebensweise der Tarahumaras durchführte, stellte bei den Menschen dieses Stammes einen außergewöhnlich guten Gesundheitszustand fest. Er berichtete im *American Journal of Clinical Nutrition* (1979 und 1982) über seine Forschungsergebnisse.

Auch in unseren Breiten gibt es eine ganze Reihe erfolgreicher Sportler und Spitzensportler, die eine Kost mit hohem Anteil an komplexen Kohlehydraten – ähnlich der makrobiotischen Ernährung – zu sich nehmen. Rob de Castella, einer der weltbesten Marathonläufer, Sieger bei den Commonwealth-Spielen 1982 in Brisbane, Australien, und beim Fukuoka-Marathon in Japan; Martina Navratilova, eine der besten Tennisspielerinnen der Welt; David Scott, einer der weltbesten Dreikämpfer (der an einem zehnstündigen Schwimm-, Lauf- und Radrennwettkampf teilnahm); Scott Molina und Scott Tinlay, zwei seiner schärfsten Konkurrenten im Dreikampf, und Jack Stevens, der zur Zeit den Weltrekord im Vierhundert-, Achthundert- und Sechzehnhundertmeterlauf der Fünfundsechzig- bis Neunundsechzigjährigen hält, sind nur einige der vielen Spitzensportler, die in Nathan Pritikins 1984 erschienenem Buch *The Pritikin Promise* aufgeführt werden. Sportbegeisterte könnten sicher noch eine ganze Reihe anderer Namen aufzählen.

Eine vegetarische Baseballmannschaft

Ein japanisches Baseball-Team kletterte vom untersten Platz an die Spitze, nachdem sich die Spieler auf makrobiotische Ernährung umgestellt hatten. Ab Oktober 1981, nachdem Tatsuro Hirooka ihr Trainer geworden war, erhielten die Spieler der *Seibu Lions,* die in der vorhergehenden Saison auf dem untersten Rang gelandet waren, eine völlig andere Ernährung. Hirooka reduzierte den Fleischanteil und strich weißen Reis und raffinierten Zucker völlig vom Speiseplan. Statt dessen gab er seinen Spielern Vollreis, Tofu, Fisch und Sojamilch. Im darauffolgenden Frühjahr setzte er sie auf eine Diät aus Gemüsen und Sojaprodukten. Hirooka machte seiner Mannschaft klar, daß Fleisch und andere »tierische Nahrung« die Anfälligkeit des Sportlers für Verletzungen erhöht. Natürliche Pflanzennahrung dagegen setzt die Anfälligkeit des Körpers für Verstauchungen und Verrenkungen herab und sorgt für einen klaren Kopf. Die *Lions* mußten sich während der Saison 1982 eine Menge Spott gefallen lassen. Der Trainer der *Nippon-Ham-Fighters* – eine Mannschaft, die von einem großen Fleischproduzenten gefördert wird – nannte die Lions höhnisch ein »Team von Ziegen« und spottete: »sie fressen nichts als Gras«. Aber im Kampf um die *Pacific League Championship,* der von den Sportberichterstattern als »Gemüse-gegen-Fleisch-Krieg« bezeichnet wurde, verdrängten die *Lions* ihre Gegner von ihrem Platz. Danach schlugen sie die *Chunichi Dragons* in der japanischen Auswahlrunde. 1983 gewann *Seibu* mit seiner Mannschaft abermals die *Pacific League Championship* und die japanische Auswahlrunde. Futter zum Nachdenken, nicht wahr?

»Significa« aus *Parade Magazin,* April 1984, von Irving Wallace, David Wallechinsky, Amy Wallace. Nachdruck mit Genehmigung.

Eiweißquellen und das Welthungerproblem

Wenn wir einmal von den individuellen Ernährungsproblemen absehen, taucht natürlich auch die Frage nach dem Welthungerproblem und der Nahrungsmittelverknappung in verschiedenen Teilen der Welt auf. Die Folgen der weltweiten Ausbeutung der natürlichen Quellen unserer Erde zeigen uns deutlich, daß wir unsere Abhängigkeit von tierischem Eiweiß als Nahrungsquelle einer kritischen Betrachtung unterziehen müssen. Bei der modernen Lebensmittelverarbeitung werden natürliche Lebensmittel durch Raffinieren und andere Prozesse oft in relativ nährstoffarme Produkte umgewandelt. Ein gutes Beispiel hierfür sind die Mahlzeiten, die in den üblichen Schnellrestaurants verkauft werden. Um eine solche Mahlzeit herzustellen, benötigt man: nahezu zehn Pfund Getreide, um das Rindfleisch für den Hamburger zu produzieren, dreißig Maiskolben für das Öl, in dem die Pommes Frites gebacken werden, vier Pfund Sojabohnen und einen halben Liter Milch für den Milchshake, etwa ein Pfund Rüben, um den Zucker für das Dessert herzustellen, eine Unmenge Zusätze, um Geschmack, Aussehen und Haltbarkeit zu verbessern, und zwei Gramm Salz, um das Ganze zu würzen. Darüber hinaus sind viele der kalorienreichen, raffinierten Nahrungsmittel, die einen hohen Anteil an gesättigten Fetten aufweisen, des größten Teils ihrer natürlichen Vitamine und Mineralstoffe beraubt.

In den Vereinigten Staaten werden jährlich pro Kopf nahezu zweitausend Pfund Getreide konsumiert (entweder direkt oder als Futtermittel für Masttiere). Der durchschnittliche Pro-Kopf-Verbrauch in anderen Ländern der Erde liegt bei ungefähr vierhundert Pfund jährlich. Der Wissenschaftler und Universitätspräsident Dr. Jean Mayer nennt deutliche Zahlen. Nach seiner Schätzung würde bei einer Einschränkung des Fleischkonsums um nur 10 Prozent der anfallende Getreideüberschuß mit Leichtigkeit ausreichen, 60 Millionen Menschen zu ernähren.

Frances Moore Lappé, Autorin des Buches *Diet for a Small Planet,* weist darauf hin, daß die Nordamerikaner, die nur sieben Prozent der Weltbevölkerung stellen, über dreißig Prozent der weltweit konsumierten Gesamtmenge an tierischer Nahrung verbrauchen. Nach ihrer Überzeugung ist es absolut unwirtschaftlich, Fleisch zu produzieren, um Menschen mit Eiweiß zu versorgen. Sie weist darauf hin, daß die riesigen Weideflächen, die derzeit zur Aufzucht von Viehherden benötigt werden, zwanzig- bis dreißigmal mehr Menschen ernähren könnten, würde man statt dessen Getreide oder andere Nutzpflanzen darauf anbauen.

4 Fette in der makrobiotischen Ernährung

Jedes Zuviel an Nahrung, das wir dem Körper zuführen, wird in Form von Fettgewebe gespeichert. Da die moderne Ernährung sowohl zu viele Fette als auch Kalorien enthält, führt sie leicht zu übermäßiger Gewichtszunahme. Zwei von drei erwachsenen Amerikanern leiden an starkem Übergewicht. Über fünfzig Millionen Amerikaner unterziehen sich bereits einer Abmagerungskur oder haben vor, dies zu tun. In diesem Kapitel vergleichen wir die Fettlieferanten der modernen Ernährung mit denen der makrobiotischen Kost. Einige Bereiche, in denen die Qualität von Nahrungsfetten von besonderem Interesse ist, wie Übergewicht, Herzkrankheiten und Säuglingsernährung, werden eingehend behandelt. Für die meisten Menschen beginnt der Kampf mit dem Übergewicht ganz allmählich. Zwischen ihrem fünfundzwanzigsten und vierzigsten Lebensjahr sammeln sie etwa vierzehn Pfund zusätzliches Fett an. In vielen Fällen wird diese Zunahme von einem Pfund pro Jahr schon durch einen Mehrkonsum von nur vierzig Kalorien pro Tag bewirkt (über den Durchschnitt von 2.000 kcal). Diese Extrakalorien sind bereits in einem Teelöffel Zucker enthalten. Ein Spaziergang von zwanzig Minuten oder zehn Minuten Laufen würden ausreichen, um diese Extrakalorien abzubauen. Mit einer Umstellung der Ernährung könnte man sie von vorneherein ausschalten. Die makrobiotische Ernährung enthält mehr Vollkornprodukte, Gemüse und Bohnen und weniger Fett als die typische moderne Kost.

Die meisten Mediziner sind sich einig, daß Übergewicht ein erhebliches Gesundheitsrisiko darstellt. Und zwar weil es, ganz abgesehen von der möglichen psychischen Beeinträchtigung, einfach eine Gefahr für den physischen Körper darstellt. Gemäß den Berichten von Wissenschaftlern, die vor wenigen Jahren ein Forschungsprogramm für das *Select Committee on Nutrition and Human Needs* durchführten, erhöht sich durch Übergewicht das Risiko, an Herzkrankheiten und Hypertonie (hoher Blutdruck), Gallenleiden und bestimmten Krebsformen zu erkranken, ganz beträchtlich. Darüber hinaus verschlimmert es rheumatische Krankheiten und Arthritis, schädigt die Leber, erhöht das Risiko von Eingeweidebrüchen und erschwert Schwangerschaft und Geburt.

Gewichtsabnahme durch makrobiotische Ernährung

Obwohl häufig versucht wird, die Entstehung von Übergewicht mit verschiedenen komplizierten Theorien zu erklären, sind die Ursachen für dieses Leiden in Wirklichkeit recht simpel: Übergewichtige nehmen zu viele und die falschen Nahrungsmittel zu sich und bewegen sich nicht ausreichend. Die moderne Ernährung besteht aus ca. 42 Prozent Fett (hauptsächlich gesättigte tierische Fette), das im

Vergleich zu Eiweiß oder komplexen Kohlehydraten ungefähr die doppelte Kalorienmenge enthält. Außerdem wird ein großer Teil unserer heutigen Nahrung durch die Lebensmittelverarbeitung stark konzentriert. Da alle Ballaststoffe (natürliche Pflanzenfasern) entfernt wurden, kann man von dieser Nahrung natürlich wesentlich mehr – mehr Kalorien – in kürzerer Zeit aufnehmen. Bei der makrobiotischen Ernährung beträgt der Ballaststoffanteil einer durchschnittlichen Mahlzeit bis zu zehn Prozent im Vergleich zu etwa zwei Prozent (oder weniger) bei der heute üblichen Ernährungsweise. Die Ballaststoffe geben uns ein gutes Sättigungsgefühl, ohne zusätzliche Kalorien zu liefern. Außerdem helfen sie dem Körper schnell und wirksam, die unbrauchbaren Nahrungsbestandteile auszuscheiden. Im Gegensatz zu den Nahrungsmitteln, die bei den beliebten Eiweißdiäten empfohlen werden und die dem Körper eher Energie rauben und den Hunger nach Süßigkeiten verstärken, lassen die komplexen Kohlehydrate der makrobiotischen Kost das Verlangen nach Süßem oder anderen dickmachenden Lebensmitteln allmählich verschwinden und sind außerdem ausgezeichnete Energielieferanten.

Mit Hilfe der makrobiotischen Ernährung ist es leicht, abzunehmen oder das gewünschte Gewicht zu halten. Allgemein kann man beobachten, daß Menschen, die Nahrungsmittel mit überwiegend gesättigten Fetten (rotes Fleisch, Milchprodukte und Geflügel) sowie einfache Zucker von ihrem Speiseplan verbannt haben, schlank sind – und es normalerweise auch bleiben. Je nachdem, wieviel Sie gegenwärtig wiegen und wie genau Sie sich an die makrobiotischen Prinzipien halten, wird sich Ihr Gewicht in einigen Tagen, Wochen oder Monaten normalisieren. Wie im Falle William Duftys ist es nicht außergewöhnlich, fünfzig Pfund oder mehr in einem Zeitraum von wenigen Monaten zu verlieren. Bei der makrobiotischen Ernährung wird der Nährstoffbedarf Ihres Körpers vollständig gedeckt, wenn Sie zwei- oder dreimal täglich bis zur Sättigung essen. Im allgemeinen können Sie davon ausgehen, daß Sie ein bis drei Pfund pro Woche an Gewicht verlieren. Sie können diesen Prozeß durch ein einfaches Bewegungsprogramm natürlich noch beschleunigen (siehe Kapitel 10). Eine zusätzliche positive Auswirkung ist die allmähliche Senkung der Blutfettwerte und des Blutdrucks.

Die versteckten Fette

Die übermäßige Aufnahme von Fett und Cholesterin birgt erhebliche gesundheitliche Risiken. Wie Sie wahrscheinlich wissen, wird Cholesterin, eine fettähnliche Substanz, mit der Entstehung von Herzkrankheiten in Verbindung gebracht. In den vergangenen Jahren haben viele Menschen begonnen, ihren Konsum von gesättigten tierischen Fetten einzuschränken und ihre Cholesterinaufnahme zu verringern. Dagegen stieg jedoch der Verbrauch an hochraffinierten Pflanzenölen und gehärteten Pflanzenfetten (Öle, die mit Wasserstoff gesättigt wurden) wie zum Beispiel Margarine oder Pflanzenfett zum Braten. Obwohl diese mehrfach ungesättigten Fette von vielen Ernährungsfachleuten als der Gesundheit zuträglicher betrachtet werden, ist der Gesamtfettgehalt der modernen Ernährung dennoch zu hoch, ganz gleich aus welcher Quelle die Fette stammen.

Selbst unraffinierte, naturbelassene Pflanzenöle können, im Übermaß genossen, zu einem überhöhten Blutfett- und Cholesterinspiegel führen. Als Folge tritt gewöhnlich eine Degeneration der Arterien, genannt Arteriosklerose, ein, in deren Verlauf sich die Arterien durch Schlacken und Ablagerungen verengen (und in manchen Fällen blockiert werden). Die koronare Herzkrankheit, wie dieser Zustand genannt wird, ist eine der Haupttodesursachen in Amerika.

Die Vermeidung von Herzkrankheiten durch Makrobiotik

Separate Studien von Kass und Sacks (1974, 1982), Bergin und Brown (1982), dem *East West Journal* (1980) und Knuiman und West (1982) zeigten, daß die makrobiotische Ernährung geeignet ist, erhöhte Blutfett- und Cholesterinwerte auf ein normales Niveau zu senken. Ein ähnlicher Effekt war bei hohem Blutdruck zu beobachten. In einer 1981 von Sacks et al. durchgeführten Untersuchung wurden einundzwanzig gesunde »Makrobiotiker« dreißig Tage lang mit Rindfleisch ernährt, um den Effekt von Fleisch und gesättigten tierischen Fetten auf Blut mit normalen, gesunden Cholesterin- und Blutfettwerten zu testen. Innerhalb von zwei Wochen stieg der Cholesterinspiegel der Versuchspersonen von durchschnittlich 140 mg/dl (Milligramm per Deziliter) vor dem Test auf 166 mg/dl nach dem Test. Auch die Blutdruckwerte stiegen deutlich an. Kurze Zeit nachdem die Versuchspersonen wieder auf makrobiotische Ernährung umgestiegen waren, sanken ihre Blutfett- und Blutdruckwerte wieder auf das ursprüngliche Niveau. Die Makrobiotik bietet also offensichtlich eine vielversprechende Möglichkeit zur Verhinderung von Herzkrankheiten.

Natürlich ist eine bestimmte Menge Fett in der Ernährung notwendig und sogar gesund. Die Öle und Fette, die in vollwertigen Lebensmitteln natürlicherweise vorkommen, sowie Öle, die aus solchen Lebensmitteln ohne weitere Raffinierung kalt gepreßt werden, sind die gesündesten. In bescheidenen Mengen genossen wirken sie einer Degeneration des Nervensystems entgegen und halten das Blut und die Blutbahnen geschmeidig. Außerdem dienen sie als Brennstoffreserven für Notfälle, halten den Körper im Winter warm und werden in Energie umgewandelt, wenn die Glykogenreserven niedrig sind. Ein wenig Öl, das man beim Brotbacken in den Teig gibt oder zum Dünsten von Gemüse verwendet, verbessert den Geschmack der Speisen und macht sie leichter verdaulich. Von den mehrfach ungesättigten Fetten, die zum Kochen und Backen verwendet werden, weisen unraffiniertes Maisöl und Sesamöl die höchste Stabilität auf. Danach folgen Distelöl, Olivenöl und die anderen Öle, die in Kapitel 8 ausführlicher beschrieben werden.

Mit Stabilität bezeichnen wir die Haltbarkeit oder Lagerfähigkeit des Öls. Der natürliche Vitamin-E-Gehalt von naturbelassenen Ölen trägt zu ihrer Stabilität bei und verhindert als natürlicher Konservierungsstoff das Ranzigwerden der Öle. Bei der makrobiotischen Ernährung beträgt der Fettanteil etwa 10–15 Prozent der Gesamtkalorien und befindet sich damit in optimalem Gleichgewicht zu den übrigen Nahrungsanteilen.

Fette in Milchprodukten

Unsere modernen Molkereierzeugnisse haben mit den traditionellen, bei den Naturvölkern üblichen Milchprodukten kaum noch etwas gemeinsam. Durch Pasteurisierung, Homogenisierung und die Beigabe von künstlichem Vitamin D werden die Milchprodukte chemisch verändert. Naturvölker wie die Abkhasier, die geringe Mengen von Milchprodukten verzehren, nehmen diese gewöhnlich nur in vergorener Form zu sich. Vergorene Milchprodukte wie Joghurt und Kefir sind anderen Molkereierzeugnissen vorzuziehen, da sie von unserem Verdauungssystem leichter aufgespalten werden können. Aber selbst diese Produkte werden in der makrobiotischen Ernährung nicht zum regelmäßigen Verzehr empfohlen, denn sie enthalten zu hohe Anteile an gesättigten Fetten und Cholesterin. Der kürzlich von der *National Academy of Sciences* (Nationale Akademie der Wissenschaften) veröffentlichte Forschungsbericht *Diet, Nutrition and Cancer* (Ernährung und Krebs), brachte die Fette von Milchprodukten mit einer Zunahme von Tumoren und Zysten in Brust, Gebärmutter und Eierstöcken amerikanischer Frauen in Verbindung. Bei japanischen Frauen, die selten Milchprodukte verzehren und deren Nahrung nur wenige gesättigte Fette enthält, sind diese Krankheiten weit weniger verbreitet.

Darüber hinaus lösen Milchprodukte bei vielen Menschen eine übermäßige Schleimbildung aus, die sich oft in Form von Nasenlaufen, allergischen Symptomen, Atembeschwerden und Blockierung oder Reizung der Nasennebenhöhlen bemerkbar macht. In vielen Fällen führte eine Einschränkung des Verzehrs oder totaler Verzicht auf Milchprodukte zum Verschwinden dieser Symptome.

Getreideallergien

Die in Milchprodukten enthaltenen Fette und Eiweißstoffe können mitverantwortlich für verschiedene Nahrungsmittelallergien sein. Im Laufe der Jahre kamen viele Menschen in meine Beratung, die aus dem einen oder anderen Grund allergisch auf Vollkornprodukte reagierten. Nach meiner Meinung haben Menschen, die entweder gegen das Gluten oder andere Stoffe in Weizen, Hafer, Mais, Nudeln, Getreidebreien oder Mehlprodukten allergisch sind, schon von Geburt an zu viele Milchprodukte und zuviel Zucker konsumiert. Wieviel ist zuviel? Schon die kleinste Menge, falls eine Allergie gegen Vollkornprodukte besteht. Aller Wahrscheinlichkeit nach beginnt das Problem in der frühen Kindheit.

Babies, die mit Kuhmilch oder Milchpulvererzeugnissen gefüttert werden, entbehren die sogenannte Vormilch (Kolostrum), die in den ersten Tagen nach der Geburt von den Milchdrüsen der Mutter abgegeben wird. Das Kolostrum sorgt dafür, daß die Babies gute Abwehrkräfte und eine gesunde Darmflora (Darmbakterien) entwickeln, bevor sie imstande sind, feste Nahrung zu verdauen. Menschen, die als Säuglinge mit Instant-Babynahrung aufgezogen wurden, sind in der Kindheit wesentlich anfälliger für Krankheiten und in späteren Jahren für Allergien – besonders wenn sie später weiterhin große Mengen von Milchprodukten und Zucker konsumieren. Werden diese Produkte jahrelang verzehrt, verändern sich die Zellen des Magens und des Darmes, einschließlich der Villi (kleine fühlerartige Zotten, die zur Nahrungsaufnahme dienen). Der gesamte Körper paßt sich den größeren Eiweißmolekülen und der zu hohen Konzentration von Kalzium und anderen Nährstoffen der Kuhmilch an. Häufig entwickelt der Körper gleichzeitig eine Überempfindlichkeit gegen ganzheitliche Nahrungsmittel, die wir als Allergie bezeichnen. Falls Sie gegenwärtig auf glutenhaltige Getreide, insbesondere Weizen und Hafer, allergisch reagieren, sollten Sie versuchen, diese durch braunen Reis oder Hirse zu ersetzen, die weniger Gluten enthalten. Außerdem sollten Sie mehr Gemüse und Bohnengerichte verzehren. Verringern Sie nach und nach die Menge der Milchprodukte und Süßigkeiten in Ihrer Ernährung, bis Sie ganz darauf verzichten können. Nach einigen Wochen können Sie versuchen, eine kleine Menge glutenhaltiges Vollgetreide zu essen. Mit der Zeit werden Sie wahrscheinlich imstande sein, Nahrung aus Vollgetreide ohne nachteilige Wirkungen zu verdauen.

Die besten Kalziumquellen in der Nahrung

Viele Menschen, die mit Kuhmilch groß geworden sind, haben sich daran gewöhnt, ihren Kalziumbedarf hauptsächlich mit Milchprodukten zu decken. Wie Sie jedoch aus der Tabelle auf Seite 44 ersehen können, in der eine Reihe der makrobiotischen Kalziumquellen aufgeführt sind, gibt es außer den Milchprodukten eine ganze Anzahl anderer Nahrungsmittel, die dieses wichtige Mineral enthalten. Da all diese Nahrungsmittel pflanzlicher Herkunft sind, haben sie für den Erwachsenen einen höheren ernährungsphysiologischen Wert: sie enthalten weniger gesättigte Fette und weniger Cholesterin.

Kalzium beeinflußt den Herzschlag, die Blutgerinnung und ist verantwortlich für das Gleichgewicht im Mineralhaushalt. Außerdem dient es zum Aufbau von Knochen und Zähnen. Osteoporose, ein fortschreitender Knochenschwund, ist eine Ursache häufiger Knochenbrüche und führt oft zum Tod. Amerikanische Frauen über fünfunddreißig sind besonders anfällig für diese Krankheit. Obwohl viele komplizierte Theorien über die Entstehungsursachen der Osteoporose existieren, ist sie höchstwahrscheinlich auf einen übermäßigen Eiweißverzehr in Verbindung mit übermäßigem Zuckerkonsum zurückzuführen. Diese moderne Ernährungsweise führt zu einer Reabsorption von Kalzium und anderen in den Knochen gelagerten Mineralien in den Blutstrom. Durch eine optimale Eiweißzufuhr und eine Reihe kalziumreicher Nahrungsmittel kann die makrobiotische Ernährung helfen, diese Krankheit (ohne Nebenwirkungen) zu heilen.

Makrobiotische Säuglingsernährung

Milch war von jeher das lebenspendende Bindeglied zwischen den Generationen. Die durch das Stillen entstehende innige Mutter-Kind-Beziehung bildete die Grundlage für die Entwicklung von Intelligenz und menschlichem Bewußtsein. Auch heute noch stärkt die lange Abhängigkeit des Säuglings von der Mutter das

Band zwischen beiden und sorgt dafür, daß das Kind gesund und kräftig heranwachsen kann. In den vergangenen zwanzig Jahren haben diesbezügliche Forschungen zweifelsfrei erwiesen, daß Muttermilch die beste Nahrung für das Neugeborene ist. Babies, die mit Instant-Babynahrung aufgezogen werden, sind wesentlich anfälliger für Verdauungsbeschwerden und Durchfallerkrankungen.

Kalziumquellen

Kalziumquelle	Portion	Kalzium (mg) Pro Portion	Kalzium (mg) Pro 100 g
Grüne Gemüse,			
Broccoli, gedämpft	1 Tasse	136	103
Selleriekraut, gedämpft	1 Tasse	193	140
Rübenkraut, gedämpft	1 Tasse	267	184
Wirsing, gedämpft	1 Tasse	282	185
		357	188
Samen, Nüsse und Bohnen			
Sonnenblumenkerne	71,3 g	45	120
Pintobohnen getrocknet	114,0 g	67	135
Kichererbsen, getrocknet	114,0 g	75	150
Tofu	99,8 g	154	154
Mandeln	71,3 g	167	234
Milchprodukte*			
Vollmilch	1 Tasse	291	118
Cheddarkäse	28,5 g	204	750
Meeresgemüse			
Rotalgen	2 Eßlöffel	–	296
Agar-agar	2 Eßlöffel	–	567
Irisch-Moos	2 Eßlöffel	–	885
Kelp	2 Eßlöffel	–	1093

* Wird bei der makrobiotischen Ernährung im allgemeinen nicht zum Verzehr empfohlen.
Quellen: U.S. Landwirtschaftsministerium;
Anmerkung: Ein Strich bedeutet, daß keine Informationen vorliegen.

Außerdem ist ihre Widerstandskraft gegen Infektionen und andere Krankheiten herabgesetzt, und sie haben eine geringere Chance, die ersten Lebensjahre lebend und gesund zu überstehen. Muttermilch ist für den Säugling der beste Schutz gegen Viren und Bakterien, da sie seinem Körper hilft, ein stabiles Immunsystem aufzubauen. Laut Arthur Guyton, dem bekannten Mediziner und Autor des Buches *Textbook of Medical Physiology* enthält Muttermilch bestimmte Antikörper, die das Wachstum unerwünschter Bakterien und Viren hemmen. Leonard

J. Malter bemerkte in *Uniqueness of Human Milk* (Die Einzigartigkeit der Muttermilch), daß Muttermilch den Säugling gegen Ricksettien (die Fieber und Typhus hervorrufen können), Polioerreger, Grippeviren, Salmonellen, Erreger von Darmkrankheiten, Staphylokokken, Streptokokken und andere Erreger schützt. Darüber hinaus kann die Verwendung von Kuhmilch in der Säuglingsnahrung dazu führen, daß sich die Intelligenz des Kindes nicht voll entwickelt. Untersuchungen, die W.B. Whitestone in seinem Artikel *Biological Specificity of Milk* (Die biologische Wertigkeit der Milch, 1976 veröffentlicht durch La Leche League) beschrieb, hatten gezeigt, daß sich die Fähigkeiten des Lesens und Buchstabierens bei Brustkindern besser entwickelten als bei Kindern, die mit Kuhmilch aufgezogen worden waren.

Dies ist nicht schwer zu verstehen. Das Entwicklungsstadium, in dem sich ein Lebewesen zum Zeitpunkt seiner Geburt befindet, ist bei allen Kreaturen verschieden. Viele Fischarten können zum Beispiel direkt nach der Geburt schwimmen und fressen. Pferde und Kühe können einige Stunden nach der Geburt bereits auf ihren Beinen stehen. Menschenbabies können nicht viel mehr als saugen und sind länger als die meisten anderen Geschöpfe von ihren Müttern vollkommen abhängig. Anhand der Gehirnentwicklung können wir die verschiedenen Tiere und ihre Nahrungsbedürfnisse im Säuglingsstadium vergleichen. Zum Zeitpunkt der Geburt ist das menschliche Gehirn zu dreiundzwanzig Prozent entwickelt, während das Gehirn eines Schimpansen oder Gorillas bereits zu vierzig Prozent entwickelt ist. Wenn ein Kalb das Licht der Welt erblickt, ist sein Gehirn nahezu voll ausgebildet (100 Prozent). Auch nach der Geburt entwickeln sich die Gehirne der Tiere in unterschiedlichem Tempo weiter. Innerhalb des ersten Lebensjahres bildet sich das Gehirn des Schimpansen zu 75 Prozent aus, während das Gehirn eines Menschenkindes dafür etwa drei Jahre braucht.

Da es nicht viel Nahrung für sein Gehirn, sondern eher für den Aufbau von Knochen und Muskeln braucht, kann ein Kalb in den ersten sechs Wochen nach seiner Geburt bis zu fünfundsiebzig Pfund zunehmen. Kuhmilch enthält dreimal soviel Eiweiß und viermal soviel Kalzium wie die Muttermilch des Menschen. Menschenbabies nehmen während der ersten sechs Wochen weniger als ein Pfund pro Woche zu. Ein Menschenbaby braucht also wesentlich weniger Eiweiß und Kalzium als ein Kalb. Sein Bedarf an Kohlehydraten, die als Nerven- und Gehirnnahrung dienen, ist wiederum sehr viel größer als der des Kälbchens – und Muttermilch enthält fast die doppelte Menge Kohlehydrate wie Kuhmilch. Während die Praxis, Neugeborene mit Kuhmilch zu füttern, in den vergangenen Jahren mehr und mehr abgelehnt wurde, beginnen doch viele Mütter, ihren Babies Kuhmilch zu geben, sobald diese ein paar Monate alt sind. Dies kann zu chronischen Gesundheitsstörungen führen, denn Kuhmilch enthält zuviel Eiweiß, Kalzium und andere Mineralstoffe. Die Kuhmilch wurde von der Natur geschaffen, um ein dreihundert Pfund schweres Kalb zu ernähren.

Kinder, die mit Kuhmilch aufgezogen werden, mögen zwar schneller wachsen, aber ihre inneren Organe werden träge und vergrößern sich. Da sie aus größeren Molekülen besteht als Muttermilch, führt die Kuhmilch beim Menschenbaby gewöhnlich zu einer Überernährung des Körpers und zu einer Unterernährung des

Gehirns und des Nervensystems. Brustkinder sind im allgemeinen klüger, sensibler und aufgeweckter als mit Kuhmilch gefütterte Kinder.

In den meisten Teilen der Erde ist es für Kinder über zwei Jahre ungewöhnlich, Milch zu trinken. Nur durch die lebenslange Angewohnheit des täglichen Milchgenusses scheinen einige Europäer und Amerikaner eine gewisse Verträglichkeit für Milchprodukte entwickelt zu haben. Der Grund, weshalb viele Leute weiterhin Milch, Butter, Käse, Yoghurt und Eiskrem verzehren, ist teilweise in der Gewöhnung, teilweise in der emotionalen Abhängigkeit zu suchen. Genau wie Babies, die nur zögernd bereit sind, das Gestilltwerden und den Geschmack der Muttermilch aufzugeben, neigen die Erwachsenen dazu, eine emotionale Abhängigkeit für ihre Ersatzprodukte (Molkereiprodukte) zu entwickeln. Diese Sucht beschränkt sich jedoch nicht auf die emotionale Abhängigkeit, denn wie wir gesehen haben, verändert der jahrelange Verzehr von Milchprodukten auch den physischen Körper.

In der makrobiotischen Säuglingspflege empfehlen wir, das Stillen etwa ab dem sechsten Monat einzuschränken und nach und nach kleine Mengen von weichen Nahrungsmitteln wie Reiscreme, Hirsecreme, pürierte Nudeln, Haferbrei, pürierte Bohnen, Gemüse, Seegemüse und Früchte zu füttern. Im Laufe des folgenden Jahres wird das Kind allmählich an Breinahrung gewöhnt. Festere Nahrung kann ab dem zwanzigsten bis vierundzwanzigsten Monat gegeben werden. Früchte und Vollkornkekse können Süßigkeiten und andere gezuckerte Nahrungsmittel ersetzen. Dazu kann man den Kindern Tee oder Amasake (ein fermentiertes Getränk aus süßem braunem Reis) anstelle von Milch geben. Während der Umstellung auf eine mehr makrobiotische Ernährung können Milchprodukte gut durch Sojamilch oder Mandel-/Nußmilch, Bohnen und Bohnenprodukte sowie Vollkorngetränke wie Amasake ersetzt werden.

5 Ballaststoffe und vergorene (fermentierte) Nahrungsmittel für die Verdauung

Der erhöhte Verbrauch von raffinierten Nahrungsmitteln, Zucker und rotem Fleisch führte zu einem drastischen Anstieg von Krankheiten im unteren Verdauungstrakt. Die amerikanische Durchschnittskost ist extrem arm an Ballaststoffen und wirkt sich außerdem schädlich auf die gesunde Darmflora im Kolon (Dickdarm) aus. Um Verdauungsbeschwerden (einschließlich Darmkrebs) zu vermeiden, empfiehlt die Makrobiotik den Verzehr von ganzheitlichen Lebensmitteln wie Vollgetreide, Bohnen und Gemüse, die reich an Ballaststoffen sind, sowie von milchsauer vergorenen und fermentierten Lebensmitteln wie Miso, Tempeh, Tamari, Umeboshi, Sauerkraut und sauer eingelegten Gemüsen.

In einem Vortrag vor einer Ärztegruppe erklärte der britische Mediziner Dennis Burkitt, ein Experte für Nahrungsballaststoffe, den schlechten Gesundheitszustand des modernen Menschen mit einem einfachen Bild. »Die Amerikaner«, sagte er, »haben kleine Stühle und große Krankenhäuser.« Das heißt, durch den Mangel an Ballaststoffen in ihrer Nahrung leiden die Amerikaner an einer ganzen Reihe von Krankheiten des Verdauungsapparates, vom Zahnverfall über Verstopfung bis zum Dickdarm- und Mastdarmkrebs (die dritthäufigste Todesursache in den Vereinigten Staaten).

Von allen Bestandteilen unserer Nahrung wurde die Bedeutung der Ballaststoffe bis heute wahrscheinlich am wenigsten verstanden. Jahrelang herrschte der Glaube, bei diesen Stoffen handele es sich lediglich um nutz- und nährstofflose Anteile, die aus den Lebensmitteln entfernt werden sollten, um diese leichter verdaulich und schmackhafter zu machen. In jüngster Zeit begannen jedoch viele Ärzte und Wissenschaftler wie Dr. Dennis Burkitt die Rolle der Ballaststoffe in unserer Nahrung eingehend zu untersuchen. Sie kamen zu dem Schluß, daß wir ohne diese Stoffe im allgemeinen nicht sehr gesund und nicht sehr lange leben können.

Ballaststoffe und Ballaststoffmangel

Die Pflanzenfasern (Ballaststoffe) stellen das Skelett der Pflanze dar, jenen Teil also, der der Pflanze ihre Struktur verleiht. Jede Pflanzenzelle ist von einer faserigen Wand umhüllt. Ebenso bilden die Fasern Teile der Samen, Blätter und Stengel. Die Faserstoffe der Pflanzen bestehen nicht aus einer einzigen Substanz, sondern aus drei verschiedenen Stoffgruppen: 1. Pentosan, das sich aus komplexen Kohlehydraten zusammensetzt; 2. Zellulose, die ebenfalls aus komplexen Kohlehydraten besteht und 3. Lignin, einer holzartigen Substanz.

Während die Fette, Proteine und faserfreien Kohlehydrate vom Dünndarm fast vollständig aufgenommen werden, passieren die Pflanzenfasern (Ballaststoffe) den Dickdarm praktisch unverändert. Da die Pflanzenfasern nicht im üblichen Sinne verdaut werden, begannen die Menschen im Westen vor etwa hundert Jahren, ihre Nahrungsmittel zu raffinieren, um diese Stoffe daraus zu entfernen. Tatsächlich beeinflussen die Ballaststoffe jedoch die Funktion des gesamten Verdauungstraktes, insbesondere die des Dickdarmes. Durch die Pflanzenfasern wird das Stuhlvolumen vergrößert und somit die Passage durch den Darm erleichtert. Darüber hinaus verhindern Ballaststoffe die Bildung von Darmgiften und das Wachstum bestimmter schädlicher Bakterien im Dickdarm. Durch die Verdünnung von Toxinen schützen die Ballaststoffe die Darmwände vor schädlichen Einflüssen.

Im Osten und in den Entwicklungsländern sind Verdauungsprobleme viel weniger verbreitet als in Amerika, da die Nahrung dieser Völker nicht so stark raffiniert ist und mehr Gemüse und andere ballaststoffreiche Bestandteile enthält. In den USA liegt die Dickdarmkrebsrate um 900 Prozent höher als in Nigeria und um 1300 Prozent höher als in Uganda, zwei Länder, in denen die Nahrung traditionell einen hohen Anteil an Ballaststoffen aufweist. Die schwarzen Amerikaner leiden – nach zwei Generationen in den Vereinigten Staaten – inzwischen genauso häufig an Darmkrebs wie die weißen Amerikaner. Auch die Amerikaner japanischer Abstammung, die seit zwei Generationen auf Hawaii leben, erkranken inzwischen, nachdem sie ihre ballaststoffreiche Ernährung aufgaben, mit der gleichen Häufigkeit an Dickdarmkrebs, wie der Rest des amerikanischen Volkes.

Ballaststoffe in der makrobiotischen Ernährung

Es ist erwiesen, daß die Umstellung auf eine ballaststoffreiche Kost helfen kann, Krankheiten des Verdauungstraktes, wie Verstopfung, Hämorrhoiden, Divertikulose, Kolitis und Darmkrebs, zu verhindern. Faserreiche Nahrungsmittel, wie zum Beispiel Vollgetreide, wirken außerdem einer Entstehung von Zahnverfall, Diabetes, Fettsucht, Herzkrankheiten, überhöhtem Cholesterinspiegel, Krampfadern sowie Leber- und Gallebeschwerden entgegen.

Die makrobiotische Ernährung enthält einen hohen Pflanzenfaseranteil und ist daher die beste Methode, um verschiedene positive Veränderungen im Organismus einzuleiten und zu unterstützen. Durch die makrobiotische Kost wird die Darmmuskulatur gestärkt. Das Stuhlvolumen wird vergrößert, der Stuhl ist weniger hart und kann dadurch den Darm leichter passieren. Er enthält mindestens dreimal soviel Rohfaseranteile wie bei normaler Kost. Außerdem entsteht in der Darmflora (Bakterien im Darm) ein gesundes saures Milieu, das eine Gas- und Fäulnisbildung verhindert. Die Ernährungsumstellung ist nicht nur effektiver als der Griff zum Abführmittel, sie ist, langfristig gesehen, die einzige wirklich sichere und dauerhafte Lösung für sämtliche Darmbeschwerden.

Der Faseranteil (Ballaststoffanteil) verschiedener Lebensmittel

Die äußeren Schichten von Getreidekörnern, Samen, Bohnen, Gemüsen und Früchten sind faserreicher als die inneren Teile. Die Kleie von Vollgetreiden sowie die Schalen von Bohnen, Gemüsen und Früchten enthalten sehr hohe Faseranteile. Dies ist einer der wichtigsten Gründe, weshalb in der Makrobiotik der Verzehr von Vollreis im Gegensatz zu poliertem Reis und von ungeschälten Früchten und Gemüsen (soweit möglich) empfohlen wird. Viele Menschen, die die Bedeutung der Ballaststoffe für ihre Gesundheit erkannt haben, verwenden Kleie, die aus 44 Prozent Rohfaser besteht, als Nahrungsergänzungsmittel. Für den regelmäßigen Gebrauch ist Kleie jedoch nicht zu empfehlen, denn sie kann die Darmschleimhaut reizen und die Aufnahme von Nährstoffen der anderen Nahrungsmittel verhindern. Vollgetreide, Bohnen, Samen, Nüsse und ungeschälte Früchte und Gemüse enthalten Ballaststoffe und Nährstoffe in idealem Gleichgewicht. Wenn Sie reichlich von diesen Nahrungsmitteln essen, führen Sie Ihrem Körper drei- bis viermal so viele Ballaststoffe zu wie mit der herkömmlichen, modernen Kost. In der folgenden Tabelle wird der Ballaststoffgehalt verschiedener Lebensmittel verglichen. Tierische Produkte werden nicht aufgeführt, da sie nur geringe Mengen oder überhaupt keine Ballaststoffe enthalten.

Faseranteile verschiedener Nahrungsmittel

Nahrungsmittel	Faseranteil in Prozent	Nahrungsmittel	Faseranteil in Prozent
Kleie	44,0	Grüne Salate	3,8
Mandeln	15,0	Karotten	3,1
Sojabohnen	14,3	Broccoli	3,0
Grüne Erbsen	12,0	Rosenkohl	2,9
Ganzer Weizen	9,6	Äpfel	2,0
Vollkornbrot	8,5	Weißmehl	2,0
Erdnüsse	8,1	Kartoffeln	2,0
Pintobohnen	7,0	Weißer Reis	0,8
Andere Bohnen	7,0	Grapefruit	0,6
Rosinen	6,8	Orangensaft	0,5
Brauner Reis	5,5	Zucker	0,0
Linsen	3,8		

Ebenso wichtig wie die Unterstützung der Darmmuskulatur durch eine regelmäßige Zufuhr von Ballaststoffen ist die Gesunderhaltung der Darmflora. Obwohl wir nicht sehr viel über die fünfzig Billionen Bakterien, die in unserem Darm leben, wissen, könnte zumindest das, was wir wissen, uns helfen, viel Leid zu verhindern und viele Leben zu retten.

Indem wir unser Essen verdauen, ernähren wir nicht nur uns selbst, sondern auch die Bakterien in unserem Darm. Vollkornprodukte, Gemüse und besonders milchsauer vergorene und fermentierte Nahrungsmittel wie Sauerkraut, sauer Eingelegtes, Umeboshi, Pflaumen, Miso, Tamari, Sauerteigbrot, Amasake und Tempeh erzeugen Milchsäure im Dickdarm. Diese Säure sorgt für eine milde Anregung des Dickdarmes und schafft ein Gleichgewicht zwischen den nützlichen Darmbakterien und den potentiell schädlichen, aber aktiven Bakterien, die sich in einem sauren Milieu nicht so gut halten können.

J. Clark wies auf die Schutzwirkung von milchsäureproduzierenden (milchsauer vergorenen) Lebensmitteln hin, nachdem er eine Untersuchung an Amerikanern japanischer Abstammung durchgeführt hatte. Seine Forschungsergebnisse wurden im *Western Journal of Medicine* (1974) veröffentlicht. Clark stellte fest, daß Amerikaner japanischer Herkunft, die ihre traditionelle japanische Ernährung beibehalten hatten und täglich etwa zwei Eßlöffel Miso und andere fermentierte Nahrungsmittel zu sich nahmen, eine völlig andere und einfachere (weniger vielfältige) Darmflora aufwiesen als der Durchschnittsamerikaner.

W. Moore und L. Holdermann berichteten in *Cancer Research* (1975) ebenfalls von einer geringeren Anfälligkeit für bestimmte Krankheiten, insbesondere Darmkrebs, bei Bevölkerungen, deren Darmflora einfacher zusammengesetzt ist als die unsere. Die afrikanischen und japanischen Landbewohner sind gute Beispiele für Völkergruppen, die durch ihre einfache Ernährung kaum Darmprobleme kennen. Der Schlüssel zu ihrer Gesundheit und ihrer fast völligen Freiheit von Darmkrankheiten (einschließlich Darmkrebs) liegt in einer einfachen Ernährung auf Getreidebasis, die hauptsächlich aus naturbelassenen Nahrungsmitteln besteht, dem Verzehr von milchsäurebildenden, fermentierten Lebensmitteln und einem minimalen Konsum von Fleisch und Molkereiprodukten. Die leichte, salzige Misosuppe aus Misopaste und Gemüse ist eine beliebte Kraftbrühe, die bei der makrobiotischen Ernährung mindestens einmal täglich gegessen werden kann. Tempeh, ein weiteres fermentiertes Gericht der traditionellen makrobiotischen Küche, wird aus Sojabohnen hergestellt. Eingelegte Gurken, die man leicht selbst herstellen kann, sind eine weitere beliebte Spezialität, ebenso wie das altbewährte Sauerkraut aus Weißkohl und Meersalz. Auf die Verwendung und Zubereitung dieser und anderer milchsauer vergorener Speisen werden wir später noch ausführlich eingehen.

Dirk Benedicts schwerster Kampf

William Dufty, Autor von *Sugar Blues,* der den Zucker für die verschiedensten Gesundheitsstörungen verantwortlich macht, machte Benedict mit dem in Boston praktizierenden Makrobiotik-Experten Michio Kushi bekannt. Benedict sagte, Kushis Lehre habe ihm das Leben gerettet. Bei einer kürzlich durchgeführten medizinischen Untersuchung bestätigte ihm Dr. Keith Block von *Evanston III* einen ausgezeichneten Gesundheitszustand. Dr. Block sagte: »In meinen Augen ist seine Genesung etwas völlig Außergewöhnliches. In Anbetracht seines Alters ist es sehr unwahrscheinlich, daß der Tumor gutartig war.« Benedict sprach mit Louis Armstrong über seine Reisen durch das Land und über die Diät, die sein Leben rettete.

Ich aß gewöhnlich wie ein Ochse. Zum Frühstück gab es ein Wildsteak, Eier und Pfannkuchen, mittags Fleischpastete und abends ein großes Steak, Kartoffeln, Salat und Apfelkuchen oder ein Stück Torte. Ich aß, worüber Hemingway schrieb. Im College war ich ein Zweihundert-Pfund-Koloß und ich litt an schwerer Arthritis in den Knien, Hüften und Händen. Außerdem hatte ich ständig Kopfschmerzen, Haarausfall und schlechte Haut. Als ich 1971 in Schweden einen Film drehte, hörte ich auf, Fleisch und Geflügel zu essen. Die Schmerzen in den Knien verschwanden innerhalb von zehn Tagen. 1972 begann ich nach und nach, meine Ernährung hauptsächlich auf Getreide umzustellen, und bis Ende 1974 hörte ich auf, Milchprodukte zu essen. Als ich das Fleischessen aufgab, tappte ich noch im Dunkeln. Ich las Bücher über Ernährung und östliche Philosophie und Medizin, die alternative Lebensweisen aufzeigten, aber ich tat dies aus rein gesundheitlichen Gründen. Dann weihten mich Gloria und Bill in die östliche Philosophie ein, die hinter einer alternativen Ernährungsweise steht – Makrobiotik. Yin und Yang. Das Gleichgewicht der gegensätzlichen und doch komplementären Kräfte. Sie ersparten mir Jahre des Suchens.

Im Mai 1975 teilte mir mein Arzt mit, daß meine Prostata nicht in Ordnung sei. Ich hatte Blut im Urin und hatte häufig Schmerzen. Aber ich hatte meine Ernährung schon umgestellt und war viel gesundheitsbewußter geworden. Ich war glücklich, daß ich wieder volles Haar hatte und daß meine Arthritis verschwunden war. Mein ganzer Körper hatte sich verändert. Ich konnte es kaum glauben.

Dann teilte mir ein Arzt mit, daß ich einen Prostatatumor hatte. Ich suchte einen anderen Arzt in New York auf, und auch er sagte: »Ja, es ist ganz sicher.« Er wollte mich sofort ins Krankenhaus stecken. Bill Dufty, der mich zum Arzt begleitet hatte, sagte: »Wenn sie beschließen, daß du ein Problem hast, kommst du dort nicht mehr raus. Sie werden dich einsperren und die Maschinerie in Gang setzen.« Bill hatte recht. Nachdem der Arzt mir die schlechte Nachricht mitgeteilt hatte, kamen einige Leute ins Zimmer, um mit mir die Aufnahmeformulare für das Krankenhaus auszufüllen. Ich ging rückwärts aus dem Sprechzimmer und rannte den Flur hinunter, und die Ärzte riefen mir nach, ich solle zurückkommen. Es war eine Szene wie aus *General Hospital*.

Ich besuchte Michio Kushi in Boston, den ich drei Jahre zuvor durch Gloria Swanson kennengelernt hatte. Auch er bestätigte die Diagnose und erklärte mir, es sei ungeheuer wichtig, daß ich während der nächsten vier Monate wirklich »vernünftig sei« und mich streng an die Diät hielt. Keine Tricks. Ich hatte keine Angst, da ich mich inzwischen schon eingehend mit der Makrobiotik beschäftigt hatte und von den Prinzipien, die ihr zugrunde liegen, überzeugt war. Ich begann sogar, diesem Abenteuer mit Spannung entgegenzusehen. Ich war in Montana aufgewachsen und hatte gelernt: »Wenn der Traktor kaputtgeht – repariere ihn.« Diese Mentalität war stets Teil von mir gewesen. Es war gefährlich, aber ich wollte es selbst herausfinden.

Ich war mir nicht im klaren darüber, was auf mich zukommen würde. Ich wußte nicht, wie schmerzhaft diese Reise sein würde, wie schwer. Ich kenne einige Leute, die die makrobiotische Behandlung eine Zeitlang versuchten und dann wieder zu ihrem Käsekuchen zurückkehrten. Jeder will geheilt werden, aber gewöhnlich erwarten die Leute, daß es leicht und schnell geht.

Als ich von meinem Tumor erfuhr – ich ließ nicht untersuchen, ob er bösartig war – wog ich einhundertfünfunddreißig Pfund. Als ich sechs Wochen später aus den Bergen von New Hampshire zurückkam, wog ich einhundertachtzig Pfund. Ich hatte die Zeit in der Berghütte eines Freundes verbracht, denn ich wollte mich von allen Ablenkungen, von allen Versuchungen fernhalten; niemand sollte mich anrufen und sagen: »Komm, laß uns Dampfnudeln essen.« Ich ging durch die Hölle. An manchen Tagen hätte ich Bäume ausreißen können, an anderen kam ich nicht aus dem Bett. Manchmal schaffte ich es kaum, die Treppe hochzusteigen, ein andermal konnte ich vierundzwanzig Stunden hintereinander reiten, laufen und Holzhacken.

Ich lief die ganze Zeit in der Badehose herum. Ich war allein, und es gab keinen großen Spiegel im Haus – deshalb war ich schockiert, als die Hose, die ich eines Tages anzog, einfach an meinem Körper herunterrutschte. Ich nahm weiterhin ab, bis ich nur noch einhundert Pfund wog. Zu diesem Zeitpunkt wollten mich einige Leute ins Krankenhaus schaffen. Ich sah wirklich aus wie ein Schwerkranker. Ich ging nicht ins Krankenhaus. Statt dessen packte ich meinen Rucksack und wurde zum Vagabund. Ich reiste durch Montana, Kalifornien, New York City, Wisconsin. Einmal fuhr ich per Anhalter kreuz und quer durch das Land, zweimal mit dem Wagen. Ich schrieb Kurzgeschichten, ein paar Drehbücher und ein Manuskript für eine Fernsehserie. Das Essen war allerdings ein Problem.

Das einzig Brauchbare, das ich in den Restaurants finden konnte, war Hafergrütze. Ich bestellte eine Schale, dann noch eine, und schließlich ließ ich mir den Brei in einer Salatschüssel bringen. Die übrige Zeit verließ ich mich auf einen kleinen Kocher und einen gußeisernen Topf, auf denen ich im Freien Getreide und Gemüse kochte.

Ich hätte nicht reisen sollen. Ich hätte an einem Ort bleiben und gut für mich sorgen sollen. Mein Körper verhungerte allmählich. Ich aß nichts von den Dingen, an die ich gewöhnt war. Da ich Angst vor dem Krebs hatte, versuchte ich keine Tricks. Zuerst hatte ich manchmal noch ein wenig Käse, ein wenig Fisch, Brot und Salat gegessen, aber damit war es nun vorbei. Ich aß nur Getreide, und mein Körper begann zuerst mein Fett aufzuzehren; dann meine Muskeln. Er baute das Eiweiß aus meinen Muskeln ab – ich verzehrte mich praktisch selbst. Manchmal träumte ich von Steaks und Hamburgern, die mich überreden wollten, sie zu essen; es war wie ein Walt-Disney-Alptraum.

Einmal fuhr ich von Los Angeles zur Ostküste und machte einen Umweg über Montana, um meine Familie zu besuchen. Das hätte ich nicht tun sollen. Ich hatte ihnen nie von meinem Zustand erzählt. Heute ist es unwichtig, aber damals konnte ich es nicht sagen. Als meine Mutter, die in einem Krankenhaus arbeitet, sah, wie dünn ich geworden war, flehte sie mich an, zum Arzt zu gehen. Ich ließ sie und meine Schwester schluchzend im Hinterhof zurück und machte mich auf den Weg nach New York. Als ich etwa ein Jahr nach Beginn der Diät wieder zunahm, spürte ich, daß ich auf dem Wege der Besserung war. Von einhundert Pfund Ende 1975 stieg mein Gewicht bis Mitte 1976 auf einhundertzwölf Pfund. Ich behielt die Diät auch während der Dreharbeiten zu *Battlestar Galactica* (1978) bei, aber damals war ich ein bißchen mollig. Zu diesem Zeitpunkt spürte ich, daß meine Heilung begonnen hatte. Vor ungefähr zwei Monaten bekam ich die Bestätigung von Dr. Block, der sorgfältige Blutuntersuchungen vorgenommen hatte. Der Tumor ist verschwunden.

Die Makrobiotik hilft dir, herauszufinden, was *du* willst. Mein Frühstück besteht meistens aus Miso-Suppe, die ich aus Sojapaste, Tofustükken, Algen und Schalotten zubereite – und aus einer großen Schale Haferbrei. Ich nehme mein eigenes Mittagessen mit ins Studio – meistens etwas gedünstetes Gemüse. Ich esse eine Menge Nudeln und Winterkürbis und fast alle Gemüsesorten, die es gibt. Meine Ernährung besteht aus ungefähr sechzig Prozent Getreide, fünfundzwanzig Prozent Bohnen und fünfzehn Prozent Beilagen wie Nüsse, Samen, Früchte und Fisch. Das ist etwa mein Rahmen. Diese Ernährung macht dich widerstandsfähig und ausdauernd, aber sie gibt dir keine riesigen Muskelkräfte. Kürzlich kamen einige Freunde, alle Bodybuilder, zu mir nach Hause, um mir beim Möbelrücken zu helfen. Anfangs waren sie stärker, aber nach zwei Stunden war ich immer noch stark und sie waren geschafft.

Mein Liebesleben hat sich auch verändert. Ich fühle mich nun zu einer anderen Art Frauen hingezogen. Ich glaube, das ganze *Playboy*-Spiel kommt aus der Mentalität des Fleischessens. Es ist eine Art von Befriedigung, die über die rein physische nicht hinausgeht. Sie schließt nicht die emotionalen, geistigen und spirituellen Aspekte der Frau ein. Aber es muß nicht so sein. Ich habe jetzt eine Freundin – Toni Hudson; sie spielte in *Cross Creek* und wird bald in Texas einen Film mit Sally Field drehen. Sie kocht und bereitet mein Mittagessen zu. Toni ist sich ihrer weiblichen Identität sehr sicher. Sie liebt das Männliche in mir und findet es aufregend – nicht bedrohlich. Sie ißt ebenfalls makrobiotisch und ist viel schlanker geworden. Mein Gewicht hat sich bei einhundertfünfundfünfzig Pfund eingependelt. Bei einer Größe von 1,80 m wiege ich nun soviel wie in meiner Teenagerzeit.

Man sollte die Makrobiotik nicht unterschätzen. Es ist nicht damit getan, herumzuspringen und seinen Salat zu essen. Wenn du versuchen willst, makrobiotisch zu leben, solltest du dir Literatur über dieses Thema besorgen. Falls dir das, was du liest, einleuchtet, versuche es bis zu einem gewissen Grad in dein Leben zu integrieren. Anfangs könntest du vielleicht versuchen, dreimal wöchentlich braunen Reis anstelle von Fleisch zu essen. Der Sinn der Makrobiotik liegt darin, dir dabei zu helfen, dein Leben unter Kontrolle zu bringen, so daß du es dann in deine eigenen Hände nehmen kannst. Das Leben gehört denen, die bereit sind, die Verantwortung für sich selbst zu übernehmen.

Bericht von Louis Armstrong, aus *People Weekly*, vom 10. Oktober 1983, *Time Inc.*, Nachdruck mit Genehmigung.

6 Der Gebrauch von Vitamintabletten

Ist eine pro Tag zuviel?

In ernährungswissenschaftlichen Kreisen herrscht Uneinigkeit über die Frage, ob zusätzliche Gaben von Vitaminen und Mineralien in Form von Tabletten notwendig sind. Einige Wissenschaftler behaupten, die Verwendung von Vitamin- und Mineralstoffpräparaten sei barer Unsinn, da unsere Durchschnittsernährung alle Vitamine, Mineralien und Spurenelemente, die wir benötigen, enthalte. Andere wiederum sagen, daß es besser sei, solche Nahrungsergänzungsmittel einzunehmen, da durch qualitativ mangelhafte Ernährung und Umweltgifte leicht Mangelerscheinungen auftreten könnten.

Mit ihrem hohen Vitamin- und Mineraltablettenkonsum hält die amerikanische Bevölkerung den Weltrekord im Verbrauch von Mikronährstoffen. Eine kürzlich von der *Food and Drug Administration* (oberste amerikanische Lebensmittelbehörde) durchgeführte Umfrage ergab, daß über sechzig Millionen Amerikaner der festen Überzeugung sind, ohne zusätzliche Vitamingaben nicht gesund bleiben zu können. Laut dieser Umfrage sind außerdem zwanzig Millionen Amerikaner davon überzeugt, daß ein Vitaminmangel eine ganze Reihe von Krankheiten, einschließlich Krebs, hervorrufen könne. Die 1980 vom *National Academy of Sciences Committee on Dietary Allowances* (ein Komitee, das die empfohlenen Tagesdosen festsetzt) durchgeführte Untersuchung erbrachte jedoch keinen wissenschaftlichen Beweis dafür, daß Dosen von Vitaminen, Mineralien und Spurenelementen, die über die in einer ausgewogenen Ernährung vorhandenen Mengen hinausgehen, für den Körper von Nutzen sind. Einer der Gründe für die große Beliebtheit von Vitamintabletten liegt in der massiven Werbung, die normalerweise von den großen pharmazeutischen Konzernen finanziert wird. Ein weiterer Grund ist, daß die Werbeslogans der Anbieter nicht ganz unrecht haben. Der menschliche Körper braucht Vitamine und kann ohne sie nicht existieren.

Vitamine sind lebenswichtige Substanzen, die nicht zur Energieversorgung, sondern zur Regulierung von chemischen Prozessen im Organismus dienen. Sie helfen dem Körper, die in der Nahrung vorhandenen Nährstoffe aufzuschließen und zu assimilieren. Ohne Vitamine würden wir verhungern. Wenn wir nicht die richtigen Vitamine in ausreichendem Maße erhalten, ist die Fähigkeit unseres Körpers, Nährstoffe aus der Nahrung aufzunehmen und zu verarbeiten, begrenzt, und eine ganze Reihe von Mangelsymptomen, einschließlich Unterernährung, kann die Folge sein. Viele Menschen zerstören aus Unwissenheit oder Unachtsamkeit viele der Vitamine, die sie mit der Nahrung aufnehmen. Wenn man sich zum Beispiel mit scharfer Seife wäscht, wird das Vitamin C, das Teil des Säureschutzmantels der Haut ist, zerstört. Durch den Verzehr von Zucker und Alkohol können die Vitamine B1, B6 und die lebenswichtige Folsäure zerstört werden. Das Rauchen stört die Aufnahme von Vitamin C im Körper. Ein Übermaß an Eiweiß oder

Flüssigkeit in der Ernährung kann viele andere Vitamine unwirksam machen, während Antibiotika, Abführmittel, Antazide, Aspirin und eine Reihe von Medikamenten und Streßfaktoren ebenfalls dazu beitragen, Vitamine im Körper zu zerstören. Die meisten Vitamintabletten und Zusatzpräparate werden auf der Basis von Kohlenteer und anderen Mineralölderivaten hergestellt. Obwohl diese synthetischen Substanzen in ihrer chemischen Zusammensetzung mit den natürlichen Vitaminen identisch oder nahe verwandt sein können, besitzen sie im Vergleich zu letzteren wahrscheinlich nur einen Bruchteil der biologischen Wertigkeit. Synthetische Vitamine können einige, aber nicht alle Funktionen der natürlichen Vitamine ersetzen. Darüber hinaus können synthetische Vitamine im Körper zusätzliche Wirkungen entfalten, die über die der natürlichen hinausgehen. In der Tat warnen selbst Vitaminhersteller davor, zu hohe Dosen bestimmter Vitamine, wie Vitamin A, B-Komplex, C, D und E, einzunehmen, da sie den Körper schädigen können. Auch der dauernde Gebrauch kleinerer Dosen dieser synthetischen Vitamine kann zu einer allmählichen Vitamintoxikose (Vitaminvergiftung) im Körper führen. Falls Sie glauben, auf Vitamin- und Mineralstoffpräparate nicht verzichten zu können, sollten Sie statt der synthetisch hergestellten solche wählen, die aus natürlichen Quellen (Nahrungsquellen) hergestellt sind.

Vitamine in naturbelassenen Nahrungsmitteln

Die makrobiotische Ernährung versorgt den Körper in ausreichendem Maß mit allen lebenswichtigen Vitaminen. Die Vitaminmengen entsprechen den empfohlenen Tagesdosen oder übersteigen diese sogar. Die Grundnahrungsmittel der makrobiotischen Ernährung – Vollgetreide, frische Gemüse, grüne Salate, Samen, Bohnen, Früchte – zählen zu den vitaminreichsten Lebensmitteln überhaupt.

Vitamin A, das sogenannte Wachstumsvitamin, wird bei der makrobiotischen Kost reichlich in Form von Beta-Karotin oder Pro-Vitamin A zugeführt. Pro-Vitamin A ist selbst in hohen Dosen nicht toxisch und wird durch die Leber in Vitamin A umgewandelt. Gelbe und orangefarbene Gemüse und grüne Blätter sind ausgezeichnete Quellen für Pro-Vitamin A.

Der Vitamin-B-Komplex umfaßt eine Gruppe von Vitaminen, die ihre Wirkung im Zusammenspiel entfalten. Der Vitamin-B-Komplex hilft dem Körper, Kohlehydrate zu verdauen und die von ihnen gelieferte Energie zu nutzen; außerdem stärkt er die Widerstandskraft gegen Infektionen. Einige der besten Quellen für diese Vitamingruppe sind die verschiedenen Vollgetreide, die etwa fünfzig Prozent der makrobiotischen Ernährung ausmachen.

Vitamin B_{12}, das der Körper in winzigen Mengen benötigt (einige tausendstel Milligramm pro Tag) wirkt der Degeneration von Nerven und Zellen entgegen und spielt eine wichtige Rolle bei der Bildung der roten Blutkörperchen. Da dieses Vitamin in Pflanzen nicht vorkommt, hört man oft, daß es in der makrobiotischen Ernährung fehle. Es findet sich jedoch häufig in Form von Bakterien auf den Schalen von biologisch gezogenen Früchten und Gemüsen. In Kulturen, in denen biologischer Landbau betrieben wird und in denen keine Eier, kein Fleisch und keine Milch verzehrt werden, ist ein Mangel an diesem Vitamin sehr selten. Außerdem enthalten zwei wichtige Nahrungsmittelgruppen der makrobiotischen Ernährung – nämlich die Meeresfrüchte (Algen, Schellfisch, Weißfisch) und die Sojaprodukte (besonders Tempeh und Miso) – kleine aber ausreichende Mengen an Vitamin B_{12}.

Vitamin C wird von vielen Menschen als eine Art Allheilmittel für die verschiedensten Krankheiten betrachtet, wie Erkältungen, Herzkrankheiten, Krebs und eine Reihe anderer Gesundheitsstörungen. In Wirklichkeit existiert jedoch kein fundierter Beweis, daß zusätzliche Gaben von Vitamin C tatsächlich diese Wirkungen haben. Es schützt die Nerven, Drüsen und Bindegewebe vor Oxidation und unterstützt die Aufnahme von Eisen. Durch die makrobiotische Ernährung erhält der Körper die drei- bis fünffache Menge der offiziell empfohlenen Tagesdosis, die fünfzig Milligramm beträgt. Die besten natürlichen Quellen für Vitamin C sind grüne Blätter, Broccoli, frische Früchte und Gemüse.

Vitamin D ist kein Vitamin im eigentlichen Sinne, da es im Körper synthetisiert wird. Es spielt eine Rolle bei der Kalziumverwertung des Körpers und ist wichtig für die Gesunderhaltung von Knochen und Zähnen. Dieses Vitamin wird normalerweise nicht mit der Nahrung in ausreichender Menge aufgenommen – es bildet sich durch die Einwirkung des Sonnenlichts auf bestimmte, cholesterinartige Substanzen in der Haut. Deshalb ist eine regelmäßige Sonnenbestrahlung besonders für Kinder wichtig. Normalerweise genügt es, wenn das Gesicht täglich fünfzehn bis dreißig Minuten der Sonne ausgesetzt wird.

Vitamin E gilt allgemein als Antioxidationsmittel – eine Substanz, die bestimmte Moleküle und Strukturen innerhalb der Zelle vor der Schädigung durch Sauerstoff schützt. Obwohl ein Vitamin-E-Mangel bei Erwachsenen bisher praktisch noch nie beobachtet wurde, sind Vitamin-E-Präparate fast ebenso beliebt wie Vitamin-C-Tabletten. Die Werbung spricht dem Vitamin E ganz besondere Wirkungen zu; so soll es unter anderem die sexuelle Potenz steigern, Herzanfälle verhindern und das Altern hinauszögern. Auch in diesem Fall fehlt jeder wissenschaftlich haltbare Beweis für diese Wirkungen. Die empfohlene Tagesdosis von zehn Milligramm kann durch den Verzehr von einer kleinen Schale grüner Blätter (Salate) gedeckt werden. Vollgetreide, naturbelassene Pflanzenöle, Samen, Nüsse und Gemüse enthalten ebenfalls beachtliche Mengen an Vitamin E.

Die vielseitige makrobiotische Kost sichert eine optimale Vitaminversorgung ohne die Gefahr einer Vitamin-Überdosierung (Toxizität) oder schädlicher Ansammlung im Körper.

Essentielle Vitamine und ihre Funktionen

Die folgende Tabelle soll Ihnen bei einer optimalen Nahrungszusammenstellung helfen. Sie enthält eine Auswahl guter Nahrungsquellen der wichtigsten Vitamine, beschreibt ihre Funktionen im Körper und vergleicht die zur Zeit offiziell empfohlenen Tagesdosen mit den Mengen, die normalerweise in einer typischen Tagesration der makrobiotischen Kost enthalten sind.

Mineralstoffe

Mineralstoffpräparate werden heutzutage fast ebenso häufig konsumiert wie Vitaminzusätze. Synthetisierte Mineralstoffe werden Weißbrot, Getreideprodukten, Konserven- und Babynahrung beigefügt. Auch werden sie häufig in Kombinationspräparaten zusammen mit Vitaminen angeboten. Aber wie die synthetischen Vitamine stammen auch die Mineralstoffpräparate nicht aus Nahrungsquellen, sondern werden im Labor aus Mineralölderivaten künstlich hergestellt.

Mineralien, die natürlicherweise in der Nahrung vorkommen, sind immer mit spezifischen Aminosäuren und manchmal einem Vitamin verbunden. In dieser Form kann der Körper die Mineralien leicht identifizieren und effektiv nutzen. In Form von Mineralstoffpräparaten oder als Nahrungsmittelzusätze bringen die Mineralien den Stoffwechsel jedoch eher durcheinander anstatt ihm zu nützen. Wenn der Körper ein Mineral aufnimmt, muß er es mit seinem gesamten Mineralhaushalt in Einklang bringen. Die einseitige Zufuhr eines bestimmten Minerals kann eine Kettenreaktion auslösen, durch die alle anderen Mineralspiegel im Körper ins Ungleichgewicht geraten. Das bedeutet nicht, daß man krank wird, wenn man ein paar Tage ein Eisenpräparat einnimmt. Wahrscheinlich wird das keine besonderen Auswirkungen haben.

Essentielle Vitamine und ihre Wirkungen

Vitamin	Nahrungsquellen	Funktion im Körper	Empfohlene Tagesdosis (Erwachsener)*	Geschätzte Menge in der makrobiotischen Kost+
A (Karotin)	Alfalfa-Sprossen Aprikosen Karotten Löwenzahnblätter Blattgrün Orangefarbene und gelbe Gemüse Petersilie Pfirsiche Winterkürbis	Unterstützt Wachstum, Fortpflanzung und Entwicklung. Wirkt auf Haut, Zähne, Schleimhäute und Augenlicht. Stärkt die Widerstandskraft gegen Infektionen.	5000 i.E.	14789 i.E.
B_1 (Thiamin)	Bohnen Blattgrün Nüsse Samen Gemüse Getreide	Unterstützt die Assimilation von Stärke und Zucker, appetitanregend, energiespendend. Unterstützt die Verdauung sowie die Funktionen von Herz und Leber.	1,2–2,0 mg	3,07 mg

Vitamin	Nahrungsquellen	Funktion im Körper	Empfohlene Tagesdosis (Erwachsener)*	Geschätzte Menge in der makrobiotischen Kost+
B_2 (Riboflavin)	Mandeln Kelp Blattgrün Pilze Sojaprodukte Gemüse Vollgetreide	Stärkt die Krankheitsabwehr. Unterstützt Wachstum und Entwicklung. Wirkt auf die Haut und das Augenlicht.	1,6–2,6 mg	1,85 mg
B_{12}	Bohnensprossen Rotalgen Kombu-Algen Sojaprodukte	Verhindert die Degeneration von Nerven und Zellen. Unterstützt die Bildung von roten Blutkörperchen.	2–5 mcg	5 mcg
Niacin (ein B-Vitamin)	Kelp Blattgrün Pilze Erdnüsse und Bohnen Nüsse Sesamsamen Sonnenblumenkerne Vollgetreide	Unterstützt die Funktion von Gehirn und Nerven.	10–20 mg	20–50 mg
C (Ascorbinsäure)	Broccoli Rosenkohl Blumenkohl Weißkohl Früchte Grünkohl Petersilie Sprossen Brunnenkresse	Unterstützt Wachstum und Entwicklung. Stärkt Gewebe, Gelenke, Bänder, Zähne und Zahnfleisch. Beschleunigt Heilungsprozesse und stärkt die Widerstandskraft.	75–100 mg	236 mg
D	Fisch Sonnenlicht	Fördert das Wachstum gesunder Knochen und Zähne.	400 i.E.	400 i.E.
E	grüne Blätter Nüsse und Samen Pflanzenöle Vollgetreide	Unterstützt die Fortpflanzungsorgane, die Herzfunktion und die Verwertung von Fettsäuren.	10–30 mg	20–45 mg

Vitamin	Nahrungsquellen	Funktion im Körper	Empfohlene Tagesdosis (Erwachsener)*	Geschätzte Menge in der makrobiotischen Kost+
K	Alfalfasprossen grüne Blätter Seegemüse Gemüse Vollgetreide	Fördert die Blutgerinnung. Vermindert das Risiko von Blutungen während der Schwangerschaft.	–	300–500 mcg

Quellen:
* Empfohlene Tagesdosen: Bei den benutzten Zahlen handelt es sich um die 1980 von der *U.S. Food and Drug Administration* (oberste amerikanische Lebensmittelbehörde) festgelegten Tagesdosen (Richtwerte) für einen ausgewachsenen Mann.
+ Die Angaben über den geschätzten Vitamingehalt der makrobiotischen Kost (pro Tag, pro Person) basieren auf dem *USDA Composition of Foods Handbook No. 8* (Handbuch Nr. 8 – Nahrungszusammensetzung, herausgegeben vom amerikanischen Landwirtschaftsministerium).

In der Tabelle benutzte Abkürzungen:
i.E. – internationale Einheiten
mg – Milligramm
mcg – Mikrogramm

Anmerkung: Ein Strich bedeutet, daß bisher keine offiziellen Empfehlungen bezüglich der Tagesdosis existieren.

Die Verwendung von Eisentabletten oder anderen Mineralstoffpräparaten über einen längeren Zeitraum kann jedoch den gesamten Mineralhaushalt des Körpers stören. Nimmt man zum Beispiel ein Eisenpräparat gegen Anämie ein, kann dies sogar zu einer Verschlimmerung des anämischen Zustandes führen. Wenn jemand eine Eisentablette einnimmt, wird die Nebennierentätigkeit angeregt, was zu einem Ansteigen des Natriumspiegels führt. Dadurch sinkt der Magnesiumspiegel. Gleichzeitig sinkt der Kalziumgehalt des Blutes, während der Kaliumspiegel steigt und der Kupfer- und Zinkgehalt sinkt – was schließlich zu einem noch stärkeren Absinken des Eisengehalts im Blut führt.

Mit anderen Worten: Kein Mineralstoff wirkt für sich allein, sondern steht in Wechselbeziehung mit allen anderen. Auf diese Weise wird ein harmonisches Gleichgewicht im Mineralhaushalt aufrechterhalten. Extreme Diäten, der Gebrauch von Mineralstoffpräparaten sowie bestimmte Krankheitsbilder können dazu führen, daß diese empfindlichen Mechanismen, die für ein ausgewogenes Verhältnis der Mineralstoffe im Körper sorgen, außer Kraft gesetzt werden. Ein gesunder Mensch, der sich vollwertig, das heißt, mit ausgewogen zusammengestellten, ganzheitlichen Nahrungsmitteln ernährt, hält seinen Mineralhaushalt auf ganz natürliche Weise im Gleichgewicht. Abgesehen davon, in welchem Gesundheitszustand sich ein Mensch befindet, ist der sicherste Weg, die notwendigen Mineralstoffe zu bekommen, ohnehin die Zufuhr durch die Nahrung.

Welche Rolle spielen Mineralstoffe für die Gesundheit?

Die Mineralstoffe, die in ganzheitlichen Lebensmitteln in einem ausgewogenen Verhältnis vorkommen, spielen für unsere Gesundheit eine außerordentlich wichtige Rolle. Sie sorgen für ein hohes Energieniveau, ein ausgeglichenes Nervensystem sowie für gesunde Muskeln, ein starkes Herz, gesundes Blut und schöne Haare. Außerdem sind sie am Aufbau gesunder Knochen, Zähne und Nägel beteiligt und spielen eine Rolle in nahezu allen physiologischen Prozessen. So stärken sie beispielsweise nicht nur die Widerstandskraft gegen Infektionen, sondern regulieren auch den pH-Wert des Blutes (die relative Azidität oder Alkalinität des Blutes). So wie das Meerwasser imstande ist, Giftstoffe, die vom Land her eingeschwemmt werden, zu neutralisieren, können die Mineralstoffe in unserem Blutstrom saure oder alkalische (basische) Schlacken (durch den Nahrungsstoffwechsel anfallende Abfallprodukte) neutralisieren. Unter normalen Umständen sollte unser Blut von leicht alkalischer Beschaffenheit sein, wobei der pH-Wert zwischen 7,3 und 7,45 liegt (auf der pH-Skala gelten die Werte unter 7,0 als sauer und die Werte über 7,0 als alkalisch).

Durch den normalen Stoffwechsel werden ständig Säuren produziert. Diese müssen von den alkalischen Elementen des Blutes neutralisiert werden, um Azidose, Ketonämie (Azidonämie), Gicht und andere Krankheiten zu verhindern. Je mehr Säuren wir mit der Nahrung aufnehmen und je mehr Säure unser Körper produziert, desto geringer werden die Reserven unseres Körpers an alkalischen Stoffen, wie zum Beispiel Kalzium. Nach einer jahrelangen Kost mit hohen Anteilen an säurebildenden Nahrungsmitteln wie rotem Fleisch, Zucker, Geflügel, Eier, Fetten und tropischen Früchten gerät der Körper in einen Zustand der Übersäuerung. Im Laufe der Zeit verringert sich die Kalziummenge immer mehr, da mehr Kalzium den Körper verläßt als zugeführt wird. Die Folge ist eine Degeneration von Knochen und Zähnen. Nahrungsmittel werden auf Azidität und Alkalinität getestet, indem man sie verbrennt und ihre Asche untersucht. Ist die Asche sauer, handelt es sich um ein saures Nahrungsmittel, ist sie alkalisch, um ein alkalisches. Die Verwirrung in bezug auf saure und alkalische Lebensmittel entsteht durch die Wirkung, die sie auf das Blut haben. Einige Nahrungsmittel, deren Asche sauer ist – Vollgetreide haben zum Beispiel eine leicht saure Asche – können tatsächlich im Blut eine leicht basenbildende Wirkung haben. Nahrungsmittel, deren Asche alkalisch ist, wie zum Beispiel exotische Früchte, können andererseits eine saure Reaktion hervorrufen. Zucker, der ebenfalls eine alkalische Asche aufweist, und einige Tropengemüse (einschließlich Tomaten) bilden dennoch Säure im Blut.

Im Gegensatz zu der weitverbreiteten, typischen modernen Kost weist die makrobiotische Ernährung einen Gesamt-pH-Wert auf, der eine leicht alkalische Reaktion im Blut hervorruft. Das Resultat ist ein höheres Energieniveau, Immunität gegen Erkältungen und Grippe, stärkere und gesündere Knochen und Zähne sowie ein gesunder Magen. In der Tabelle auf den Seiten 62/63 werden Nahrungsquellen der wesentlichsten Mineralstoffe sowie deren Funktionen im Körper aufgeführt. Außerdem werden die offiziell empfohlenen Tagesdosen mit den Mengen verglichen, die sich in einer Tagesration der makrobiotischen Kost finden.

Von allen Nahrungsmitteln, die wir zum regelmäßigen Verzehr empfehlen, weisen Meeresgemüse den höchsten Mineralstoffgehalt auf. Millionen von Menschen auf der ganzen Erde essen solche Seegemüse noch frisch aus dem Meer und profitieren sowohl von ihrem hohen Mineralstoffgehalt als auch von dem Aroma, das sie anderen Nahrungsmitteln verleihen. In der Tabelle auf Seite 64 finden Sie den Mineralstoffgehalt der verschiedenen Meeresgemüse, die bei der makrobiotischen Ernährung zum regelmäßigen Verzehr empfohlen werden. Im nächsten Kapitel werden wir noch genauer untersuchen, welche Rolle die Meeresgemüse in der Ernährung allgemein spielen.

Im heutigen Zeitalter der Spezialisierung, in dem das durch Wissenschaft und Forschung angehäufte Wissen ungeheuer komplex und weitverzweigt ist, kann man leicht den Blick für die ganzheitlichen Lebenszusammenhänge verlieren. Damit soll nicht gesagt werden, daß die wissenschaftlichen Erkenntnisse der Ernährungsforschung wertlos seien. Ein Verständnis unserer Nahrungsbedürfnisse kann uns helfen zu erkennen, welche ganzheitlichen Nahrungsmittel wir benötigen und wann wir sie zu uns nehmen sollten. Gleichzeitig müssen wir jedoch bewußt über bruchstückhaftes Wissen hinausgehen, um die Ganzheit des Lebens zu erfassen. Den Menschen, die in eine traditionelle Kultur hineingeboren wurden, in der noch eine natürliche Lebensweise vorherrscht, ist eine solche trennende Sichtweise fremd. Ihre Nahrungsauswahl ist Teil ihrer gesamten Geschichte, ihrer Kultur und ihrer traditionellen Ernährungsgewohnheiten. Durch ihre ganzheitliche Ernährung sind diese Menschen in der Lage, ihren Körper in einem harmonisch ausgewogenen Gesundheitszustand zu halten. Da die Makrobiotik mit diesem traditionellen Wissen in Einklang steht, bringt sie das Prinzip der Ganzheitlichkeit in unsere Ernährung und damit auch in unsere Gesundheitsvorsorge und unsere gesamte Lebensweise.

Lebenswichtige Mineralstoffe und ihre Funktionen

Mineral	Nahrungsquelle	Funktion im Körper	Offiziell empfohlene Tagesdosis*	Geschätzte Menge in der makrobiotischen Kost+
Kalzium	Mandeln Rettich Löwenzahnblätter Rotalgen Kohl Kelp grüne Blätter Nüsse Petersilie Meeresgemüse Sesam Sojaprodukte Brunnenkresse	Sorgt für den Aufbau starker Knochen und Zähne. Unterstützt die Blutgerinnung. Reguliert den Herzschlag und sorgt für ein Gleichgewicht im Mineralhaushalt.	800 mg	859 mg

Mineral	Nahrungsquelle	Funktion im Körper	Offiziell empfohlene Tagesdosis*	Geschätzte Menge in der makrobiotischen Kost+
Chlor	Sellerie Grünkohl Weißkohl Kopfsalat Pastinaken Rettiche Meeresgemüse Gemüse	Unterstützt Verdauung und Ausscheidung. Sorgt für normale Herzfunktion.	Spuren	Spuren
Jod	Fisch grüne Blätter Meeresgemüse Gemüse (aus biologischem Anbau)	Regt die Schilddrüse an, die unseren Stoffwechselumsatz bestimmt. Wichtig für Wachstum und Entwicklung des Körpers.	150 mcg	150–300 mcg
Eisen	Bohnen Früchte (getrocknet und frisch) Kelp grüne Blätter Samen Tekka Vollgetreide	Unterstützt die Bildung von Hämoglobin und Myoglobin. Unterstützt die Sauerstoffversorgung der Zellen und wirkt antianämisch.	10 mg	39,3 mg
Phosphor	Bohnen Früchte Nüsse Kürbiskerne Meeresgemüse Sesamsamen Sonnenblumenkerne Gemüse Vollgetreide	Unterstützt das Wachstum von Knochen, Zähnen, Haaren und Nervenzellen. Hilft den Zellen bei der Absorption von Fetten und Kohlehydraten.	800 mg	1539 mg
Kalium	Bohnen Kohl Kastanien getrocknete Früchte Rotalgen Früchte Kelp grüne Blätter Nüsse Gemüse	Reguliert das Gewicht und den Mineralhaushalt. Unterstützt den Muskeltonus. Unterstützt die Ausscheidung, fördert die Schönheit.	–	3666 mg

Mineral	Nahrungsquelle	Funktion im Körper	Offiziell empfohlene Tagesdosis*	Geschätzte Menge in der makrobiotischen Kost+
Natrium	Gurken Meerrettich grüne Blätter Miso Wurzelgemüse Meeresgemüse Sesam Tamari	Unterstützt die Verdauung, beschleunigt die Ausscheidung von Kohlendyoxid, reguliert die Körperflüssigkeiten und die Herztätigkeit.		2560 mg

Quellen:
* Offiziell empfohlene Tagesdosen: Den genannten Zahlen liegen die 1980 von der *U.S. Food and Drug Administration* (oberste amerikanische Lebensmittelbehörde) festgelegten Tagesdosen für einen erwachsenen Mann zugrunde.
+ Der geschätzte Mineralstoffgehalt der makrobiotischen Kost (pro Tag, pro Person) stammt aus dem *USDA Composition of Foods Handbook No. 8.*

In der Tabelle verwendete Abkürzungen:

i.E. – internationale Einheiten
mg – Milligramm
mcg – Mikrogramm

Anmerkung: Ein Strich bedeutet, daß keine offiziell festgelegten Werte existieren.

Mineralstoffgehalt der verschiedenen Meeresgemüse (Algen) in Milligramm pro 100 Gramm

Meeresgemüse	Kalzium	Phosphor	Eisen	Natrium	Kalium
Agar-agar	567	22	6,3	–	–
Arame	1170	150	12,0	–	*
Rotalgen	296	267	–	2085	8060
Hijiki	1400	56	29,0	–	*
Irisch-Moos	885	157	8,9	2892	2844
Kelp	1093	240	–	3007	5273
Kombu	800	150	–	2500	*
Nori	260	510	12,0	600	*
Wakame	1300	260	13,0	2500	*

Quellen: *United States Department of Agriculture* (U.S. Landwirtschaftsministerium) und *Japan Nutritionist Association* (Japanische Vereinigung von Ernährungssachverständigen).

Anmerkung: Ein Strich bedeutet, daß keine verläßlichen Werte für den Mineralstoffgehalt einer meßbaren Menge vorliegen.
Ein Sternchen (*) bedeutet, daß keine Informationen vorliegen.

Wie ich den Teufelskreis der Hypoglykämie durchbrach – eine Fallgeschichte

(Die Geschichte von Diane Sacolick)

Bereits vor meiner schweren Erkrankung im Dezember 1982 litt ich an verschiedenen chronischen Gesundheitsstörungen, die ich als unabänderlichen Teil meines Lebens akzeptiert hatte. Meine einzige Bemühung, meine Situation zu verbessern, bestand darin, einen Arzt nach dem anderen zu konsultieren und mir Rezepte ausschreiben zu lassen. Ich litt fast ständig unter Verstopfung und einer chronischen Hefepilzinfektion und bekam bis zu sechsmal im Jahr eine Erkältung. Die Verstopfung behandelte ich mit dem Abführmittel Metamucil, für die Pilzinfektion verbrauchte ich eine Tube des Antimykotikums Monistat nach der anderen, und den Erkältungen rückte ich mit Antibiotika zu Leibe.

Ich litt außerdem an Blaseninfektionen, die von Jahr zu Jahr häufiger auftraten und immer schmerzhafter wurden. Nachdem ich drei verschiedene Ärzte konsultiert und acht verschiedene Medikamente ausprobiert hatte, teilte mir einer der Ärzte mit, daß meine peri-urethralen Drüsen ebenfalls entzündet seien. Das einzige, was er mir vorschlug, war eine Operation, die, wie er sagte, sehr schmerzhaft sei und wahrscheinlich auch nicht viel helfen würde. Ich entschied mich gegen die Operation und überredete meinen Internisten, mir Macrodantin zu verschreiben, ein Mittel, das einer meiner Freundinnen, die unter ähnlichen Beschwerden litt, geholfen hatte. Durch das Macrodantin kamen die Infektionen zum Stillstand, und die akuten Schmerzen verschwanden; also nahm ich es täglich zur Vorbeugung ein.

Während meiner Periode mußte ich alle vier Stunden das entzündungshemmende Mittel Motrin einnehmen, weil ich sonst nach viereinhalb Stunden die Schmerzen in meinem Unterleib nicht mehr ausgehalten hätte. Trotz dieses Medikaments litt ich während meiner Periode jedoch an schwersten Depressionen, und es fiel mir schwer, diese Tage zu überstehen. Im August 1982 zog ich nach Washington, um an der *Georgetown Law School* (juristische Fakultät) zu studieren. Bis Oktober dieses Jahres verkraftete mein Körper den ständigen Schlafmangel und meine schlechten Ernährungsgewohnheiten erstaunlich gut. Dann traten manchmal plötzliche Schwindelanfälle auf. Ich war depressiv, ohne zu wissen warum. Dann bekam ich eine Grippe, die nicht besser werden wollte, und ich mußte zweimal eine ganze Woche im Bett bleiben. An manchen Tagen schlief ich bis zu zwanzig Stunden. Die Schwindelanfälle wurden häufiger. Gleichzeitig litt ich an Atembeschwerden, Sehstörungen, und meine Augen tränten häufig. Der einzige Rat, den ich von Ärzten und Schwestern zu jener Zeit bekam, war »es leicht zu nehmen«.

Einer der Ärzte verschrieb mir Antibiotika. Schließlich waren mein Hals, meine Nebenhöhlen, meine Ohren und meine Nase alle zu gleicher Zeit entzündet.

Im Dezember fühlte ich mich nicht mehr in der Lage zu lesen oder für die Examina zu studieren – deshalb verschob ich sie auf Januar. Ich fuhr zurück nach Manhattan. Mein früherer Hausarzt untersuchte mich, konnte aber nichts finden.

Zu dieser Zeit war ich so deprimiert, daß ich daran dachte, Selbstmord zu begehen. Da ich ja nach Meinung der Ärzte körperlich gesund war, glaubte ich, ich sei nun wohl auf dem Wege, verrückt zu werden. Ich überlegte, ob ich in ein psychiatrisches Krankenhaus gehen sollte, aber ich wollte herausfinden, was mit mir los war, und suchte weiter nach einer Antwort.

Eines Tages gab meine Mutter eine Party. Ich traf eine Frau, bei der die Ärzte eine Hypoglykämie festgestellt hatten. Einige ihrer Beschwerden glichen meinen. Das muß es sein, dachte ich. Ein paar Tage später ließ ich einen Glukose-Toleranz-Test durchführen. Meine schlimmsten Symptome traten in voller Stärke sowohl während als auch nach dem Test auf: Schwindel, Sehstörungen, Atembeschwerden, Weinkrämpfe. Diesmal waren die Ärzte sich über die Diagnose einig: Hypoglykämie. Anfang Januar begann ich mit der Standard-Diät, die jedem Hypoglykämiepatienten verschrieben wird: eiweißreich und kohlehydratarm. Mein täglicher Speiseplan sah sechs bis acht kleine Mahlzeiten vor, von denen jede mindestens eines der folgenden Nahrungsmittel enthielt: Milch, Käse, Nüsse, Fisch, Hähnchen, rotes Fleisch oder Eier. Ich ertränkte den Fisch, die Hähnchen oder die Eier in Butter, da ich ihren Geschmack liebte und in verschiedenen Büchern gelesen hatte, daß eine fettreiche Diät gut für Hypoglykämiker sei. Ansonsten aß ich noch kohlehydratarme Gemüse wie Pilze und Kopfsalat. Zu diesem Zeitpunkt gab ich meinen beträchtlichen Konsum an Zigaretten, Kaffee, Alkohol, Limonade, Zucker, Mehl und Früchten vollständig auf. Ich schrieb an die *Georgetown Law School*, daß ich nicht zurückkehren würde. Mein Zustand besserte sich ein wenig. Die Depressionen ließen etwas nach, und die Schwindelanfälle wurden seltener. Doch obwohl ich mich sehr streng an diese Diät hielt, litt ich manchmal unter sehr schweren hypoglykämischen Symptomen. Mein Verstand war so umnebelt, daß ich ständig vergaß, was ich sagen wollte oder wo ich etwas hingelegt hatte. Oft konnte ich nichts weiter tun, als einkaufen und kochen, und war dadurch schon für den ganzen Tag erschöpft. Ich hatte stets ein oder zwei Pflaster an mindestens zwei Fingern, da ich mich beim Kochen häufig schnitt oder verbrühte. Ich hatte Angst, allein nach draußen zu gehen, weil ich befürchtete, auf der Straße zusammenzubrechen. So blieb ich die meiste Zeit zu Hause und »ließ mir Zeit«. Ich nahm zehn Pfund zu.

Anfang März wurde mir klar, daß mehr geschehen mußte. Ich konsultierte nun regelmäßig einen Allergiespezialisten. Auf seinen Rat hin schrieb ich eine Woche lang auf, welche Lebensmittel ich zu welchem Zeitpunkt verzehrte. Außerdem schrieb ich auf, welche Symptome wann auftraten. Ich fertigte eine Liste der Gegenstände in meiner Wohnung an und schrieb auf, aus welchem Material sie bestanden; außerdem führte ich alle Kosmetika und Reinigungsmittel auf, die ich benutzte. Ich gab eine Menge Geld für die verschiedensten Tests aus und noch mehr für die darauffolgenden Konsultationen.

Im Verlauf der nächsten fünf Wochen diagnostizierten die Ärzte bei mir außer der Hypoglykämie noch eine ganze Reihe anderer Gesundheitsstörungen, einschließlich Candida Albicans (Hefepilzinfektion), akutes allergisches Syndrom, Überempfindlichkeit der Atemwege gegen eingeatmete Stoffe und Chemikalien, allgemeine Immunschwäche, Allergien gegen Milch und Milchprodukte, Pankreasinsuffizienz (gestörte Enzymbildung der Bauchspeicheldrüse) und Magensäuremangel. Ab sofort aß ich keinerlei Milchprodukte mehr. Bei jeder Mahlzeit nahm ich Verdauungshilfen ein. Ich kaufte Nystatin, ein Antimykotikum, um der Hefepilzinfektion Herr zu werden, und zehn Packungen Vitamintabletten. Es ging mir wesentlich besser, aber ich fühlte mich noch immer sehr kraftlos, und manchmal hatte ich noch Schwindelanfälle, die von Atembeschwerden und Sehstörungen begleitet waren.

Ich war nicht sehr glücklich mit meiner neuen Diät, und als nächstes unterzog ich mich einem komplizierten Allergietest, der darin bestand, daß man die Speisen nach einem bestimmten Rotationssystem zu sich nehmen mußte, das heißt, man durfte ein bestimmtes Nahrungsmittel nur einmal innerhalb vier Tagen essen. Ich war sicher, daß mir diese Methode nicht helfen würde, und schon der Gedanke daran löste Unbehagen bei mir aus. Als dann die Assistentin des Allergiespezialisten noch vorschlug, ich solle alle Zimmerpflanzen aus meiner Wohnung entfernen, da man annahm, daß ihre Schimmelsporen meine Symptome auslösten, wurde mir klar, daß es eine bessere Lösung geben mußte. Während ich herauszufinden versuchte, was mich krank machte, wurde meine Diät immer einseitiger und langweiliger.

Zu diesem Zeitpunkt erhielt ich die Zeitschrift des Hypoglykämiker-Verbandes, in der die Veranstaltungen des nächsten Treffens angekündigt wurden. Bill und Barbara Taylor würden einen Vortrag über Makrobiotik halten. Es interessierte mich sofort. Ich hatte genug von Rindfleisch und Hähnchen. Ich las das Buch *Recalled by Life* von Dr. Sattilaro und wurde plötzlich sehr aufgeregt, denn ich hatte eine starke Vorahnung, nun endlich etwas gefunden zu haben, das mir helfen würde.

Nachdem ich den Vortrag der Taylors gehört hatte, war ich sofort bereit, die makrobiotische Ernährung auszuprobieren. Ich vereinbarte einen Termin mit Michael Rossoft, einem Makrobiotik-Berater und Akupunkteur in Bethesda, Maryland. Nach der ersten Sitzung stellte er mir einen Ernährungsplan zusammen, der genau auf meinen Gesundheitszustand abgestimmt war. Seine Empfehlungen bezogen sich auf Ernährung, Akupressurpunkte und verschiedene Bücher – nicht auf Tabletten oder Vitaminpräparate.

Nachdem ich diesen Empfehlungen drei Tage lang gefolgt war, verschwanden die Schwindelanfälle und alle Begleitsymptome, die mich ein halbes Jahr lang gequält hatten, für immer. Ich fühlte mich befreit. Nachdem ich mich sieben Monate makrobiotisch ernährt hatte, waren auch die meisten anderen Beschwerden verschwunden. Ich habe keine allergischen Symptome mehr, leide nicht mehr an Verstopfung und war während der letzten Jahre noch niemals so lange frei von Erkältungen, Pilzinfektionen und Blasenentzündungen. Im September 1983 erlebte ich zum erstenmal seit sechs Jahren wieder eine Menstruation ohne Schmerzen und Krämpfe. Diese Besserung wurde noch durch eine Serie von zehn Akupunktursitzungen beschleunigt, die ich zusätzlich zu meiner neuen Diät erhielt.

Nie zuvor habe ich eine so vielfältige und köstliche »Diät« genossen. Ich koche und esse jetzt mit großem Vergnügen. Anstelle der kleinen Mahlzeiten, die ich alle zwei bis drei Stunden einnehmen mußte, esse ich jetzt nur noch dreimal täglich. Ich bin nicht länger Sklave eines Zeitplans. Ich kann nun morgens nach dem Aufstehen meine Gymnastik machen und bis zu drei Stunden verstreichen lassen, bevor ich frühstükke, anstatt wie früher direkt vom Bett zum Kühlschrank zu wanken. Die zusätzlichen Pfunde, die ich Anfang des Jahres angesetzt hatte, sind auch wieder verschwunden.

Mein Verstand ist klarer, und ich fühle mich glücklicher, ruhiger und geduldiger als je zuvor. Es gibt zwar auch hin und wieder Zeiten, in denen ich mich angespannt und ungeduldig fühle und mit Erschöpfungszuständen kämpfe, aber im großen und ganzen bessert sich mein Gesundheitszustand viel schneller, als ich je für möglich gehalten hätte. Ein zusätzlicher, positiver Aspekt sind die niedrigen Kosten der makrobiotischen Ernährung im Vergleich zu anderen alternativen Ansätzen zu einer gesünderen Lebensweise. Die meisten makrobiotischen Nahrungsmittel sind billig, besonders im Vergleich zu Käse und Fleisch. Zu jener Zeit, als ich die eiweißreiche Diät einhielt, fühlte ich mich so ausgehungert und unglücklich, daß ich mich oft mit einem besonders teuren Käse oder teuren Fleischsorten »verwöhnte«. Ich muß mich heute keinem Test mehr unterziehen und keine Medikamente oder Vitamintabletten kaufen.

Aber die gesteigerte Energie und die Lebensqualität, die ich durch die Makrobiotik hinzugewonnen habe, sind ohnehin unbezahlbar.

Von Diane Sacolick. Nachdruck mit Genehmigung des *MacroMuse Magazine*, 4905 Del Ray Avenue, Suite 400, Bethesda, MD 20814. Copyright 1984 (Heft Nr. 14).

7 Die wichtigsten Nahrungsmittel in der Makrobiotik

Obwohl die Makrobiotik zweifellos mit den neuesten wissenschaftlichen Erkenntnissen über Nahrungszusammensetzung und Ernährung in Einklang steht, sind das uralte, traditionelle Wissen, auf dem sie beruht, und der gesunde Menschenverstand vielleicht noch bessere Gründe, makrobiotisch zu essen. Seit vor etwa zwölftausend Jahren die ersten landwirtschaftlichen Kulturen entstanden, ernährten sich die meisten Menschen hauptsächlich von Vollgetreide, Vollkornprodukten, Gemüse und Bohnen, und verzehrten nur in geringem Maße Nahrungsmittel tierischen Ursprungs.

Als Folge der revolutionären Entwicklung der Landwirtschaft im achtzehnten Jahrhundert begannen sich die Ernährungsgewohnheiten des modernen Menschen allerdings rapide zu verändern. Da billiges Getreide nun im Überfluß vorhanden war, wurde die Viehzucht zu einem lohnenden Zweig der Landwirtschaft, und Milch- und Fleischprodukte waren überall leicht erhältlich. Die Erfindung der Walzenmühle führte zu einem drastischen Wandel in der Brotherstellung, denn nun war es erstmals möglich, die Kleie und den Keim vom Mehlkörper zu trennen und das Vollgetreide auf diese Weise zu raffinieren. Der allgemeine Wohlstand zu Anfang des neunzehnten Jahrhunderts erlaubte nun auch dem Durchschnittsbürger, raffinierte Lebensmittel und Fleischprodukte zu konsumieren, die früher allein der wohlhabenden Klasse vorbehalten waren. In den vergangenen fünfundsiebzig Jahren wurde unsere Nahrung in ständig steigendem Maße künstlichen Aufbereitungsprozessen unterzogen. Gleichzeitig stieg der Konsum von Nahrungsmitteln tierischen Ursprungs stetig an. Die Makrobiotik befürwortet eine ursprünglichere und natürlichere Art der Ernährung, bei der ganzheitliche, naturbelassene Nahrungsmittel im Vordergrund stehen.

In den beiden nächsten Kapiteln werden wir ausführlich den Nährstoffgehalt sowie besondere Aspekte und Verwendungsarten der makrobiotischen Lebensmittel (beginnend mit Vollgetreide) behandeln.

Vollgetreide: Die Quelle unserer Energie

Es ist dem menschlichen Organismus bis heute nicht sehr gut gelungen, sich an die moderne Art des Essens bis hin zum »Schnellimbiß« anzupassen. Der beste Beweis dafür ist das ständig wachsende Interesse an Naturkost, das heißt, an ganzheitlichen, naturbelassenen Nahrungsmitteln – insbesondere an Vollgetreide und Vollkornprodukten. Vor Tausenden von Jahren begannen unsere Vorfahren, die nahrhafte Frucht/Samen-Kombination zu essen, die wir Vollgetreide nennen und die in vielen Kulturen seither als Grundnahrungsmittel gilt. Im alten China wurden als

Grundnahrungsmittel hauptsächlich Hirse, Buchweizen und Reis verzehrt, während die Azteken und Mayas sich vorwiegend von Mais ernährten. Die Ägypter bauten eine der feinsten Weizensorten der Welt an, und die frühen Europäer ernährten sich von Roggen, Weizen, Gerste und Hafer. Die Briten verzehrten hauptsächlich Hafer und Weizen, die Hindus Reis und Weizen, und einige afrikanische Völker kultivierten die Hirse als ihr wichtigstes Grundnahrungsmittel. Einige unserer Vorfahren verehrten das Getreide gar als lebenspendende Gottheit und betrachteten es als den Stoff, aus dem der menschliche Körper entstanden sei. Das japanische Schriftzeichen für »Friede und Harmonie« steht gleichzeitig für »Essen von Getreide«. Als Vollkorn bezeichnen wir Getreide, das in seiner Ganzheit verwendet wird. Das volle Korn enthält noch alle eßbaren Bestandteile (die Kleie, den Keim und den Mehlkörper).

In der makrobiotischen Küche werden die ganzen Körner von Gerste, Buchweizen, braunem Reis, Hirse, Hafer oder Roggen im Dampfkochtopf gedämpft, gekocht oder in Auflaufformen gebacken. Außerdem werden verschiedene Vollkornprodukte, vom Sauerteigweizenbrot bis zu Vollkornspaghetti, verwendet. Fast alle Weißmehlbackwaren und -lebensmittel können auch aus Vollkornteig hergestellt werden.

Vollgetreide enthalten komplexe Kohlehydrate, Eiweiß, Fett, Vitamine und Mineralstoffe in einer idealen Zusammensetzung, die den Bedürfnissen des menschlichen Organismus optimal angepaßt ist. In der makrobiotischen Ernährung beträgt das Verhältnis zwischen komplexen Kohlehydraten und Eiweißstoffen etwa sieben zu eins. Diese ideale Ausgewogenheit finden wir auch im Vollgetreide, das ebenfalls siebenmal mehr komplexe Kohlehydrate als Proteine enthält. Darüber hinaus ist das volle Korn eine ausgezeichnete Quelle für Ballaststoffe, Vitamine der B-Gruppe, Vitamin E und Phosphor (ein lebenswichtiges Mineral, das die Gehirnfunktionen unterstützt).

Vom ernährungsphysiologischen Wert einmal abgesehen, ist der reichliche Verzehr von Vollgetreiden aus mindestens einem weiteren guten Grund zu empfehlen: Unter allen Nahrunsgmitteln stellen sie wahrscheinlich die preiswerteste Lösung dar, da sie weltweit in großem Umfang angebaut werden. Sie können billiger produziert werden (und sind kostengünstiger im Verbrauch) als Rind- und Schweinefleisch, Eier, Milchprodukte, Geflügel und Fisch. Gerste, brauner Reis, Buchweizen, Mais, Hirse, Hafer und Weizen sind die empfehlenswertesten Getreide für den regelmäßigen Verzehr. In der nebenstehenden Tabelle finden Sie eine vollständige Aufstellung der Getreide und Getreideprodukte.

Vollgetreide und Getreideprodukte

Zum regelmäßigen Verzehr empfohlen	zum gelegentlichen Verzehr empfohlen	zu vermeiden
Vollgerste Buchweizen (ganzes Korn) Mais (ganzes Korn) Vollreis (brauner Reis) Hirse (ganzes Korn) Vollkornroggen Vollreis (Rundkorn) Vollkornhafer Vollkornweizen andere Vollkorngetreide	Buchweizennudeln (Soba) Maisgries oder Maisvollmehl Couscous Bulghur-Weizen Langkornvollreis Reiskuchen aus süßem Reis (Mochi) Weizengluten (Fu) Ramen-Nudeln (aus Vollweizen, Reis, Buchweizen) Reiskuchen Reis-Kayu (Brei) Brot Roggenflocken Somen (Nudeln aus gesiebtem Vollweizenmehl) Sauerteigbrot aus Vollroggen oder Vollweizen Haferflocken süßer brauner Reis Tortillas Udon (Weizennudeln) Vollweizen- oder Vollroggenbrot ohne Backtriebmittel Weizengluten (Seitan) Vollkorncracker oder Matzen	Backwaren, die Milchprodukte enthalten; verfeinerte Getreidespeisen; Weißmehlprodukte Hefebrot, Hefegebäck, Hefekuchen, -plätzchen und so weiter

Gemüse

Die Bezeichnung für Gemüse (Vegetabilien) stammt aus dem Lateinischen und bedeutet »wachstumsfähig, lebendig, vital«. Diesen Beschreibungen machen die Gemüse (und Meeresgemüse) alle Ehre, denn sie versorgen uns mit der ganzen Palette von Vitaminen und Mineralstoffen, die wir für unser Wachstum und die Erhaltung unserer Gesundheit und Vitalität benötigen.

Die verschiedenen Gemüsearten sorgen für eine Vielfalt der Farben und Geschmacksrichtungen in der makrobiotischen Kost und bringen – auf verschiedene Weise zubereitet und angerichtet – Frische und Auflockerung in die Mahlzeiten aus Vollgetreide und Bohnen. Auch rohe und eingelegte Gemüse werden in kleinen Mengen verwendet. Die besten Gemüse stammen natürlich aus dem eigenen Garten. Sie sind aromatisch und frei von chemischen Dünge- und Spritzmitteln. Frisch geerntet, können sie auf viele Arten roh oder gekocht zubereitet und serviert werden. Zur Erntezeit, wenn die Gemüse im Überfluß vorhanden und besonders preiswert sind, sollte man einen Vorrat für den Winter anlegen. Die Gemüse können getrocknet, sauer eingelegt oder in einem kühlen Keller gelagert werden. Im Winter werden oft Sommergemüse, zum Beispiel Gurken oder grüne Bohnen, aus warmen Ländern wie Mexiko und Florida importiert. Diese Gemüse besitzen jedoch nicht das gleiche Aroma, wie die in den kälteren Zonen beheimateten; sie sind nicht der Jahreszeit angepaßt und erfüllen nicht die physiologischen Bedürfnisse des Körpers während dieser Zeit. Es ist daher sinnvoller, Winterkürbisse, Kohlarten und Wurzelgemüse zu kaufen, die während der kalten Jahreszeit wachsen, oder im Herbst einheimische Gemüse für den Winter einzulagern.

Es gibt mehr als einhundert verschiedene Gemüsearten, von denen viele unter die drei Hauptkategorien der in der makrobiotischen Kost empfohlenen Gemüse fallen: grüne Gemüse und Blätter, Wurzelgemüse und Kopfgemüse.

Gemüse

zum regelmäßigen Verzehr

Grüne und weiße Blattgemüse	Kopfgemüse	Stengel/Wurzelgemüse
Broccoli	Die verschiedenen Kürbisarten	Klettenwurzeln
Bok Choy	Blumenkohl	Karotten
Rosenkohl	Weißkohl	weißer Rettich
Möhrenkraut		Löwenzahnwurzel
Chinakohl		Lotoswurzel
Schnittlauch		Zwiebeln
Kohlblätter		Pastinaken
Rettichkraut		Roter Rettich
Löwenzahnblätter		weiße Rüben
Grünkohl		Bocksbartwurzeln
Wirsing		Steckrüben
Lauch		
Senfkraut		
Petersilie		
Schalotten		
Rettichblätter		
Steckrübenblätter		
Brunnenkresse		

Gelegentlich

Alfalfa-Sprossen	Grüne Erbsen	römischer Kopfsalat
Bambussprossen	Eisbergsalat	Shiitake-Pilze
Bohnensprossen	Artischocken	Wintererbsen

Grüne und weiße Blattgemüse	Kopfgemüse	Stengel/Wurzelgemüse
Rote Beete	Jinenjo	Gemüsebohnen
Sellerie	(Bergkartoffeln)	Sommerkürbis
Maiskolben	Kohlrabi und	Mangold
Gurken	Kohlrabikraut	Wasserkastanien
Winterendivie	Pilze	Gelbe Wachsbohnen
Endivie	Rotkraut	
zu vermeiden		
Spargel	Paradiesfeigen	Spinat
Avocados	Kartoffeln	Süßkartoffeln
Schwanzrüben	Kohlportulak	Taro (Albi)
Auberginen	Roter Mangold	Tomaten
Fenchel	Rote Paprika	Zucchini
Farnarten	Hirtentäschel	
Grüne Paprika	Sauerampfer	

Grüne Gemüse und Blätter

Frische, grüne Gemüse wie Grünkohl oder Wirsing gehören zu den nahrhaftesten Nahrungsmitteln überhaupt. Sie liefern mehr Vitamine, Mineralien und Eiweiß als Fleisch – und kosten nur einen Bruchteil. Falls Sie nicht gewohnt sind, frische, grüne Gemüse zu essen, können Sie sie anfangs auch Suppen oder anderen gedünsteten Gemüsen beifügen, bis Sie sie auch separat gekocht (mit Vollgetreide oder Bohnen servieren) mögen.

Grüne Gemüse nehmen in der makrobiotischen Kost aus verschiedenen Gründen eine wichtige Stellung ein. Erstens enthalten sie Chlorophyll – eine Eiweißverbindung, die die Bildung gesunder roter Blutkörperchen fördert. Zweitens sind sie eine ausgezeichnete Quelle für Vitamin C, Kalzium und alkalische Mineralien, die den Säureüberschuß im Körper neutralisieren. Ein Grund, weshalb Fisch zusammen mit grünen Gemüsen und ein wenig geriebenem Rettich verzehrt werden sollte, ist die Tatsache, daß die beiden letzteren Vitamine und Mineralien liefern, die unserem Körper helfen, die Nährstoffe des Fisches besser auszuwerten und zu verdauen. Grüne Gemüse haben eine lange Saison und stehen in vielen Gegenden das ganze Jahr über zur Verfügung.

Wurzelgemüse

Die gesamte Familie der Wurzelgemüse stellt eine gute Quelle für Vitamine und Mineralstoffe sowie komplexe Kohlehydrate dar. Kompakte Wurzelgemüse, wie Karotten, weiße Kohlrüben und Pastinaken sind reich an Mineralien und komplexen Kohlehydraten und erfordern im Vergleich zu den grünen Gemüsen eine größere Verdauungsleistung. Dadurch erzeugen sie Wärme im Körper und regen die Verdauung an, indem sie für eine vermehrte Durchblutung des Verdauungstraktes sorgen. Die wärmenden Eigenschaften und ihre leichte Lagerfähigkeit machen sie zu einem idealen Wintergemüse, von dem man einen reichlichen Vorrat für die kälteren Monate des Jahres im Keller lagern kann. Außerdem sind sie während der Herbst- und Wintermonate wesentlich preisgünstiger als importierte Gemüse, die nicht der Jahreszeit entsprechen.

Kopfgemüse

Im Hinblick auf den Nährstoffgehalt liegen die Kopfgemüse zwischen den grünen Gemüsen und den Wurzelgemüsen. Kopfgemüse sind ebenfalls ausgezeichnete Wintergemüse, da sie sowohl gute wärmende als auch sättigende Eigenschaften haben. Außerdem werden sie selbst den verwöhntesten Gaumen zufriedenstellen, wenn sie frisch und richtig zubereitet auf den Tisch kommen.

Gemüse, die man meiden sollte

Einige Gemüse, die Reizstoffe und leicht toxische (giftige) Alkaloide (alkalische Substanzen) enthalten, sind in der Tabelle auf Seite 73 unter der Rubrik »zu vermeiden« aufgeführt. Diese Gemüsearten stammen fast ausschließlich aus den Tropen. Tomaten, Spargel, roter Mangold, Rote-Beete-Kraut, Spinat und Rhabarber enthalten hohe Dosen Oxalsäure, die die Kalziumaufnahme des Körpers hemmt und dadurch zu einer Degeneration von Knochen und Zähnen beitragen kann. Oxalsäure steht auch mit der Bildung von Nierensteinen in Zusammenhang.

Verschiedene andere Gemüse wie Zucchini, Avocados, Auberginen, Kartoffeln und verschiedene eßbare Wildkräuter sollten ebenfalls gemieden werden, da sie bei regelmäßigem Verzehr, besonders bei Bewohnern der gemäßigten Zonen, zu einer ungesunden Säurebildung führen können.

Bohnen und Meeresgemüse (Algen)

Nahrhaftes aus dem Meer

Extrakte aus Seealgen (Meeresgemüse) werden fast allen Arten von industriell hergestellten Lebensmitteln zugesetzt – vom Pudding über Eiskrem bis hin zu Salatsoßen, Käse- und Brotsorten. Tatsächlich enthält nahezu jedes Produkt, in dem Stabilisatoren oder Verdickungsmittel verwendet wurden, Algin oder Agar-Agar (Extrakte aus Meeresgemüsen). Es ist jedoch ein großer Unterschied, ob man die Meeresgemüse in Form von Nahrungsmitteladditiven oder in ihrer natürlichen Form, so wie sie aus dem Meer kommen, zu sich nimmt.

Seit vielen Jahrhunderten werden diese Meeresfrüchte von Küstenvölkern in aller Welt geernet und verzehrt. Die Chinesen, Iren, Briten, Isländer, Kanadier, Japaner, Indianer, Hawaianer, Koreaner, Russen, Eskimos und Südafrikaner sind nur einige der Völker, bei denen Algen seit alters einen festen Bestandteil der Ernährung bilden. Vor einigen Jahren wurde die purpurfarbene Rotalge von Straßenverkäufern in Boston angeboten. In den Küstengebieten Kanadas und in Schottland serviert man in den Pubs einen Imbiß, der aus Rotalgen hergestellt wird. In Rußland gibt es ein alkoholisches Getränk auf Algenbasis und eine spezielle Gemüsemischkonserve, genannt Seekohl, die neben Roten Beeten und Tomaten hauptsächlich Algen enthält. Die Küstenbewohner Islands verwenden die Algenart »Irisch-Moos« seit Jahrhunderten in ihren traditionellen Rezepten für Brot, Gebäck, Getränke und als Geliermittel. In Japan, wo wahrscheinlich mehr Meeresgemüse konsumiert werden als in irgendeinem anderen Land der Erde, gibt es sogar Qualitätsnormen für Algen, die mit den Qualitätsrichtlinien für Fleisch oder Milchprodukte in unserem Land vergleichbar sind. Meeresgemüse bilden einen wesentlichen Bestandteil der makrobiotischen Ernährung. Sie zählen zu den nahrhaftesten Lebensmitteln, die es auf der Erde gibt. Die Algenart Kelp enthält beispielsweise einhundertfünfzigmal soviel Jod und achtmal soviel Magnesium wie Gartengemüse. Die Rotalge enthält dreißigmal soviel Kalium wie die Banane und zweihundertmal soviel Eisen wie die Rote Beete. Nori, eine braune Algenspezialität, die in Form von dünnen, rechteckigen Blättern gehandelt wird, enthält soviel Vitamin A wie die Karotte und doppelt soviel Eiweiß wie einige Fleischsorten. Hijiki, eine blauschwarze, spaghettiförmige Algenart, enthält vierzehnmal soviel Kalzium wie Vollmilch. Kombu, ein braunes Meeresgemüse, das in Streifen von etwa 25 cm Länge verkauft wird, enthält soviel Phosphor wie süßer Mais. Algen enthalten die Vitamine A, B_1 (Thiamin), C und E sowie das wichtige Vitamin B_{12}, ein lebenswichtiger Faktor, der in vegetarischen Ernährungsformen oft fehlt, vom Körper jedoch dringend zur Gesunderhaltung des Nervensystems und des Blutes benötigt wird.

Während ihres Wachstums wandelt die Alge die anorganischen Mineralien des Meerwassers in organische Mineralsalze um, die mit Aminosäuren verbunden sind – die ideale Form, in der der menschliche Körper die notwendigen Mineralstoffe zum Schutz des Herzens und zur Kräftigung von Haaren, Nägeln, Muskeln, Knochen, Blut und Haut aufnehmen kann. Da die moderne Agrartechnologie zu einer ständig fortschreitenden Mineralstoffverarmung unserer Böden führte, ist es durchaus möglich, daß die allgemeine Einbeziehung von Meeresgemüsen in unsere Ernährung in absehbarer Zeit die einzig sichere Methode sein wird, uns ausreichend mit allen lebensnotwendigen Spurenelementen zu versorgen. Außer den Mineralstoffen, die in Kapitel 6 ausführlich behandelt wurden, benötigt unser Körper winzige Mengen der Spurenelemente Kobalt, Kupfer, Chrom, Fluor, Mangan, Molybdän, Selen und Zink, um die normalen Stoffwechselprozesse aufrechterhalten zu können.

Algen wirken direkt auf das Blut, indem sie einer Übersäuerung entgegenwirken und Ansammlungen von Fett und Schleim neutralisieren. Eine als Alginsäure bezeichnete Substanz, die besonders in den dunkleren Sorten wie Kombu und Wakame vorkommt, wandelt toxische Metalle im Darm in harmlose Salze um, die leicht ausgeschieden werden können. 1964 demonstrierten Wissenschaftler der McGill Universität in Montreal, daß Algen die Fähigkeit besitzen, das radioaktive

Element Strontium 90 im Körper zu neutralisieren. Neben ihrer positiven Wirkung auf die Gesundheit können Algen auch eine sehr wohlschmeckende Nahrungsergänzung sein. Alle, die die makrobiotische Ernährung neu kennenlernen, werden feststellen, daß Algen den Geschmack von Suppen oder Bohnengerichten (oder mit frischen Gemüsen gekocht, wie in den Rezepten dieses Buches empfohlen) noch unterstreichen, indem sie das Aroma der anderen Zutaten hervorheben.

Empfehlenswerte Meeresgemüse (Algen)

Agar-Agar	Kelp
Arame	Kombu
Rotalgen	Nori
Hijiki	Wakame
Irisch-Moos	

Bohnen und Bohnenprodukte

Seit über achttausend Jahren werden Bohnen in allen Kulturen der Welt wegen ihres hohen Nährwertes geschätzt. Mit dem Beginn der agrikulturellen Revolution im achtzehnten Jahrhundert verloren sie jedoch im Westen an Bedeutung, da nun Fleisch, Geflügel und andere Produkte tierischen Ursprungs zur Haupteiweißquelle wurden.

Die Makrobiotik ist bestrebt, der lange Zeit zu Unrecht vernachlässigten Bohne in Verbindung mit Getreide wieder zu dem ihr gebührenden Platz auf dem Eßtisch zu verhelfen. Bei allen auf Getreidekost basierenden Ernährungsformen wurden die Getreide traditionsgemäß mit Bohnen kombiniert. In vielen Teilen Europas, Asiens und des Mittleren Ostens, in Süd- und Mittelamerika und in Afrika stellen Bohnen und Getreide die Haupteiweiß- und Kohlehydratquellen dar.

Bohnen und Bohnenprodukte

zum regelmäßigen Verzehr	zum gelegentlichen Verzehr	
Azuki-Bohnen	Bohnensprossen	Limabohnen
Kichererbsen	Schwarze Bohnen	weiße Bohnen
Grüne oder braune Linsen	Schwarze Sojabohnen	Pintobohnen
Miso	Große Bohnen	Rote Linsen
Natto (fermentierte Sojabohnen)		Sojabohnen
Natürliches Tamari (Sojasoße)		Gelbe Erbsen
Tempeh	Kidney-Bohnen	Ganze getrocknete
Tofu (»Bohnenkäse«)		Erbsen

Die moderne Wissenschaft ergründete auch, weshalb diese Kombination so wirkungsvoll ist: Bohnen- und Getreideeiweiß ergänzen sich in idealer Weise, da die ersteren die Aminosäuren enthalten, die den letzeren fehlen und umgekehrt. Gemeinsam stellen diese beiden Nahrungsmittel die Haupteiweißlieferanten der makrobiotischen Kost dar. Da Bohnen besonders reich an hochwertigem Eiweiß sind – das heißt, an Eiweißverbindungen pflanzlicher Herkunft, die der Körper leicht aufnehmen und verwerten kann und die nicht in Verbindung mit gesättigten tierischen Fetten aufgenommen werden –, sind sie für die Gesundheit von höherem Wert als Fleisch und Fleischprodukte. Tatsächlich werden fast alle vegetarischen Fleischersatzprodukte unter Verwendung von Bohnen hergestellt, und viele Babykostzubereitungen für Kinder, die allergisch auf Milch reagieren, enthalten Bohnenzubereitungen. Außerdem liefern Bohnen (besonders die Bohnensprossen) beachtliche Mengen an Vitaminen und Mineralstoffen. In der folgenden Tabelle werden einige der Bohnenarten und Bohnenprodukte, die in der makrobiotischen Ernährung verwendet werden, aufgeführt.

Sojabohnen und Sojazubereitungen

Sojabohnen übertreffen zwar in ihrem Fett- und Eiweißgehalt alle anderen Bohnenarten – sie sind jedoch gleichzeitig am schwersten verdaulich, da sie ein verdauungshemmendes Enzym, den sogenannten Trypsinhemmer, enthalten. Durch Einweichen, Kochen und Fermentieren wird der Trypsinhemmer zerstört.

Deshalb werden diese nahrhaften Bohnen häufig in aufbereiteter Form – zum Beispiel als Tofu, Natto, Tempeh, Miso und andere in Naturkostläden erhältlichen Zubereitungen – verwendet. Diese Sojazubereitungen haben im Vergleich zu gekochten Sojabohnen hauptsächlich den Vorteil, daß sie das hochwertige Eiweiß in leichtverdaulicher Form enthalten. Die Sojazubereitungen eignen sich auch ideal zum Herstellen der verschiedensten Gerichte und bereichern den Speisezettel durch ihren guten Geschmack auf vielfältige Weise. Die am häufigsten verwendeten Sojazubereitungen sind Tofu, getrockneter Tofu, Tempeh, Miso und natürliches Tamari (Sojasoße). Tofu ist eine Art Sojakäse, der in Form von gepreßten Laiben angeboten wird. In China ist es seit über zweitausend – in Japan seit etwa tausend – Jahren eine der wichtigsten Eiweißquellen in der Ernährung. Es enthält mehr verwertbares Eiweiß als eine vergleichbare Menge Hühnerfleisch. Tempeh (sprich: Tem'pee) besteht aus Sojabohnen und/oder Getreidekörnern, die durch eine dicke Schicht von weißem Edelschimmel verbunden und zu kompakten Laiben geformt werden. Genau wie Tofu enthält Tempeh viel Eiweiß, wenig Fett, kein Cholesterin und weist einen besonders niedrigen Kaloriengehalt auf. Es ist ein besonders gutes Nahrungsmittel für Menschen, die abnehmen wollen. Darüber hinaus ist Tempeh eine der besten vegetarischen Quellen für Vitamin B_{12}. Miso und Tamari werden im nächsten Kapitel noch ausführlicher beschrieben.

Die Makrobiotik hat viel dazu beigetragen, die traditionellen Sojaprodukte auch in den Vereinigten Staaten populär zu machen. Ihre wachsende Beliebtheit ist zum Teil auch darauf zurückzuführen, daß mehr und mehr Amerikaner sich der

Zusammenhänge zwischen Gesundheit und Ernährung bewußt werden. Obwohl diese Produkte relativ billige und wohlschmeckende Lieferanten von hochwertigen und vollständigen Eiweißverbindungen sind, sollten wir sie nicht als Patentlösung für Ernährungsprobleme in diesem Land oder für das Welthungerproblem betrachten. Sie stellen lediglich *ein* Element einer ganzheitlichen, ausgewogenen Ernährung dar und sollten, wie jedes andere eiweißreiche Nahrungsmittel, in bescheidenen Mengen genossen werden.

Wir benötigen bei jeder Mahlzeit nur kleine Mengen Bohnen oder Sojaprodukte. Das ideale Mengenverhältnis zwischen Getreiden und Gemüsen auf der einen und Bohnen auf der anderen Seite beträgt etwa sieben zu eins. Das heißt, man sollte die siebenfache Menge Getreide und Gemüse essen. Der Tagesbedarf an Bohnen und Bohnenprodukten beträgt daher zwischen 120 und 180 Gramm.

Sojamilch, Sojaeiskrem, Sojayoghurt, Sojamayonnaise, Sojakäsekuchen und andere Sojaprodukte werden im Rahmen der makrobiotischen Ernährung nicht für den täglichen Verzehr empfohlen. Für Kinder und Personen, die sich in der Umstellungsphase auf eine makrobiotische Ernährung befinden, stellen sie jedoch gute Nahrungsergänzungen dar.

Biologisch angebaute Nahrungsmittel

Biologisch wirtschaftende Bauern verwenden keine Stickstoffdünger,keine Pestizide, Herbizide oder Fungizide. Stattdessen arbeiten sie mit Mischkulturen, Änderung der Fruchtfolge, Kompostierung und einer Reihe von biologisch unbedenklichen Methoden der Insekten- und Unkrautbekämpfung. Biologisch gezogene Nahrungsmittel sind ausgewogener und vitaler, da sie auf Böden wachsen, die sich im ökologischen Gleichgewicht befinden. Diese Ausgewogenheit der Nahrung fördert Harmonie und Gesundheit im Menschen.

8 Makrobiotische Nahrungsergänzungen und Zusätze

Die in der makrobiotischen Ernährung üblichen Zusätze und Gewürze sind von subtilerem Charakter als die in der modernen Küche verwendeten. In der makrobiotischen Küche verleihen die Zusätze und Gewürze den Speisen einerseits Farbe, Aroma und liefern zusätzliche Nährstoffe, andererseits helfen sie, die Gerichte leichter verdaulich zu machen. Aufgrund ihrer vielfältigen Anwendung gelten die Zusätze und Gewürze in der makrobiotischen Ernährung als ergänzende Nahrungsmittel.

Neben den Zusätzen und Gewürzen zählen auch Fisch, Meeresfrüchte, Früchte, Getränke und Knabbereien zu den ergänzenden Nahrungsmitteln. Auch Kochzutaten wie natürliche Süßungsmittel und kaltgepreßte, nicht-raffinierte Öle fallen in diese Kategorie.

Während Vollgetreide, Bohnen und Gemüse die Hauptbestandteile der makrobiotischen Ernährung darstellen, spielen die ergänzenden Nahrungsmittel eine wichtige Rolle bei der allgemeinen Ausgewogenheit der Kost und ihrer Anpassungsfähigkeit an individuelle Bedürfnisse.

Zusätze und Gewürze

Die richtige Anwendung von ergänzenden Nahrungsmitteln und Gewürzen spielt in der makrobiotischen Küche eine wichtige Rolle. Sowohl die Gewürze, die beim Kochen verwendet werden, als auch die Nahrungsergänzungsmittel, die bei Tisch gereicht werden, werden stets in bescheidenen Mengen verwendet. In der Tabelle auf Seite 80 finden Sie eine Aufstellung der empfohlenen Gewürze und Nahrungsergänzungen. Da einige Gewürze und Zusätze regelmäßig verwendet werden und in den makrobiotischen Rezepten immer wieder vorkommen, werden ihre Eigenschaften und Anwendungen im folgenden kurz beschrieben.

Meersalz

Die meisten Menschen verwenden heutzutage zu viel Salz – vielleicht in einem unbewußten Versuch, mit der Quantität die schlechte Qualität des allgemein üblichen Tafelsalzes zu kompensieren und den hohen Konsum von tierischem Eiweiß und Fett auszugleichen.

Nahrungsergänzungen und Gewürze

zum regelmäßigen Verzehr		zu vermeiden
Nahrungsergänzungen	Gewürze	Nahrungsergänzungen und Gewürze
Ingwer	Essig aus Vollreis	alle natürlichen, künstlichen
Gomasio	Ingwer	und/oder chemisch aufbereiteten
geriebener Rettich	Meerrettich	Gewürze
Kelp-Sesamsalz	Mirin	Apfelweinessig
Kombu	Miso	handelsübliche Sojasoße
natürlicher Senf	natürlicher Senf	Tafelsalz
Nori	Nori	Ginseng
eingelegte Gemüse	Zwiebeln	graues Meersalz
Pulver aus	Petersilie	jodiertes Salz
gerösteten Algen	Schalotten	Mayonnaise
Sauerkraut	Meersalz	Sojamargarine
Tekka	Tamari-Sojasoße	Gewürze (Curry, Pfeffer, Cumin,
Umeboshi-Pflaumen	Umeboshi-Pflaumen	Chilli etc.)
oder Paste	oder Paste	Wein
	Umeboshi-Essig	Weinessig

Der erhöhte Verbrauch von Tafelsalz führte in der Bevölkerung zu einem Ansteigen verschiedenster Gesundheitsstörungen. Verwenden wir Meersalz anstelle des gewöhnlichen Speisesalzes, stellen wir fest, daß unser Körper gestärkt wird, unser Organismus ins Gleichgewicht kommt und unsere Gesundheit sich allgemein verbessert. In der Makrobiotik ist die Qualität des Salzes ebenso wichtig wie die Quantität.

Das gewöhnliche Tafelsalz, das Salz also, das in den meisten Fertignahrungsmitteln enthalten ist und von den meisten Menschen dieses Landes konsumiert wird, wird in Salzbergwerken im Innern des Landes gewonnen, extrem erhitzt und schließlich raffiniert. Kalium-Jodverbindungen oder Natrium-Jodit werden dem Salz zugefügt, um Jodsalz herzustellen. Zusätze wie Dextrose (Zucker), Natriumbicarbonat und Siliziumaluminat sollen das Salz weißer erscheinen lassen und rieselfähig machen. Meersalz wird durch einfache Extraktion mittels Sonnenbestrahlung gewonnen. Es enthält mehr Mineralstoffe als Steinsalz und keine chemischen Zusätze. Meersalz besteht bis zu fünf Prozent aus natürlichen Mineralien, wie Kalium, Kalzium, Magnesium sowie Spurenelementen, die sein mildes Aroma und seinen guten Geschmack ausmachen. Sein wesentlichster Vorteil besteht jedoch darin, daß die natürlichen Mineralstoffe und Spurenelemente in dieser Form vom Körper leicht aufgenommen werden können.

Es ist manchmal schwierig, den genauen Salzbedarf zu bestimmen. Die von Ihrem Körper benötigte Salzmenge hängt sowohl von Ihrem Wohngebiet als auch davon ab, wieviel Natrium Sie durch Transpiration ausscheiden. Im allgemeinen haben die Bewohner der heißen Klimazonen einen etwas höheren Salzbedarf, gleichzeitig benötigen sie mehr Flüssigkeit und eine größere Menge unraffiniertes Öl in ihrer Kost. Meersalz sollte vorwiegend zum Kochen und nicht bei Tisch verwendet werden, da es sich beim Kochen leichter auflösen kann. Für die Verwendung bei Tisch ist Gomasio (eine Mischung aus zerstoßenen, gerösteten Sesamsamen und Meersalz) besser geeignet. Die im Sesam enthaltenen Öle und Mineralien und sein Aroma stellen eine Ergänzung für das rohe Meersalz dar. Bei der Gesamtmenge des verwendeten Salzes müssen auch andere Gewürze und Nahrungsergänzungen, wie Tamari-Sojasoße und Miso, in Betracht gezogen werden, da sie bis zu zwanzig Prozent hochwertiges Salz enthalten.

Miso, Tamari und Tamari-Sojasoße

Miso ist eine Paste aus fermentierten Sojabohnen, die manchmal noch Vollgetreide, Gewürze oder Algen enthält. Miso ist in vielen verschiedenen Sorten und mit unterschiedlichem Salzgehalt erhältlich. Es ist sowohl eine gute Natriumquelle als auch eine ausgezeichnete Quelle für leichtverdauliches Eiweiß. Im allgemeinen ist Miso reich an lebenden Enzymen, die die Verdauung anregen und die Verdauungsorgane gesund erhalten. Hochwertiges Miso, das einem natürlichen Fermentierungsprozeß unterworfen wurde, ist ein wichtiger Bestandteil vieler Rezepte und wird besonders für Suppen verwendet. Aber es eignet sich ebenso für Bohnengerichte, Salatsoßen, Beilagen und Soßen. Bei den Kunden der Naturkostläden herrscht oft Verwirrung über den Unterschied zwischen Tamari und Tamari-Sojasoße. Beim echten Tamari handelt es sich eigentlich nicht um eine Sojasoße im üblichen Sinne – es ist die Flüssigkeit, die bei der Herstellung von Miso anfällt. Ab und zu kann man eine kleine Menge echtes Tamari anstelle von Tamari-Sojasoße verwenden. Echtes Tamari ist dicker, stärker in Geschmack und Farbe und etwas teurer als Tamari-Sojasoße. Tamari-Sojasoße wird aus Sojabohnen und Weizen, ohne Zusatz von Konservierungsmitteln oder anderen Additiven hergestellt. Wie Miso sind auch Tamari und Tamari-Sojasoße von angenehm salzigem Geschmack. Achten Sie beim Einkauf darauf, daß Sie natürliche Sojasoße bekommen, denn die handelsüblichen Sojasoßen, die in den Supermärkten und vielen orientalischen Lebensmittelgeschäften verkauft oder in Restaurants gereicht werden, enthalten meistens Maissirup,künstliche Farbstoffe und Konservierungsmittel.

Vollreisessig (Essig aus braunem Reis)

Vollreisessig ist einfach aus Reis hergestellter Essig. Er wird zum Anrichten von Salaten und für Würzmischungen verwendet. Vollreisessig ist dem Wein- oder Apfelessig vorzuziehen, da er weniger Säure enthält. Doch auch dieser Essig sollte nur in bescheidenen Mengen verwendet werden.

Umeboshi

Umeboshi sind in Salz eingelegte Pflaumen. Diese leicht sauren und sehr salzigen Pflaumen sind in ihrer ursprünglichen Form oder als Paste erhältlich und können zum Kochen oder bei Tisch verwendet werden. Umeboshi wirken alkalisierend und eignen sich hervorragend zur Bekämpfung von Übersäuerung und Magenbeschwerden. Sie unterstützen die Verdauung und sorgen für eine gesunde Darmflora, da die in ihnen enthaltene Milchsäure schädliche Mikroorganismen neutralisiert. Umeboshi sind auch sehr wirksam gegen Fäulnisbildung im Darm und helfen so, schmerzhafte Blähungen zu vermeiden.

Gomasio

Gomasio oder Sesamsalz wird als Nahrungsergänzung bei Tisch verwendet. Es wird aus einem Teil Meersalz und zehn bis sechzehn Teilen ganzen, braunen Sesamsamen hergestellt. Das Salz und der geröstete Sesam werden in einem Mörser zerrieben und vermischt.

Mit einem Mörser oder einem japanischen Suribachi (eine spezielle Keramikschale) kann man Gomasio leicht selbst zu Hause herstellen. Man kann die fertige Zubereitung aber auch in Naturkostläden kaufen. Ein oder zwei Prisen, über Vollgetreide oder Gemüse gestreut, heben den Geschmack der Speisen und machen sie leichter verdaulich. In der Tabelle auf Seite 80 finden Sie eine Aufstellung weiterer Nahrungsergänzungen und Tafelgewürze.

Ein paar Worte über Gewürze

Beim Würzen der Speisen sollte man bei der makrobiotischen Ernährung einen wichtigen Punkt beachten: Das arteigene Aroma, das nur durch ein wenig Meersalz hervorgehoben wird, ist die eigentliche »Würze« des Essens. Schwarzer Pfeffer, Ketchup, Senf und starke Gewürze wie Cayenne-Pfeffer, Curkuma, Kreuzkümmel und Currypulver überdecken den zarten Eigengeschmack der Speisen und werden in der makrobiotischen Küche nicht verwendet. Im allgemeinen sollten auch stimulierende Zusätze (wie Ginseng) und aromatische Kräuter vermieden werden; sie sollten besonderen Anlässen vorbehalten bleiben.

Natürliche Süßungsmittel

Alle Süßungsmittel enthalten Zucker in konzentrierter Form. Sie beeinflussen den Blutzuckerspiegel und beeinträchtigen, im Übermaß genossen, den gesamten Organismus. Süßungsmittel werden nicht als besondere Nährstoffquelle empfohlen, aber in bescheidenen Mengen sind hochwertige, natürliche Süßstoffe, zum Beispiel solche aus Früchten, nicht schädlich. Honig, Melasse und sogenannter »Roh«- oder Naturzucker sollte ebenso vermieden werden wie Rohr- und Rübenzucker (Sucrose). Die besten Süßungsmittel sind Reissirup und Gerstenmalz, die beide durch Einkochen von Getreide hergestellt werden.

Amasake (Reismilch), ein weiteres empfehlenswertes Süßungsmittel, wird durch Einkochen von Reis hergestellt, dem später ein natürliches Fermentierungsmittel hinzugefügt wird. Einige Stunden nach Beginn des Fermentierungsprozes-

Natürliche Süßungsmittel für den gelegentlichen Verzehr

Amasake	Frische oder gedämpfte Früchte
Apfelsaft oder -wein	Mirin
Gerstenmalz	Rosinen
Kastanien	Reismalz
Getrocknete Früchte aus den gemäßigten Klimazonen	Yinnie (Reissirup)

ses wird der Reis nochmals gekocht. Man kann Amasake mit Wasser mischen und erhält so einen wohlschmeckenden Milchersatz. Es eignet sich auch gut zum Herstellen eines köstlichen Puddings. Wenn man es noch länger einkocht, erhält man einen Sirup, mit dem man andere Speisen süßen kann. Sie können alle in Tabelle 8.1 aufgeführten natürlichen Süßungsmittel in bescheidenen Mengen verwenden, ganz gleich in welcher Klimazone Sie leben.

Naturbelassene Speiseöle

Im Gegensatz zu den handelsüblichen Speiseölen sind die Öle, die in der makrobiotischen Küche verwendet werden, nicht raffiniert. Handelsübliches Maisöl zum Beispiel wird hergestellt, indem der Mais bei sehr hohen Temperaturen in Wasser gekocht und anschließend zerstoßen und mit Laugen und Bleichmitteln behandelt wird. Danach erhitzt man das Öl nochmals im Vakuum, um es geruchfrei zu machen. Schließlich wird noch ein Antioxidationsmittel hinzugefügt, um das Ranzigwerden zu vermeiden. Bei der Margarineherstellung sättigt man das raffinierte Öl mit Wasserstoff, um es zu härten. Das Ergebnis dieser Aufbereitungsprozesse sind minderwertige Fette, die sehr schwer verdaulich sind. Öle, die auf natürlichem Wege extrahiert und nicht raffiniert wurden, sind wesentlich leichter verdaulich. Darüber hinaus stärken sie die Zellen und Kapillaren, machen Haut und Haar geschmeidig und liefern den Grundstoff für die Bildung von Lecithin, das eine wichtige Rolle bei der Senkung des Blutfettspiegels spielt. Außerdem enthalten nicht-raffinierte Pflanzenöle einen natürlichen Konservierungsstoff in Form von Vitamin E.

Bei der makrobiotischen Ernährung ist ein Fettmangel praktisch ausgeschlossen, da die meisten naturbelassenen Nahrungsmittel Fette und Öle enthalten. Ein Mangel an notwendigen Nahrungsfetten kann sich in folgenden Symptomen äußern: chronisch kalte Hände und Füße, verzögertes Wachstum bei Kindern, Dermatitis, Sexualstörungen, Hitzewellen, erhöhte Streßanfälligkeit. Ist die Fettversorgung über einen längeren Zeitraum mangelhaft, kann auch das Nervensystem in Mitleidenschaft gezogen werden.

Öl ist insofern vergleichbar mit Salz, als eine bescheidene Menge absolut notwenig ist, während ein Übermaß zu Schädigungen führen kann. Normalerweise ist ein Teelöffel pro Person, der täglich (oder jeden zweiten Tag) den Speisen beim

Kochen zugefügt wird, ausreichend. Für den regelmäßigen Gebrauch sind besonders zwei Öle zu empfehlen: naturbelassenes Maiskeimöl und naturbelassenes Sesamöl (hell oder dunkel). Diese Öle besitzen eine relativ hohe Stabilität und sind sehr hitzebeständig. Zusätzlich zu diesen Ölen können kleine Mengen unraffiniertes Sonnenblumenöl, Distelöl, Sojaöl, Olivenöl und Erdnußöl verwendet werden. Wie aus der folgenden Tabelle ersichtlich, sollten sie kein Baumwollsamenöl, Palmkernöl und kein Kokosfett verwenden. Diese Fette sind weniger stabil und werden leicht ranzig. Viele sogenannte »Naturkostsüßwaren«, wie zum Beispiel die beliebten Karobtafeln (ein Schokoladeersatz), werden mit solchen minderwertigen Fetten hergestellt, da diese durch ihren hohen Sättigungsgrad die Beschaffenheit von Schokolade vortäuschen.

Öle zum Kochen und Braten

Zum regelmäßigen Gebrauch	zum gelegentlichen Gebrauch	zu vermeiden
Maisöl Sesamöl (hell und dunkel)	Olivenöl Erdnußöl Distelöl Sojaöl Sonnenblumenöl	Butter, Margarine oder Backfette, Schweineschmalz oder andere tierische Fette, raffinierte, chemisch aufbereitete Öle, Sojamargarine

Frischer Fisch und Meeresfrüchte

Für Bewohner der gemäßigten Klimazonen (vier Jahreszeiten) muß die makrobiotische Ernährung nicht rein vegetarisch sein. Sie kann bescheidene Mengen Weißfisch und bestimmte Schellfischarten enthalten. Fisch weist nicht nur eine geringere chemische Verunreinigung auf als andere tierische Eiweißquellen; er ist auch ernährungsphysiologisch wertvoller.

Unsere gezüchteten Schlachtiere können nicht mit den wildlebenden Tieren verglichen werden, die unseren Vorfahren als Nahrung dienten. Um ein schnelleres Wachstum der Tiere zu erreichen, mischt man heutzutage Hormone und Antibiotika ins Futter. Die Tiere werden außerdem fast ausschließlich in Ställen gehalten und überfüttert. Das Resultat ist fetteres Fleisch und eine schlechtere Milchqualität. Unsere Vorfahren konsumierten nicht nur geringere Mengen an tierischem Fett und Eiweiß – das von ihnen verzehrte Fleisch war außerdem von wesentlich höherer Qualität. Da das Fleisch heutzutage oft monatelang gelagert wird, wird es mit Konservierungsstoffen behandelt und mit roten Farbstoffen »geschönt«. Dadurch soll vermieden werden, daß es seine Farbe verliert oder verdirbt. Auch Geflügel wird mit Konservierungsstoffen behandelt und in chemische Lösungen getaucht, die seine Lagerfähigkeit verlängern sollen. Frischer Fisch, besonders Süßwasserfisch oder Seefisch, der am Fangort auf den Markt kommt, wird gewöhnlich innerhalb von drei Tagen nach dem Fang verzehrt. Diese Fische werden normalerweise in naturbelassenem Zustand verkauft, das heißt, sie enthalten keine Hormone, Farbstoffe, Antibiotika oder Konservierungsmittel. Eine Ausnahme bilden hier die in den Fischfarmen gezüchteten Süßwasserfische (besonders Forellen), da sie mit unnatürlicher Nahrung gefüttert und in einer künstlichen Umgebung gehalten werden.

Die meisten Fischarten enthalten geringere Mengen Fett und Cholesterin als rotes Fleisch, Milch, Eier, Käse, Yoghurt oder Geflügel und weisen gleichzeitig einen höheren Gehalt an verwertbarem Eiweiß auf. Darüber hinaus sind sie leichter verdaulich als die anderen Tierprodukte.

Frischer Fisch und Meeresfrüchte

zum regelmäßigen Verzehr	zum gelegentlichen Verzehr	zu vermeiden
Flunder	Karpfen	Blaufisch
Schellfisch	Muscheln	Makrelen
Heilbutt	Kabeljau	Lachs
Hering	Schnapperfisch	Schwertfisch
Stint	Krabben	Thunfisch
Seezunge	Austern	Andere Fischarten mit rotem Fleisch oder blauer Haut
Forelle		

Zu einer Fischmahlzeit sollte eine größere Portion Gemüse als gewöhnlich gereicht werden (besonders grüne Gemüsesorten). Auch eine Beilage aus einigen Eßlöffeln geriebenem Rettich, mit ein paar Tropfen Tamari gewürzt, trägt dazu bei, die im Fisch enthaltenen Nährstoffe zu ergänzen und leichter verdaulich zu machen.

Schellfisch enthält mehr Fett und Cholesterin als andere Weißfischarten und sollte daher nicht so häufig gegessen werden. Bei einer Fischmahlzeit kann die einzelne Portion etwa 120 bis 180 Gramm betragen (ein bis zweimal pro Woche bei gutem Gesundheitszustand). Fischmahlzeiten können die makrobiotische Ernährung bereichern, aber sie sind nicht notwendig, um eine ausgewogene Nährstoffversorgung sicherzustellen. In der obigen Tabelle finden Sie eine Aufstellung der Fischsorten und Meeresfrüchte, die zum regelmäßigen und gelegentlichen Verzehr empfohlen werden sowie der Fischarten, die möglichst gemieden werden sollten. Beim Einkauf sollten Sie darauf achten, woher die Fische stammen und wann sie gefangen wurden. Versuchen Sie außerdem, sich über die Wasserqualität in Ihrer Gegend auf dem laufenden zu halten. Kaufen Sie keine Fische (einschließlich Süßwasserfische), die aus verschmutzten oder verseuchten Gewässern stammen.

Makrobiotische Knabbereien und Zwischenmahlzeiten

Kleine Snacks sind gut geeignet, den Hunger zwischen den Mahlzeiten zu stillen. Es gibt eine große Auswahl von natürlichen, wohlschmeckenden Knabbereien und Zwischenmahlzeiten.

Geröstete Samen und Nüsse, leicht mit Meersalz oder mit Tamari-Sojasoße gewürzt, sind kleine köstliche Zwischenmahlzeiten. Sie sollten jedoch nur in kleinen Mengen genossen werden, da sie sehr fetthaltig und etwas schwerer verdaulich sind. Pro Woche sollten nicht mehr als zwei oder drei Handvoll geröstete Samen und Nüsse zwischen den Mahlzeiten verzehrt werden. Eine kleine Menge kann zusätzlich beim Brotbacken oder bei der Zubereitung von Desserts und Gemüse- und Getreidegerichten verwendet werden.

Makrobiotische Knabbereien

zum gelegentlichen Verzehr		zu vermeiden
Mandeln	Reiskuchen	Paranüsse
Kastanien	geröstete Getreide	Cashew-Nüsse
Selbstgemachtes	und Bohnen	Haselnüsse
Popcorn	Sesamsamen	Pistazien
Pekannüsse	Sonnenblumenkerne	
Kürbiskerne	Walnüsse	

Gelegentlich können auch kleine Mengen Nußmus oder Samenmus (Sesam, Sonnenblumen, natürliche Erdnußbutter) verzehrt werden.

Weitere köstliche Zwischenmahlzeiten (siehe obige Tabelle) sind Reiskuchen, Popcorn sowie geröstetes Getreide und geröstete Bohnen, die im Naturkostladen erhältlich sind.

Unreife Früchte, tropische Früchte sowie Früchte, die außerhalb der Saison aus anderen Klimazonen importiert werden, sind für die Bewohner der gemäßigten Klimazonen nicht zu empfehlen. Ein gesunder Mensch, der in einem tropischen Klima lebt, kann jedoch kleine Mengen tropischer Früchte genießen.

Früchte, die mit chemischen Insektiziden oder anderen Chemikalien behandelt wurden, sollten möglichst völlig gemieden werden. Wir empfehlen ungespritzte Früchte aus der gleichen Klimazone (je nach Saison), wie zum Beispiel Trauben, Pflaumen, Äpfel, Birnen, Aprikosen, Kirschen und Johannisbeeren. Diese sollten vorzugsweise gedämpft, mit einer Prise Salz gewürzt oder als Trockenfrüchte verzehrt werden. Gelegentlich kann man auch frisches, rohes Obst essen. Da ein großer Teil der Früchte unreif geerntet, außerhalb der Saison gehandelt oder mit Pestiziden behandelt wird, sollte man den Verzehr von Obst auf wenige Male pro Woche beschränken.

Frische und getrocknete Früchte

zum gelegentlichen Verzehr	zu vermeiden
Früchte aus der gemäßigten Klimazone	Tropische Früchte und Fruchtsäfte
Äpfel	Avocados
Aprikosen	Bananen
Brombeeren	Kokosnüsse
Heidelbeeren	Datteln
Beulenmelonen	Feigen
Kirschen	Pampelmusen
Preiselbeeren	Guavas
Johannisbeeren	Kiwis
Trauben	Zitronen
Honigmelonen	Limonen
Pfirsiche	Mangos
Birnen	Apfelsinen
Pflaumen	Papayas
Himbeeren	Ananas
Rosinen	
Erdbeeren	
Mandarinen	
Wassermelonen	

Getränke

Die beliebtesten und am häufigsten konsumierten Getränke in Amerika sind Kaffee, schwarzer Tee, Limonade, Orangensaft, Bier, Wein, Whisky und Milch. Seit einiger Zeit werden diese jedoch ausnahmslos mit verschiedenen Gesundheitsstörungen in Verbindung gebracht. Schwarztee, Kaffee und Cola wirken schädigend durch ihren Koffeingehalt; aromatisierte Limonaden enthalten Zucker und chemische Hilfsstoffe; Orangensaft ruft bei vielen Menschen allergische Reaktionen hervor und enthält zuviel Säure; handelsübliche Biere und andere alkoholische Getränke schädigen den Organismus durch die in ihnen enthaltenen Konservierungsstoffe, chemischen Zusätze und durch den Alkohol; Milch enthält zuviel Cholesterin und Fett. Bei der makrobiotischen Ernährung werden diese Getränke durch spezielle Tees, verschiedene Arten von Kaffee-Ersatz und (gelegentlich) frische Säfte und andere Getränke ersetzt (siehe Tabelle auf Seite 88).

Tee, besonders Zweig-Tee (Bancha), ist ein gesundes und wohlschmeckendes Getränk, das warm oder kalt getrunken werden kann. Viele Teesorten, einschließlich Bancha, stammen von der Pflanze *Camellia sinensis* ab, die in verschiedenen Teilen der Welt kultiviert wird. Die aus dieser Pflanze hergestellten Tees weisen jedoch große Unterschiede auf. Das Aroma und der Koffeingehalt hängen beispielsweise davon ab, an welchem Ort und zu welcher Zeit die Teepflanze kulti-

Getränke

zum regelmäßigen Gebrauch	zum gelegentlichen Gebrauch	selten	zu vermeiden
Amasake	Löwenzahntee	Apfelsaft oder Apfelwein	Alkohol
Bancha-Tee	Getreidekaffee	grüner Gerstentee	Schwarztee
Gersten-Tee (geröstet)	Kombu-Tee	Fruchtsaft (Früchte aus gemäßigten Klimazonen)	Kaffee
Reis-Tee (geröstet)	Mu-Tee	grüner Tee	handelsübliche Biere
Quell- oder Brunnenwasser		natürlich vergorenes Bier	entkoffeinierter Kaffee
		Sake (Reiswein)	destilliertes Wasser
		Samen/Nußmilch	Kräutertees (Pfefferminze, Hagebutte)
		Gemüsesaft	Fruchtnektar (handelsübliche Sorten)
			Leitungswasser
			Limonaden und Getränke mit künstlichen Aromastoffen
			Wein

viert und geerntet wurde und welche Teile der Pflanze verwendet werden. Die aus jungen Blättern und Knospen hergestellten Teemischungen (die in vielen Feinkostgeschäften angeboten werden) haben die stärkste anregende Wirkung, gefolgt von den handelsüblichen Schwarztees, die am häufigsten konsumiert werden. Beide Teearten sind für den täglichen Gebrauch nicht geeignet, da sie zu stark stimulierend wirken.

Die makrobiotischen Tees sind von anderer Art. Während einige Sorten zwar winzige Mengen Koffein enthalten, werden diese Tees jedoch nicht den üblichen Aufbereitungsprozessen zur Steigerung des Koffeingehalts unterzogen. Aufbereitete Teesorten mit starkem Koffeingehalt sollten möglichst völlig gemieden werden.

Neben den aus der Teepflanze hergestellten Teesorten werden bei der makrobiotischen Ernährung noch folgende Tees empfohlen: Tee aus gerösteter Gerste und geröstetem Reis, Löwenzahnwurzeltee, Kombu-Tee (aus Kombu-Algen) und Umeboshi-Tee (aus Umeboshi-Pflaumen).

Ein weiteres, empfehlenwertes Getränk ist Mu-Tee, eine Mischung aus altbewährten, stärkenden Kräutern, die keine stimulierenden Substanzen enthält. Andere Teesorten aus aromatischen oder medizinischen Kräutern, wie zum Beispiel Pfefferminze, Hagebutte oder Kamille, werden nicht zum regelmäßigen Gebrauch empfohlen. Kräuter sollten als Medizin betrachtet werden, deren wahlloser Gebrauch schädlich sein kann. Sämtliche oben aufgeführten Getränke können als Ersatz für Kaffee dienen. Gelegentlich kann man auch Getreidekaffee (mit oder ohne Zichorie) trinken, falls ein stärkerer Geschmack erwünscht ist. Alle Tees und alle anderen heißen Getränke sollten möglichst mit reinem Quell- oder Brunnenwasser hergestellt werden, da Leitungswasser meistens schädliche Substanzen, wie Chlor oder Natriumfluorid, enthält.

Die Rolle der Nahrungsergänzungen

Die Nahrungsergänzungen und Beilagen können, je nach individuellen Geschmacks- und Nahrungsbedürfnissen, bis zu zehn Prozent der gesamten makrobiotischen Kost ausmachen. Diese Gruppe von Nahrungsmitteln ist der flexibelste Teil der Ernährung. In Kapitel 12 finden Sie einige Vorschläge über Variations- und Abwandlungsmöglichkeiten der makrobiotischen Ernährung.

Falls hinsichtlich der Abwandlung der Standardkost besondere Fragen auftauchen, sollte man sich an einen erfahrenen Makrobiotik-Berater wenden. Im allgemeinen kann jedoch jeder, der sich in gutem Gesundheitszustand befindet, bescheidene Mengen der in diesem Kapitel beschriebenen Nahrungsergänzungen genießen.

9 Yin und Yang

Alles im Universum befindet sich in ständigem Wandel, und wir erleben die Auswirkungen dieser unaufhörlichen Bewegung täglich in unserem Leben. Auf die Nacht folgt der Tag, auf Aktivität folgt Ruhe, auf die Jugend das Alter, auf das Leben der Tod, und auf den Tod folgt die Wiedergeburt. Wenn wir die Gesetze des Wandels, die unser Leben und den Lauf der Natur bestimmen, verstehen lernen und in diesem Wandel die Wechselbeziehung der gegensätzlichen und doch komplementären Kräfte erkennen, können wir einen Zustand körperlicher und geistiger Harmonie erreichen.

Die Lehre von den Kräften Yin und Yang bildet die philosophische Grundlage der Makrobiotik. Viele große Lehrer der Menschheit wie Lao Tze, Konfuzius, Buddha, Moses, Jesus, Mohammed und andere, lehrten die Anwendung dieses universalen Gesetzes im täglichen Leben. Ein Verständnis dieses einfachen Prinzips und seine Umsetzung im Alltag ist der beste Weg zu einer vollkommenen Gesundheit und einem langen Leben.

Das Prinzip, das den Kräften Yin und Yang zugrunde liegt, wird auch als das »einende Prinzip« bezeichnet, denn es drückt aus, daß antagonistische Kräfte sich ergänzen und eine Einheit bilden. Das beste Beispiel hierfür sind Mann und Frau. Obwohl Männer und Frauen in vielen Dingen gegensätzlich sind, sind sie aufeinander angewiesen, um existieren zu können. Gemeinsam bilden sie eine Einheit und nehmen daher auch Aspekte ihres Gegenpols an.

Die Kräfte Yin und Yang wurden im Laufe der Geschichte auf viele verschiedene Weisen interpretiert. Die Chinesen bezeichneten den universalen Prozeß der Wandlung vor einigen tausend Jahren als das *Tao*. Die Taoisten (und andere) entwickelten ihre Lehre auf der Grundlage des Prinzips von Yin und Yang. Bei den Hindus wird Brahman (der Absolute) zu Shiva und Parvati, dem Gott und der Göttin, deren kosmischer Tanz alle Phänomene dieses Universums hervorruft. In der Shinto-Religion existiert eine ähnliche Vorstellung, nach der Ame-nominakanushi, der die Unendlichkeit verkörpert, sich in Talama-Musubi und Kami-Musubi (den Gott der Zentrifugalkraft und den Gott der Zentripetalkraft) teilt, deren Wechselspiel die Welt der Erscheinungen entstehen läßt. Auch in der westlichen Philosophie wurde das fundamentale Prinzip von Yin und Yang von verschiedenen Philosophen und Lehrern auf verschiedene Weisen ausgedrückt. Der griechische Philosoph Empedokles beispielsweise betrachtete das Universum als einen ewigen Spielplatz zweier gegensätzlicher und doch komplementärer Kräfte, die er Liebe und Kampf nannte. Ein anderer klassischer Philosoph, Heraklit, bezeichnete den universalen Wandlungsprozeß als Logos und lehrte, daß allen Phänomenen gegensätzliche, sich ergänzende Kräfte innewohnen.

In der jüdischen Religion wird das Prinzip der komplementären Gegensätze durch das Symbol des sechseckigen Davidssterns, der aus zwei gleichgroßen, sich überschneidenden Dreiecken gebildet wird, dargestellt. Auch in jüngerer Zeit finden wir das Prinzip von Yin und Yang in den Schlüsselpassagen der Werke verschiedener Philosophen und Schriftsteller wie Emerson, Thoreau, Hegel und Walter Russel. Viele große Denker, zum Beispiel Edward Carpenter, Samuel Butler und George Bernard Shaw, befürworteten einen natürlicheren, auf Harmonie und Gleichgewicht basierenden Lebensstil.

Yin und Yang in der Makrobiotik

Die Makrobiotik befaßt sich mit der Dynamik von Yin und Yang im Hinblick auf unser Alltagsleben. Yin bezieht sich hier auf eine Energieform oder Bewegung, die zentrifugal, das heißt, nach außen gerichtet ist und das Prinzip der Ausdehnung verkörpert. Daher werden alle zerstreuenden, auflösenden, ausdehnenden und trennenden Tendenzen dem Yin-Prinzip zugeordnet. Im Gegensatz dazu verkörpert Yang eine Energieform, die sich zentripetal (nach innen) bewegt und das zusammenziehende Prinzip verkörpert. Sammlung, Verschmelzung, Kontraktion und Organisation sind Yang-Tendenzen.

Die Kräfte Yin und Yang stellen die grundlegendsten Urkräfte dar und durchziehen die gesamte Schöpfung. Jegliche Bewegung, Formung, jeglicher Wandel und jegliche Interaktion können wir als einen ständigen Ausgleich zwischen Yin und Yang verstehen. Wenn wir untersuchen, welche dieser beiden Energien in Pflanzen, Nahrungsmitteln oder Individuen überwiegt, können wir sie als vorwiegend Yin oder vorwiegend Yang einstufen. Da alle Dinge relativ sind, existiert jedoch nichts, das vollkommen Yin oder vollkommen Yang ist. Wenn wir beginnen, die Yin- und Yang-Energien zu verstehen, können wir Methoden entwickeln, die uns helfen, ein natürliches Gleichgewicht in unserem Körper und eine allumfassende Harmonie in unserem Leben zu erreichen. In der Außenwelt verkörpern die Sonne, der Tag, Hitze und Sommer Yang-Tendenzen, während der Mond, die Nacht, Kälte und Winter Yin-Energien widerspiegeln. Im menschlichen Körper zeigen sich die Kräfte Yin und Yang in der Ausdehnung und Zusammenziehung von Lunge und Herz oder in den Bewegungen von Magen und Darm während der Verdauung. Menschen und Tiere sind aktiv und daher mehr Yang als Pflanzen, die feststehend sind. In der folgenden Tabelle finden Sie eine Reihe von Faktoren oder Tendenzen, anhand derer man Yin- oder Yang-Energien bestimmen kann.

Yin und Yang in der Nahrung

Die wasserreichen, kühlenden Yin-Nahrungspflanzen wachsen im heißen Yang-Klima, während die kompakteren, härteren Yang-Pflanzen in gemäßigten (Yin-) Klimazonen wachsen. Wenn wir verstehen, daß unsere Nahrung unsere Fähigkeit beeinflußt, uns den lokalen klimatischen Bedingungen und Gegebenheiten anzupassen, wird uns klarer, welche Bedeutung eine ausgewogene Ernährung für uns

Beispiele für Yin- und Yang-Energien

Eigenschaft	(▽) Yin	(△) Yang
Atomteilchen	Elektron	Proton
Haltung	sanfter, passiver	aggressiver, aktiver
biologische Art	zum Pflanzenreich gehörend	zum Tierreich gehörend
Klima	gemäßigt, kälter	tropisch, wärmer
Richtung	aufsteigend, vertikal, nach außen gerichtet	nach innen gerichtet
Geschmack	süß	salzig
Nahrungszubereitung	wenig erhitzt	stark erhitzt
Form	länger, dünner	kürzer, dicker
Funktion	Zerstreuung	Verschmelzung
Feuchtigkeit	feuchter	trockener
Licht	dunkler	heller
Bewegung	inaktiver	aktiver
Nerven	peripher, orthostatisch	zentral, parasympathisch
Organstruktur	mehr hohl, expansiv	dichter kompakt
Position	mehr außen, peripher	mehr innen, zentral
Geschlecht	weiblich	männlich
Form	ausgedehnter	mehr zusammengezogen
Größe	größer	kleiner
Temperatur	kälter	heißer
Tendenz	Ausdehnung	Zusammenziehung
Struktur	weicher	härter
Schwingung	kürzere Wellen, höhere Frequenz	längere Wellen, niedrigere Frequenz
Gewicht	leichter	schwerer
Arbeit	überwiegend psychisch, geistig	überwiegend körperlich, sozial

hat. Wir alle folgen bis zu einem gewissen Grad unseren natürlichen Instinkten, um uns im Gleichgewicht zu halten. Wenn es kalt ist, drehen wir die Heizung an. Wenn es zu warm wird, suchen wir Abkühlung. Im Sommer sind unsere Mahlzeiten gewöhnlich leichter, und wir verbringen weniger Zeit in der Küche, im Winter essen wir schwerere Mahlzeiten und kochen ausgiebiger und sorgfältiger. Die Makrobiotik schärft unser Bewußtsein für unsere intuitiven Nahrungsbedürfnisse und für die Notwendigkeit einer Anpassung unserer Nahrung an unsere Lebensbedingungen. Sie zeigt uns auch, wie wir diese Nahrungsmittel kochen und zubereiten müssen, um sie optimal an unsere unmittelbaren Bedürfnisse und unseren Gesundheitszustand anzupassen. Rotes Fleisch, Geflügel, Hartkäse und Eier sind mehr Yang als Pflanzennahrung. Sie stellen praktisch eine Konzentration der Pflanzen dar, die von dem entsprechenden Tier verdaut wurden.

Auch im Pflanzenreich können wir zwischen Pflanzen mit überwiegender Yin-

Energie und solchen mit überwiegender Yang-Energie unterscheiden. Eine Tanne aus einer nördlichen Region entwickelt zum Beispiel härtere und kürzere Nadeln, während die Tannen in südlicheren Regionen größere, längere und weichere Nadeln aufweisen. Wurzelgemüse und Samen sind mehr Yang als Blätter und Zweige. Über der Erde wachsende Gemüse, wie Winterkürbis oder andere Kürbisarten, sind mehr Yang – kompakter und wasserärmer – als Baumfrüchte. Im allgemeinen sind schnellwachsende, wasserreiche Pflanzen aus warmen oder heißen Klimazonen mehr Yin. Tropische Früchte wie Papayas, Mangos, Avocados, Bananen und Zitrusfrüchte und tropische Gemüse wie Kartoffeln, Tomaten, Spinat, Zucchini, Auberginen und Süßkartoffeln sind Yin im Vergleich zu den härteren Pflanzen der nördlichen Klimazonen. Die in den gemäßigten Klimazonen wachsenden Früchte, Getreide, Gemüse, Samen, Bohnen und Nüsse sind kleiner, wachsen langsamer, sind wasserärmer und mehr Yang.

Die folgende Tabelle zeigt von oben (Yin) nach unten (Yang) und von rechts (Yin) nach links (Yang) viele in der Makrobiotik und auch allgemein in vielen Teilen der Erde verwendete Nahrungsmittel.

AUSDEHNUNG
Yin ▽

Zucker

Früchte

Nüsse — Blattgemüse mit langen Blättern

Samen — Blattgemüse mit runden Blättern

Wurzelgemüse

Schweinefleisch — Bohnen — Milch

Getreide

Weizen — Reis

Buchweizen — Mais

Fisch — Käse

Rindfleisch

Eier — Geflügel

Yang △
ZUSAMMENZIEHUNG

In jeder der aufgeführten Nahrungsmittelkategorien gibt es wiederum Unterschiede in bezug auf die Yin- und Yang-Qualität der einzelnen Sorten. Unter den Getreiden ist beispielsweise der Buchweizen, der in kalten Gegenden und in den Bergen wächst, das Getreide mit den stärksten Yang-Eigenschaften. Mais (am meisten Yin) liebt das heiße Klima und wächst besonders gut in den Tropen. Brauner Reis liegt in der Mitte. Relativ kleine Bohnen, wie Azuki, sind mehr Yang als Lima- und Sojabohnen, die größer sind und mehr Fett und Öl enthalten. Das gleiche gilt für Nüsse und Samen – je kleiner und fettärmer, desto mehr Yang. Die harten und kleinen Sesamsamen sind mehr Yang als die größeren, ölhaltigeren Paranüsse oder Walnüsse. Schwertfisch, Lachs, Blaufisch, Makrelen oder Thunfisch (schnelle, größere, stärkere Fische) sind mehr Yang als die kleineren Weißfischarten, wie Flunder oder Schellfisch. Die folgende Tabelle zeigt die Yin- und Yang-Tendenzen der verschiedenen Nahrungsmittelkategorien.

Yin- und Yang-Tendenzen der verschiedenen Nahrungsmittelkategorien

	Kategorie	(△) Yang	(▽) Yin
Yin	Zucker	roh	raffiniert
	Früchte	kleiner	größer
		am Boden wachsende Früchte	Baumfrüchte
		kälteres Klima	wärmeres Klima
	Nüsse	weniger ölhaltig	ölhaltiger
	Blattgemüse mit langen Blättern	kleiner in kälterem Klima wachsend	größer in wärmerem Klima wachsend
	Samen	kleiner	größer
	Blattgemüse mit runden Blättern	kleiner	größer
	Wurzelgemüse	kleiner	größer
	Schweinefleisch	mager	fett
	Bohnen	klein	groß
	Milch	mager	fett
	Getreide	in kälterem Klima wachsend	in wärmerem Klima wachsend
	Fisch	schnell schwimmend	langsam schwimmend
	Rindfleisch	mager	fett
	Käse	konzentrierter magerer, salziger	weniger konzentriert fetter, milder
	Eier	kleiner	größer
	Geflügel	kleiner hoch fliegend	größer niedrig fliegend
Yang			

Die makrobiotische Ernährung basiert auf den Nahrungsmitteln, die sich im Zentrum des Schemas auf Seite 93 befinden. Diese Nahrungsmittel sind sowohl in bezug auf ihre Yin- und Yang-Energien als auch im Hinblick auf die Nahrungsbedürfnisse der in den gemäßigten Zonen lebenden Menschen am ausgewogensten. In Kapitel 12, Wie stelle ich eine ausgewogene makrobiotische Kost zusammen?, wird die praktische Anwendung des Prinzips von Yin und Yang beim Kochen und bei der Nahrungsaufnahme erläutert. Wenn wir Nahrungsmittel zu uns nehmen, die nicht mit den Bedürfnissen unseres Körpers harmonieren – wie zum Beispiel Fleisch, Eier und salzige Hartkäsearten (alle Yang), kreieren wir in einem Versuch, unser körperliches und geistiges Gleichgewicht wiederherzustellen, ein suchtartiges Verlangen nach deren Gegensätzen, wie Zucker, Stärke und stimulierende Gewürze, Kräuter oder andere Zutaten, Kaffee, Alkohol, Eiskrem und tropische Früchte (alle Yin). Das Hin- und Herpendeln zwischen diesen Extremen kann im Laufe der Zeit unsere Gesundheit untergraben und zu bestimmten Krankheiten führen. Alle disharmonischen Zustände von Körper und Geist werden durch ein Übermaß an Yin, ein Übermaß an Yang oder eine Kombination exzessiver Yin- und Yang-Energien in der Nahrungsauswahl, in der Geisteshaltung und im Lebensstil verursacht. Ein Beispiel für ein Yin-bedingtes Symptom ist der Kopfschmerz, der auftritt, wenn sich nach übermäßigem Alkoholgenuß Hirnzellen und Hirngewebe ausdehnen. Dagegen entsteht ein Yang-bedingter Kopfschmerz durch eine Kontraktion der Hirnzellen und -gewebe. Dieses Beispiel zeigt uns, daß anscheinend ähnliche Symptome von gegensätzlichen Ursachen ausgelöst werden können. Es erklärt auch, weshalb Aspirin (extrem Yin) bestimmte Kopfschmerzen (die durch Yang-Faktoren hervorgerufen wurden) beseitigen kann, während es bei Kopfschmerzen, die von einem exzessiven Alkoholgenuß (ein extremer Yin-Faktor) herrühren, machtlos ist.

Der ausgebildete makrobiotische Berater muß bei der Bestimmung des allgemeinen Gesundheitszustandes einer Person und bei der Zusammenstellung der idealen Ernährungsform für diesen Menschen eine ganze Reihe verschiedener Faktoren gegeneinander abwägen. Nichtsdestoweniger basiert auch die spezielle makrobiotische Diät für Heilzwecke auf einer Kombination von Getreiden, Gemüsen, Bohnen und Nahrungsergänzungsmitteln – also auf der in diesem Buch beschriebenen Standardernährung, die jedoch in bestimmten Punkten abgewandelt wird, um den Bedürfnissen des Kranken gerecht zu werden. Neben den rein physischen Auswirkungen einer extremen Yin- oder Yang-Ernährung oder Lebensweise zeigen diese starken Schwankungen auch tiefgreifende Wirkungen auf die Psyche, auf die ich in Kapitel 11 näher eingehen werde.

Je größer die Vorderseite, desto größer die Rückseite

Alles hat eine Vorderseite und eine Rückseite. Die makrobiotische Theorie vertritt die Überzeugung, daß die Rückseite (Rückwirkung) um so größer ist, je größer die Vorderseite (Wirkung) ist. Das ungeheure Ausmaß des Rüstungswettrennens und seine möglichen Folgen für das Überleben der menschlichen Rasse (die Vorderseite) hat beispielsweise zu einer weltweiten Bewegung für den Frieden geführt (die Rückseite). Die in der modernen Gesellschaft übliche Methode, Krankheiten rein symptomatisch zu behandeln (die Vorderseite), führte zu einer spektakulären Revolution in der Gesundheitsfürsorge – genannt Ganzheitsmedizin (die Rückseite). Unsere sitzende Lebensweise und unsere fragwürdigen Lebensgewohnheiten (die Vorderseite) riefen eine schnell expandierende Naturkostbewegung und -industrie, die an einer Verbesserung unserer Nahrungsqualität interessiert ist, sowie eine stetig wachsende Fitneß-Bewegung hervor (die Rückseite).

10 Lebensfreude durch Bewegung

Das Gehen – unser natürliches Transportmittel – ist eine ausgezeichnete Form des Körpertrainings. Andere Körperübungen werden eingesetzt, um bestimmte Ergebnisse zu erzielen, denn das Bedürfnis nach Bewegung ist bei jedem Menschen individuell verschieden. In Verbindung mit der makrobiotischen Ernährung und einer aktiven, positiven Lebensweise führt das hier vorgestellte Trainingsprogramm zu einer Verbesserung der Kreislauffunktionen und einer Normalisierung des Energieflusses im Körper.

Die hier gezeigten Übungen haben die gleichen positiven Wirkungen wie viele andere populäre Trainingsprogramme, zum Beispiel Calisthenics, Body-Building und Aerobic. Sie führen zu einer erhöhten Beweglichkeit und Ausdauer, verbessern den Muskeltonus, sorgen für gesundes Blut und helfen bei der Regulierung des Körpergewichts. Das im folgenden beschriebene Übungsprogramm ist anderen Bewegungsprogrammen jedoch überlegen, da es nicht nur auf einige bestimmte Körpersysteme einwirkt, sondern alle wichtigen Funktionen des Organismus mit einbezieht. Diese Übungen beeinflussen hauptsächlich die inneren Prozesse des Körpers – die Drüsen, Organe und den gesamten Stoffwechsel. Sie stellen eine Abwandlung der jahrhundertealten Praxis des Do-in dar, die den Alterungsprozeß verzögert und eine Vitalisierung und Verjüngung des Organismus bewirkt. Bei vielen Trainingsprogrammen steht die Muskelbildung im Vordergrund, während die Auswirkungen auf die inneren Körperfunktionen kaum berücksichtigt werden. Wenn Sie die folgenden Übungen regelmäßig ausführen, wird sich dies zwar auf jeden Fall positiv auf ihre äußere Erscheinung auswirken, aber – was noch wichtiger ist – der Energiefluß innerhalb des Körpers wird harmonisiert und stetig verbessert. Darüber hinaus bewirken die Übungen eine Vitalisierung und energetische Aufladung des Nervensystems und des Energiezentrums direkt unterhalb des Nabels. Durch die energetische Aufladung dieses Energiezentrums wird sowohl die physische als auch die geistige Leistungsfähigkeit außerordentlich gesteigert.

Nach einigen Wochen täglichen Trainings werden Sie feststellen, daß Sie freier atmen, daß Ihre Muskeln straffer geworden sind, daß Sie mehr Energie zur Verfügung haben und daß Ihr Appetit auf natürliche, gesunde Nahrung wächst. Die Dehnübungen führen zu erhöhter Flexibilität und Körperkraft, während sie gleichzeitig die Fähigkeit zu tiefer Muskelentspannung fördern. Mit der Zeit werden Sie eine Verbesserung Ihrer Haltung, ein geringeres Schlafbedürfnis und eine Steigerung Ihrer körperlichen Ausdauer sowie Ihrer Konzentrationsfähigkeit bemerken. Mit anderen Worten, Sie werden erfahren, was es heißt, wirklich gesund zu sein: die Freude, lebendig zu sein und sich wohl zu fühlen. Da sie Atmung und Kreislauf anregt, unterstützt regelmäßige Bewegung auch die Blutreinigung. Der zusätzliche Sauerstoff verbrennt Schlacken, und das Lymphsystem, das die Abfallstoffe der Zellen abtransportiert, wird in seiner Fähigkeit zur Selbstreinigung unterstützt.

Die durch Bewegung bewirkte erhöhte Sauerstoffaufnahme beschleunigt den Grundumsatz des Stoffwechsels. (Der Grundumsatz ist die Energiemenge, die der Körper in Ruhe verbraucht.) In Verbindung mit einer erhöhten körperlichen Aktivität spielt ein erhöhter Grundumsatz eine wichtige Rolle bei der Gewichtskontrolle, da er eine schnellere Verbrennung der Nahrungsenergie (Kalorien) bewirkt.

Ob Ihr Gesundheitszustand zu Beginn des Trainingsprogramms gut oder schlecht ist – Sie werden die ersten positiven Veränderungen wahrscheinlich bereits nach wenigen Übungstagen registrieren. Achten Sie jedoch darauf, Ihren Körper anfangs nicht zu überfordern, besonders dann, wenn Sie nicht an ein regelmäßiges Training gewöhnt sind und sich in letzer Zeit nicht viel bewegt haben. Um dieses Risiko möglichst klein zu halten, schlage ich vor, daß Sie nach jeder Übung eine Pause von etwa einer Minute einhalten. Falls Sie nicht sicher sind, wo Ihre Grenzen liegen, sollten Sie anfangs die Bewegungen reduzieren und die Pausen verlängern. Dehnen Sie Ihren Körper nur soweit, wie es Ihnen ohne Schmerzen möglich ist, und versuchen Sie nicht, Ihre gegenwärtigen Grenzen mit Gewalt zu überschreiten. Die Übungen wurden nicht entwickelt, um Ihre Beweglichkeit zu testen, sondern um Ihnen zu helfen, sie ganz allmählich zu verbessern.

Falls Sie Probleme mit Ihrem Herzen haben oder auf andere Weise körperlich eingeschränkt sind, sollten Sie mit einem Arzt sprechen, bevor Sie mit dem Trainingsprogramm beginnen. Sollten während der Übungen plötzliche Schmerzen oder Krämpfe auftreten, ist es ratsam, langsamer vorzugehen oder die Übung zu unterbrechen, bis die Schmerzen aufhören. Auch wenn Sie im Rollstuhl sitzen oder bettlägerig sind, können sanfte, leichte Bewegungen die Selbstheilungskräfte Ihres Körpers unterstützen.

Meridian-Dehnung

Für das folgende Übungsprogramm benötigen Sie je nach Ihrem individuellen Energieniveau (und Ihrem persönlichen Wunsch) zwischen zwanzig und vierzig Minuten. Die Betonung liegt hier auf dem Meridiansystem des Körpers, wie es von der Akupunktur beschrieben wird. Innerhalb des Körpers existieren vierzehn Meridiane (Energieflußkanäle), die sowohl mit den inneren Organen als auch mit äußeren Körperzonen, wie den Zehen, den Händen, der Kopfhaut und dem Gesicht in Verbindung stehen. Die orientalische Medizin besagt, daß ein Mensch gesund ist, wenn die elektromagnetische Lebensenergie frei und ungehindert durch seine Meridiane fließt. Die Meridian-Übungen (Dehnungen) helfen uns, einen harmonischen Energiefluß im Körper wiederherzustellen und aufrechtzuerhalten.

Stellen Sie sich während der Übungen vor, wie die Energie rein und ungehindert durch die Meridiane strömt (wie in den Bildunterschriften 10.1 bis 10.7 beschrieben). Diese positive geistige Konzentration verstärkt die Wirksamkeit der Übungen. Die Übungen sollten einmal täglich morgens oder abends (falls aus Termingründen nicht möglich, auch zu einer anderen Tageszeit) ausgeführt werden. Es ist besser, die Übungen nur jeden zweiten Tag zu machen, als sie mehrere Tage hintereinander ausfallen zu lassen. Bleiben Sie bei jeder Übung einen vollen Atemzug lang in der maximalen Dehnungsposition, kehren Sie dann zur Ausgangsposition zurück und warten Sie etwa dreißig Sekunden, bevor Sie mit der nächsten Dehnung beginnen. Beugen Sie den Körper bei jeder Übung von der Taille aus (nicht vom oberen Rücken). Der äußerste Dehnungspunkt wird für jeden einzelnen verschieden sein. Es ist viel wichtiger, die Übungen in der richtigen Form auszuführen, als eine möglichst weite Dehnung zu erreichen. Achten Sie darauf, daß Sie nach jeder vollständig ausgeführten Übung eine Pause von einer Minute einhalten, bevor Sie mit der nächsten Übung beginnen. Ein zwanzigminütiges Übungsprogramm umfaßt also den eigentlichen Übungsteil von fünfzehn Minuten Dauer und insgesamt fünf Minuten Pause, in denen sich der Körper ausruhen und auf die nächste Übung vorbereiten kann. Detaillierte Abbildungen der einzelnen Übungen finden Sie auf den Seiten 100 bis 106 (Abbildung 10.1 bis 10.7).

Rumpfbeugen

Stehen Sie aufrecht, die Füße etwa schulterbreit auseinander. Verschränken Sie die Hände hinter dem Rücken und beugen Sie sich langsam nach vorne, indem Sie die Arme hinter dem Rücken anheben. Die Hände bleiben verschränkt. Beugen Sie sich aus der Taille so weit wie möglich nach vorne und nach unten. Dehnen Sie die verschränkten Hände bis über die Kopfhöhe hinaus, wie in Abbildung 10.1 gezeigt. Atmen Sie einmal ein und einmal aus und kehren Sie langsam zur Ausgangsposition zurück. Wiederholen Sie diese Bewegung nach einer kurzen Pause (insgesamt zwölfmal). Warten Sie eine Minute, bevor Sie mit der nächsten Übung beginnen.

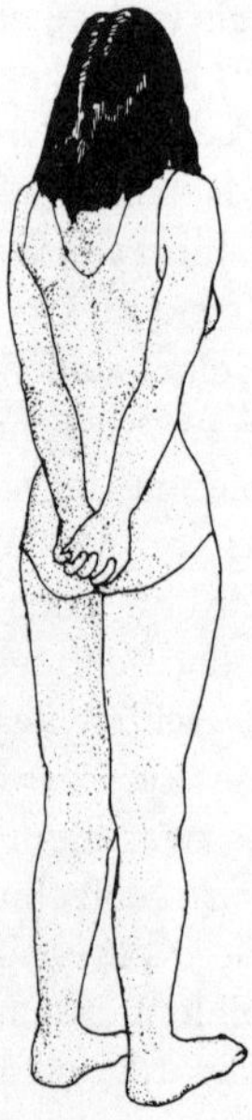

(a) Ausgangsposition

(b) Dehnung

Abbildung 10.1 Rumpfbeugen

Diese Übung stimuliert die Meridiane der Lunge und des Dickdarmes, die an den Außenseiten der Arme und Hände verlaufen.

Abwechselnde Dehnung der Beine

Setzen Sie sich auf den Boden und spreizen Sie die Beine so weit wie möglich. Beugen Sie sich über dem rechten Bein nach vorne und greifen Sie nach Ihrem rechten Fuß. Achten Sie darauf, daß die Kniekehlen durchgedrückt und nahe am Boden sind oder den Boden berühren. Beugen Sie den Rumpf von der Taille aus nach vorne, wie in Abbildung 10.2 gezeigt, und lassen Sie dabei den Kopf nach unten fallen. Nehmen Sie nun einen vollen Atemzug (einatmen – ausatmen) und kehren Sie zur Ausgangsstellung (sitzende Stellung) zurück. Führen Sie die gleiche Dehnung mit dem linken Bein aus. Zwischen jeder Dehnung sollte eine kurze Pause (ein Atemzug lang) eingehalten werden. Führen Sie die Dehnung abwechselnd sechsmal über jedem Bein aus. Stehen Sie auf und ruhen Sie sich eine Minute aus, bevor Sie mit der nächsten Übung beginnen.

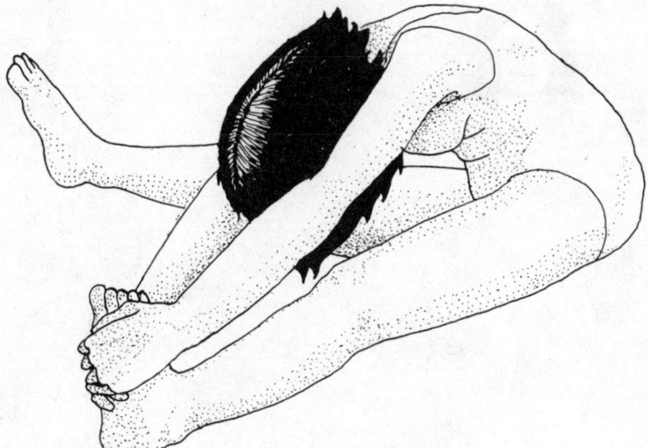

Abbildung 10.2 Abwechselnde Dehnung der Beine

Diese Übung regt die Meridiane von Leber und Gallenblase an. Der Lebermeridian verläuft an der Innenseite des Beines bis zum Rumpf. Der Gallenblasenmeridian verläuft am Bein entlang über den Torso, dann von vorne nach hinten unter dem Arm entlang und über die Schulter bis hin zur Schläfe.

Dehnung der vorderen Körperseite

Setzen Sie sich auf den Boden und schlagen Sie die Beine nach hinten ein, so daß die Füße neben dem Gesäß liegen (siehe Abbildung 10.3). Legen Sie ein oder zwei Kissen unter das Gesäß. Beugen Sie den Oberkörper nun langsam und vorsichtig nach hinten, bis Schultern und Rücken den Boden berühren. (Falls dies zu schwierig ist, können Sie sich mit den Armen hinter dem Rücken abstützen.) Strecken Sie nun die Arme über dem Kopf nach hinten aus. Atmen Sie siebenmal ein und aus, während Sie sich auf den Energiefluß durch die Meridiane konzentrieren. Stehen Sie auf und pausieren Sie eine Minute, bevor Sie mit der nächsten Übung beginnen. Nach einiger Zeit werden Sie die Übung ausführen können, ohne sich mit den Armen abzustützen oder ein Kissen unterzulegen.

(a) von oben gesehen; mit den Armen abgestützt

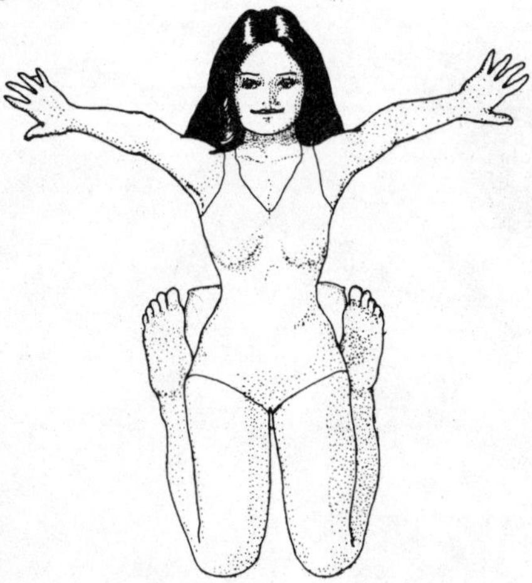

(b) von oben gesehen; Arme ausgestreckt

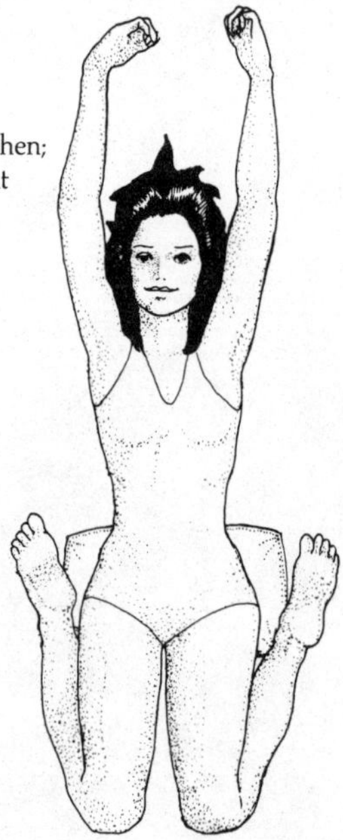

(c) von der Seite gesehen

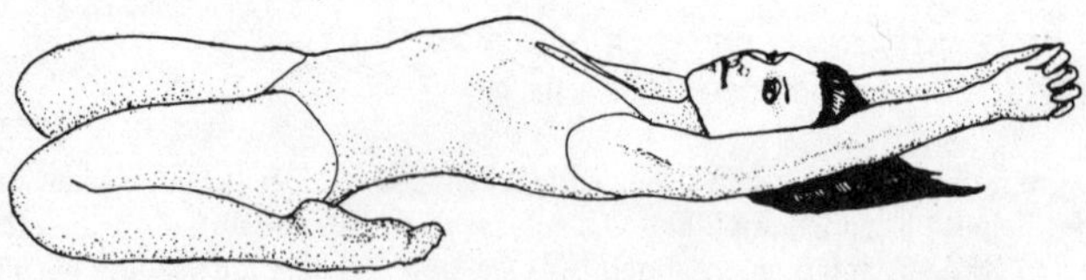

Abbildung 10.3 Dehnung der vorderen Körperseite

Diese Übung stimuliert die Meridiane von Magen, Milz und Bauchspeicheldrüse. Der Magenmeridian verläuft entlang der Vorderseite des Beines über den Rumpf bis zum Gesicht. Der Milz/Pankreasmeridian verläuft entlang der Innenseite des Beines über den Brustkorb und endet unter dem Arm.

Gleichzeitige Dehnung beider Beine

Setzen Sie sich auf den Boden und strecken Sie beide Beine nach vorne aus. Achten Sie darauf, daß die Knie durchgedrückt sind und die Beine den Boden berühren. Nehmen Sie einen vollen Atemzug, während Sie sich in der Dehnungsposition befinden (siehe Abbildung 10.4) und kehren Sie dann langsam zur Ausgangsposition zurück. Machen Sie eine kurze Pause (ein Atemzug) und wiederholen Sie die Dehnung (insgesamt zwölfmal). Stehen Sie auf und ruhen Sie sich eine Minute aus, bevor Sie mit der nächsten Übung beginnen.

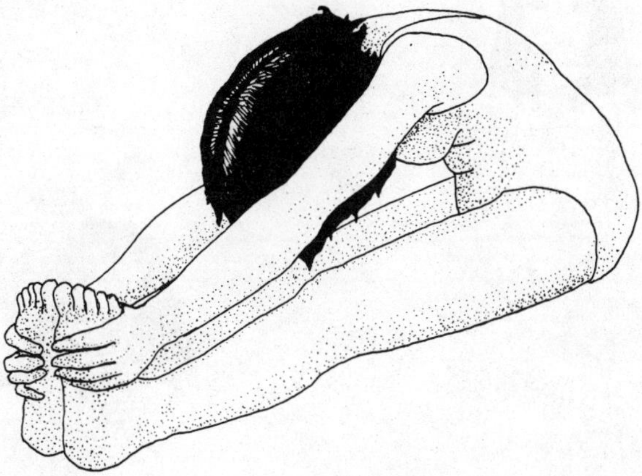

Abbildung 10.4 Gleichzeitige Dehnung beider Beine

Diese Übung regt die Meridiane von Nieren und Blase an. Der Nierenmeridian verläuft entlang der Rückseite des Beines, um den Körper herum und endet auf dem Brustkorb. Der Blasenmeridian verläuft entlang der Rückseite des Rumpfes und des Beines.

Beugung mit geöffneten Beinen

Setzen Sie sich auf den Boden und legen Sie die Fußsohlen gegeneinander; (Knie weit auseinander)! Umfassen Sie mit beiden Händen die Fußzehen und beugen Sie sich langsam aus der Taille nach vorne. Bringen Sie die Nase in Höhe des Fußspanns (siehe Abbildung 10.5). Nehmen Sie einen vollen Atemzug und kehren Sie zur Ausgangsposition zurück. Machen Sie eine kurze Pause und wiederholen Sie die Dehnung insgesamt zwölfmal. Stehen Sie auf und pausieren Sie eine Minute, bevor Sie mit der nächsten Übung beginnen.

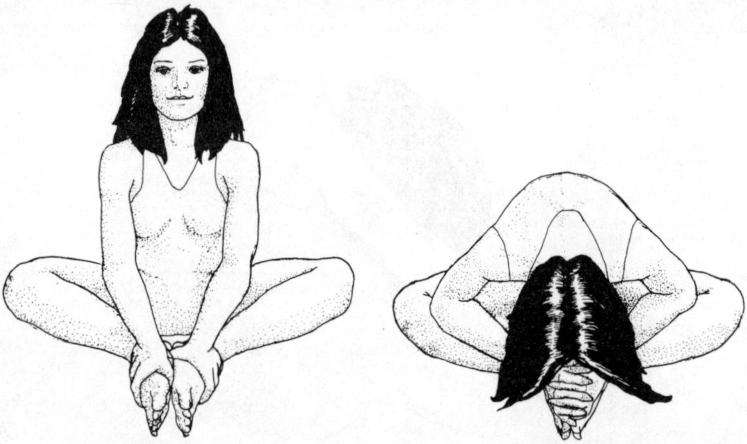

(a) Ausgangsposition (b) Dehnung

Abbildung 10.5 Beugung mit geöffneten Beinen

Diese Übung stimuliert die Meridiane von Herz und Dünndarm. Der Herzmeridian verläuft entlang der Innenseite des Armes und endet in der Achselhöhle. Der Dünndarmmeridian verläuft entlang der Rückseite des Armes bis zum Gesicht.

Beugung mit gekreuzten Beinen

Setzen Sie sich mit gekreuzten Beinen auf den Boden (die Knöchel möglichst nahe am Körper). Kreuzen Sie die Arme, so daß die rechte Hand das linke Knie und die linke Hand das rechte Knie umfaßt. Beugen Sie sich nun von der Taille aus so weit wie möglich nach vorne. Versuchen Sie, mit dem Kopf den Boden zu berühren. Wenn Sie Ihren maximalen Dehnungspunkt erreicht haben (siehe Abbildung 10.6), nehmen Sie einen vollen Atemzug (einatmen – ausatmen) und kehren dann zur Ausgangsstellung zurück. Machen Sie eine kurze Pause und wiederholen Sie die Bewegung insgesamt zwölfmal. Stehen Sie auf und ruhen Sie sich eine Minute aus, bevor Sie mit der nächsten Übung beginnen.

(a) Ausgangsposition (b) Dehnung

Abbildung 10.6 Beugung mit gekreuzten Beinen

Diese Übung stimuliert zwei wichtige Meridiane – den Dreifacherwärmer und das Gouverneur-Gefäß. Der Dreifacherwärmer verläuft mitten entlang der Innen- und Außenseiten der Arme; das Gouverneur-Gefäß verläuft entlang der Vorder- und Rückseite des Rumpfes, von der Leistengegend bis zum Gesäß.

Seitliche Dehnung

Stehen Sie aufrecht; Füße etwa schulterbreit auseinander. Strecken Sie die Hände gerade über dem Kopf in die Höhe und verschränken Sie die Daumen (nicht die Hände). Beugen Sie sich aus der Taille nach rechts, bis sich der Rumpf und die Arme in einem 90°-Winkel zum Boden befinden. (Siehe Abbildung 10.7). Wenn Sie Ihren maximalen Dehnungspunkt erreicht haben, drehen Sie den Oberkörper so, daß Ihr Gesicht zum Boden gerichtet ist. Halten Sie die Daumen verschränkt und strecken Sie die Arme so weit wie möglich nach vorne aus. Halten Sie diese Position einen Atemzug lang. Drehen Sie den Oberkörper zurück in die Ausgangsposition. Machen Sie eine kurze Pause und führen Sie die Dehnung zur linken Seite hin aus. Wechseln Sie nun von links nach rechts, bis Sie die Bewegung auf jeder Seite sechsmal ausgeführt haben.

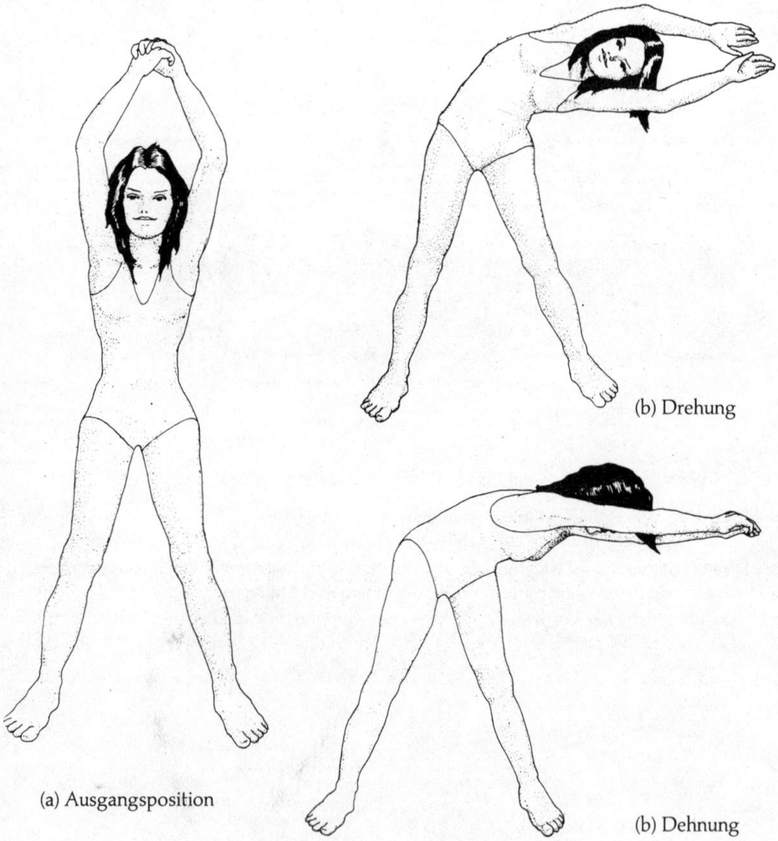

(b) Drehung

(a) Ausgangsposition

(b) Dehnung

Abbildung 10.7. Seitliche Drehung

Diese Übung stimuliert viele Meridiane gleichzeitig.

Gehen

In den letzten Jahren wurde das Laufen (Joggen) immer populärer. Vielleicht nicht zuletzt deshalb, weil diese Sportart bei einer fettreichen Ernährung ausgleichend wirken kann. Das Joggen unterstützt die Bildung neuer Blutbahnen, während fett- und cholesterinreiche Ernährung oft zu einer Verengung derselben führt. Außerdem aktiviert das Joggen die Blutzirkulation und verringert die Risiken, die mit der modernen Ernährung verbunden sind.

Leider hat dieser Sport jedoch auch gewisse Nachteile. Während er sich auf lange Sicht durchaus positiv auf Herz und Kreislauf auswirken kann, werden diese Organe und andere Körperteile bei jedem einzelnen Lauf übermäßig beansprucht. Joggen kann zwar viel Spaß machen, aber viele Jogger leiden nach einiger Zeit unter Rückenschmerzen, sowie Gelenk- und Nierenbeschwerden, die durch den Aufprall der Füße beim Rennen ausgelöst werden. Thomas Jefferson sagte einst: »Sport ist ein vorzügliches Mittel, den Körper zu stärken, und von allen Sportarten ist das Gehen die beste.«

Durch einfaches Gehen können wir die gleichen positiven Ergebnisse erzielen wie mit jeder anderen Sportart, ohne das Risiko von Verletzungen oder Überanstrengung einzugehen. Wenn Sie allerdings sind wie die meisten Menschen heutzutage, werden Ihnen sicher mindestens fünf gute Gründe einfallen, warum es unmöglich ist, daß Sie jetzt, in diesem Moment, dieses Buch zur Seite legen und einen Spaziergang machen: Es ist draußen schon zu dunkel; es gibt keinen guten Spazierweg in der Nähe; Sie haben keine Zeit; es regnet; es ist kalt und so weiter. Es ist leicht, Ausreden zu finden, aber Sie können nicht in den Genuß der positiven Auswirkungen einer Sportart kommen, indem Sie nur davon lesen. Sie müssen es tun. Man sollte natürlich stets auf ein gewisses Maß an Sicherheit achten, aber am Tage bieten sich besonders Parks und andere öffentliche Plätze für einen erfrischenden Spaziergang an. Wenn es regnet, können Sie einen Regenmantel und Gummistiefel anziehen und einen Schirm benutzen; wenn es kalt ist, können Sie Mantel und Mütze tragen. Ein täglicher Spaziergang von einer halben Stunde

- hilft bei der Gewichtskontrolle durch Anregung des Stoffwechsels,
- verbessert den Blutkreislauf und sorgt für gute Zirkulation in den Extremitäten,
- dient der Vorbeugung von Herzbeschwerden und anderen Krankheiten,
- unterstützt die Verdauungs- und Ausscheidungsvorgänge,
- wirkt leicht dämpfend auf den Appetit,
- sorgt für gesunde und starke Knochen,
- hilft Spannungen abzubauen und Sorgen zu vergessen,
- beugt Atembeschwerden vor,
- verbrennt überschüssiges Fett im Körper,
- tonisiert die Muskeln, besonders die Oberschenkel-, Waden- und Hüftmuskulatur
- verbessert das Aussehen ganz allgemein.

Einige Sportexperten bezeichnen das Gehen als »unser zweites Herz«, da sich während dieser Bewegungsart die Muskeln von Füßen, Waden, Schenkeln, Gesäß und Bauch rhythmisch zusammenziehen und entspannen. Genauso wie das Diaphragma – jener große Muskel, der Teil unseres Atemsystems ist. Durch das Zusammenziehen und Entspannen der Muskeln werden die Venen zusammengedrückt, und das Blut wird nach oben zum Herzen gepreßt. Wenn man sich nicht bewegt, staut sich das Blut im Bauch, in den Hüften, den Oberschenkeln und den Füßen. Der Kreislauf verlangsamt sich und das Herz muß schwerer arbeiten, um eine ausreichende Sauerstoffversorgung der Zellen und die Aufrechterhaltung der Ausscheidungsvorgänge sicherzustellen. Wenn Sie längere Zeit sitzen oder stillstehen, beginnt auch Ihr Gehirn unter Sauerstoffmangel zu leiden.

Für Ihr tägliches Bewegungsprogramm benötigen Sie nicht mehr als ein paar bequeme Schuhe. Joggingschuhe sind besonders gut geeignet. Beim Gehen erzielen Sie die beste Wirkung, wenn Sie rasch ausschreiten. Lassen Sie die Arme frei schwingen und halten Sie Ihren Kopf aufrecht. »Rhythmus« ist das Geheimnis.

Versuchen Sie, eine Gegend ausfindig zu machen, in der Sie zügig ohne viele Unterbrechungen spazierengehen können. Meiden Sie, wenn möglich, belebte Bürgersteige und verkehrsreiche Straßen und gehen Sie in einem Park, auf einem Waldweg oder am Strand spazieren. Am erfrischendsten ist es, barfuß durch Gras oder am Strand entlang zu gehen.

Einige zusätzliche Tips

Planen Sie auf jeden Fall einen täglichen Spaziergang in Ihren Tagesablauf ein. Es ist sehr wichtig, daß Sie sich Zeit für die Dinge nehmen, die Ihrem Körper guttun.

Der Morgen ist die beste Zeit für einen Spaziergang. Viele der zufriedensten, entspanntesten und zuversichtlichsten Menschen, die ich kenne, haben es sich zur Gewohnheit gemacht, den Tag mit einem leichten Körpertraining und einem Spaziergang zu beginnen. Die Luft scheint klarer, und die Bewegung aktiviert körperliche und geistige Kräfte, die gewöhnlich ungenutzt in uns schlummern. Die Wissenschaftler erklären dieses Phänomen damit, daß durch körperliche Aktivität – wie zum Beispiel einen flotten Spaziergang – Endorphine (körpereigene Chemikalien) freigesetzt werden. Die Endorphine sind im wahrsten Sinne des Wortes »Glückshormone«, denn sie steigern unsere Energie und heben die Stimmung. Daher bringt uns ein rascher Spaziergang morgens viel besser in Schwung als eine Tasse Kaffee.

Wenn Sie darauf verzichten, für jeden kurzen Weg das Auto zu benutzen, tun Sie etwas für Ihre Gesundheit und schonen gleichzeitig die Umwelt. Wenn Sie wirklich fahren müssen, sollten Sie sich stets Parkplätze in einiger Entfernung von den Geschäften suchen und ein Stück zu Fuß gehen. Wenn möglich, lassen Sie Ihr Auto zu Hause und gehen Sie zu Fuß zur Arbeit. Falls Sie sich alleine nicht aufraffen können, spazierenzugehen, sollten Sie sich einen Hund anschaffen, den Sie regelmäßig ausführen müssen. Auch ein Spaziergang im Regen oder Schnee kann sehr erfrischend sein, wenn Sie sich entsprechend anziehen und darauf achten, daß Ihr

Körper warm und trocken bleibt. Man sollte täglich mindestens eine halbe Stunde gehen. (Oder jeden zweiten Tag eine Stunde). Achten Sie darauf, daß Sie sich anfangs nicht zuviel zumuten. Besonders wenn Sie krank sind oder sich gerade von einer Krankheit erholen oder wenn Ihr Körper sehr untrainiert ist, sollten Sie langsam beginnen und nur solange gehen, solange Sie sich wohlfühlen. Erhöhen Sie Ihr Pensum alle paar Tage um zehn oder zwanzig Prozent.

Die besten Ergebnisse erzielen Sie, wenn Sie vor dem täglichen Spaziergang die hier beschriebenen Übungen oder andere leichte Dehnungsübungen ausführen. Falls Sie sich morgens noch zu steif oder schläfrig fühlen, können Sie die Übungen auch nach dem Spaziergang machen. Nehmen Sie anschließend ein gutes makrobiotisches Frühstück zu sich (siehe Rezeptteil).

Die Dehnungsübungen und die täglichen Spaziergänge sind ein ebenso wichtiger Teil der makrobiotischen Lebensweise wie die ganzheitliche Ernährung. Diese einfachen Prinzipien halfen schon vielen Menschen, ein gesünderes und glücklicheres Leben zu führen.

11 Wie können wir unsere Lebensqualität verbessern?

Wenn wir uns bewußter werden, welche Faktoren unser Leben bestimmen, sind wir in der Lage, unsere Lebensqualität aus eigener Kraft zu verbessern. Im vorangegangenen Teil des Buches haben wir untersucht, welche Rolle Ernährung und Bewegung im Hinblick auf unsere körperliche Gesundheit spielen. In diesem Kapitel wollen wir betrachten, wie sich die Ernährung, unsere geistige Einstellung und unsere Umwelt auf unser Leben auswirken.

Die makrobiotische Wissenschaft berücksichtigt sowohl biologische als auch soziale Faktoren, und ihre Anwendung im täglichen Leben ist direkt und einfach. Im folgenden geben wir Empfehlungen, die Ihnen helfen sollen, den Streß, dem wir alle täglich ausgesetzt sind, zu verringern. Wir nennen diese Empfehlungen »Allgemeine Lebensführung« und »Tägliche Reflexionen«. Erstere beziehen sich auf unsere Ernährungs- und Hygienegewohnheiten und unseren Lebensstil, während sich letztere mit unseren Gedanken und Lebenseinstellungen beschäftigen.

Allgemeine Lebensführung

Die folgenden Empfehlungen sollten nicht als feste, starre Regeln betrachtet werden, aber ebensowenig sollte man ihre Bedeutung unterschätzen. Je mehr die Wissenschaftler über viele unserer modernen Erfindungen, wie Mikrowellenherde, Fernsehgeräte und mit Chemikalien überladene »Körperpflegemittel« herausfinden, desto häufiger erscheinen warnende Aufkleber auf mehr und mehr Produkten, und es ist die Sache des aufgeklärten, bewußten Verbrauchers, die damit einhergehenden Gefahren zu vermeiden.

Ich will mit den Ernährungsgewohnheiten beginnen und einige Alternativen zu den fragwürdigen und höchstwahrscheinlich gesundheitsschädlichen Angewohnheiten des modernen Menschen aufzeigen.

Trinken Sie nur, wenn Sie durstig sind? Essen Sie nur, wenn Sie Hunger haben? Wahrscheinlich nicht. Die meisten von uns essen und trinken zu oft und zu viel. Als Folge davon sind in unserer Gesellschaft Übergewicht und chronische Erschöpfungszustände weitverbreitet. Wie spüren Sie, wann Sie hungrig sind? Das ist hauptsächlich eine Frage der Sensitivität. Wenn Sie sich eine Zeitlang makrobiotisch ernährt haben, werden Sie feststellen, daß zwei oder drei ausgewogene Mahlzeiten (einschließlich Suppen) und zwei oder drei Tassen Tee pro Tag ausreichen, um Hunger und Durst zu stillen. Natürlich werden Ihre Bedürfnisse von Ihrem individuellen Aktivitätsniveau und anderen Faktoren, die wir in Kapitel 1 untersucht haben, bestimmt. Solange die Mahlzeiten ausgewogen zusammengestellt sind, können Sie soviel essen, wie Sie wollen (ohne sich bei jeder Mahlzeit vollzustopfen). Falls die Mahlzeiten weit auseinanderliegen, möchten Sie vielleicht kleine Zwischenmahlzeiten einnehmen. Abgesehen von der Nahrungsmenge, die Sie zu sich nehmen, sollten Sie unbedingt darauf achten, jeden Bissen sorgfältig zu kauen. Wenn Sie jeden Bissen kauen, bis er fast flüssig ist, vermischen Sie die Nahrung mit den Verdauungsenzymen, die besonders für die gute Verdauung von komplexen Kohlehydraten – den Hauptenergielieferanten der makrobiotischen Ernährung – wichtig sind.

Nun noch ein Wort zu der weitverbreiteten Angewohnheit, spät abends noch einen kleinen Imbiß einzunehmen. Das Essen kurz vor dem Zubettgehen ist aus zwei Gründen ungesund: erstens können Sie mit vollem Magen nicht gut schlafen, und zweitens kann Ihr Körper das Essen nicht richtig verdauen, während Sie halb schlafend im Bett liegen. Die Folge sind Stauungen in den Verdauungsorganen und eine gestörte Nachtruhe.

Neben der Änderung unserer Eßgewohnheiten sollten wir uns auch in anderen Bereichen um eine gesündere Lebensweise bemühen, um die Belastungen, denen unser Organismus täglich ausgesetzt ist, zu verringern. Ein ganz wichtiger Faktor ist der gesunde, regenerierende Schlaf. Sie sollten sooft wie möglich vor Mitternacht schlafen gehen und vor Sonnenaufgang aufstehen. Schlafforscher haben herausgefunden, daß der Schlaf zwischen neun Uhr abends und ein Uhr morgens der gesündeste ist.

Für die Körperpflege empfehlen wir reine Seife. Versuchen Sie, die Verwendung von chemisch hergestellten Körperpflegemitteln auf ein Minimum zu beschränken. Die meisten handelsüblichen Kosmetika und desodorierenden Seifen oder Waschlotionen enthalten Chemikalien, die die gesunde Bakterienbesiedlung der Haut zerstören. Nach einer Waschung mit Seife benötigt der Körper zwischen einer und vier Stunden und eine Menge Vitamin C, um den sogenannten »Säureschutzmantel« der Haut wieder aufzubauen. Am besten ist es, wenn man nur zum Waschen der Achselhöhlen, der Genitalien, des Gesichts, der Füße, Hände und Haare kleine Mengen reiner Seife verwendet. Es genügt völlig, die übrigen Körperteile mit einem heißen, feuchten Waschlappen abzureiben oder mit einem Luffahandschuh zu frottieren. Dadurch wird gleichzeitig die Blutzirkulation angeregt und die Ausscheidung von Schlacken durch die Poren der Haut begünstigt. Vermeiden Sie lange, heiße Bäder oder Duschen.

Versuchen Sie, die handelsüblichen Kosmetika durch natürliche Produkte zu ersetzen, die in den Naturkostläden erhältlich sind. Um die Haut geschmeidig zu halten, kann man beispielsweise Sesam- oder Erdnußöl verwenden. Hafermehl oder Kleie eignen sich gut für Gesichtspackungen, Kräutertees für Gesichtsdampfbäder und verdünnter Zitronensaft oder Apfelessig als Gesichtswasser.

Alle Kleidungsstücke, die auf der Haut getragen werden, sollten möglichst aus Naturfasern hergestellt sein. Falls Sie Kleidungsstücke aus undurchlässigem Synthetikmaterial besitzen, sollten Sie diese nach und nach durch angenehmere, durchlässige Kleidung aus Baumwolle, Leinen, Seide oder Wolle ersetzen. Auch Heimtextilien wie Handtücher, Bettücher, Decken und Teppiche sollten möglichst aus Naturfaser sein. Glühbirnen sind besser als Neonleuchten und Möbel aus Holz tragen ebenfalls zu einer gesünderen Atmosphäre innerhalb der Wohnung bei.

Topfpflanzen reichern die Luft mit Sauerstoff an und schaffen eine heitere, entspannende Umgebung.

Auch im Winter sollte man die Fenster ab und zu für einige Zeit öffnen, um die Zimmer zu lüften. Achten Sie während der kalten Jahreszeit darauf, daß die Räume nicht überheizt sind. (Dadurch können Sie sich leichter an die kalten Außentemperaturen anpassen). Vertrauen Sie Ihrem »inneren Thermostat« mehr als dem an der Wand.

Wer die Möglichkeit hat, im Frühjahr eigenes Gemüse zu pflanzen, sollte sich diese wunderbare Gelegenheit nicht entgehen lassen. Es ist eine sehr lohnende Erfahrung, eigene Nahrungsmittel anzubauen und zu ernten. Indem wir den Boden bearbeiten und die Pflanzen hegen und pflegen, geht die ursprüngliche Lebenskraft der Erde in uns über. Falls Sie nicht genügend Platz haben, um Gemüse anzubauen, können Sie vielleicht Blumen pflanzen.

Viele unserer modernen technischen Hilfsmittel, die für die meisten von uns selbstverständlich geworden sind, wie elektrische Haartrockner, elektrische Zahnbürsten oder Mikrowellenherde, können gesundheitsschädlich sein. Moderne Testverfahren und Biofeedbackmethoden haben gezeigt, daß praktisch jedes Elektrogerät Energie vom menschlichen Körper abzieht, wenn es längere Zeit in der Nähe des Körpers betrieben wird. Diese Geräte erzeugen positive Ionen, im Gegensatz zu einem Wasserfall oder dem Regen oder zu Pflanzen, die negative Ionen erzeugen. Negative Ionen haben nachweislich eine beruhigende Wirkung auf den Menschen.

Ein Mensch, der den ganzen Tag Neonlicht ausgesetzt ist oder mit elektrischen oder elektronischen Maschinen arbeitet, muß möglicherweise eine Beeinträchtigung seiner Gesundheit in Kauf nehmen. Falls Sie sich an Ihrem Arbeitsplatz ständig positiven Ionen aussetzen müssen, ist dies nur ein Grund mehr, sie zu Hause zu vermeiden. Ein Fernsehgerät ist heute in fast jedem Haushalt selbstverständlich. Besonders die Farbfernseher sind jedoch dafür bekannt, daß sie Niederfrequenzstrahlung aussenden, die den menschlichen Organismus schädigen kann. Die beste Art, sich davor zu schützen, ist natürlich, ganz auf den Fernseher zu verzichten. Die zweitbeste Art ist, beim Fernsehen einen Sicherheitsabstand von etwa drei Metern einzuhalten.

Die Makrobiotik befürwortet nicht eine Rückkehr zu einem vorsintflutlichen Lebensstil, sondern weiß durchaus die Vorteile einiger technischer Errungenschaften unseres modernen Zeitalters zu schätzen. Viele der technischen Haushaltsgeräte und Einrichtungen sind jedoch überflüssig, und viele synthetische Produkte können zur Entstehung von Krankheiten beitragen.

Tägliche Reflexionen

Diese Empfehlungen sollen Ihnen helfen, eine positive geistige Einstellung zu finden und Sie mit der Natur und einem gesunden Lebensstil in Einklang zu bringen. Am Anfang wird es Ihnen vielleicht helfen, sich täglich ein paar Minuten still hinzusetzen und sich mit diesen Einstellungen zu beschäftigen. Nach einiger Zeit werden diese entspannenden Gedanken Sie jedoch durch den Tag begleiten, ganz gleich wo Sie gerade sind oder was Sie tun.

Als erstes sollten Sie sich darum bemühen, eine innere Verbindung zur Natur herzustellen. Auf welche Weise Sie dies tun möchten, liegt ganz bei Ihnen. Sie können einen Waldspaziergang machen, einen Baum malen, ein Gedicht schreiben oder einfach still auf der Terrasse sitzen. Das wichtigste dabei ist, daß Sie während dieser Zeit all Ihre täglichen Probleme hinter sich lassen. Sie haben später noch Zeit genug, sich damit zu beschäftigen. Widmen Sie diese kurze Zeitspanne ausschließlich sich selbst und Ihrer Beziehung zur Natur.

Wenn Sie Ihre Ernährungsweise, Ihre Art sich zu kleiden und Ihren gesamten Lebensstil ändern, werden Sie anfangs wahrscheinlich dazu neigen, sich sehr stark mit den Gründen für diese Veränderungen zu beschäftigen. Es ist sicher wichtig, sich auf das neue Lebensgefühl zu konzentrieren, aber Sie sollten vermeiden, sich nun ständig überängstlich um Ihre Gesundheit zu sorgen. Bleiben Sie körperlich und geistig aktiv und flexibel.

Versuchen Sie, diese positiven Veränderungen des Lebensstils auch Ihrer Familie, besonders Ihrem Gatten oder Lebensgefährten nahezubringen. Leider findet nicht jeder, der sich auf die makrobiotische Lebensweise umstellen möchte, die Unterstützung seiner Familie oder Freunde. Vergessen Sie in diesen Momenten nicht, daß die Menschen, die Ihnen nahestehen, das Beste für Sie wünschen, ganz gleich, wie es scheinen mag. Sie können sich die Unterstützung der anderen am besten dadurch sichern, daß Sie sie Ihrerseits unterstützen. Zeigen Sie Ihrer Familie und Ihren Freunden, daß Ihnen ihr Wohlergehen am Herzen liegt, und Sie werden die gleiche Behandlung von ihnen erfahren. Seien Sie dankbar für alles, was Ihnen das Leben geschenkt hat; für Ihre Großeltern und Ihre Urgroßeltern, die Ihnen und Ihren Eltern ermöglicht haben, hier auf dieser Erde zu sein. Wenn es Ihnen Spaß macht, können Sie versuchen, Ihren Familienstammbaum zu rekonstruieren. Versuchen Sie, Ihre Wurzeln zu ergründen. In den meisten Bibliotheken gibt es entsprechende Bücher, die Ihnen dabei helfen können.

Seien Sie bei jeder Mahlzeit dankbar für das Essen und für die Gesellschaft der Menschen, mit denen Sie es teilen können. Lassen Sie diese Dankbarkeit tief aus Ihrem Inneren aufsteigen. Ein Moment der Stille oder ein kurzes Gebet vor dem Essen gibt Ihnen Gelegenheit, zur Ruhe zu kommen, während sich Ihr Körper auf die Mahlzeit einstellen kann. Vergessen Sie bei Tisch alle Sorgen und Verpflichtungen, die Ihre gute Verdauung beeinträchtigen könnten.

Denken Sie an den Spruch: »ein Korn, zehntausend Körner«, der eine große Wahrheit des Lebens offenbart. Jedes Weizenkorn, das wir pflanzen, gibt uns die Erde zur Erntezeit zehntausendfach, ja millionenfach, zurück. Teilen Sie die Liebe und Energie, die Sie empfangen, auf die gleiche Weise mit anderen, um ihnen zu helfen, gesünder und glücklicher zu werden. Lehren ist die beste Art zu lernen. Indem Sie anderen die makrobiotische Lebensweise nahebringen, vertiefen Sie gleichzeitig Ihr eigenes Wissen. Die »Lebensregeln« und »Täglichen Reflexionen« können Sie auf Ihrem Weg zu Selbstfindung, Selbsterkenntnis und einer besseren Gesundheit unterstützen. Auf diese Weise verändern Sie Ihre eigene Lebensqualität, und tragen zur Freude und zum Glück anderer Menschen bei.

Wie ich meinen Diabetes besiegte

Larry Bogoslaws Geschichte

Ich habe schon immer gerne Süßigkeiten gegessen, und ich war Bettnässer bis zum Alter von vier Jahren. Das erste ernsthafte Problem mit meiner Gesundheit tauchte im Oktober 1972 auf, als ich acht Jahre alt war. Ich erinnere mich an den Abend der Bar Mitzwah (festliche Zeremonie, mit der die jüdischen Jungen in ihre Religion eingeweiht werden) meines Cousins: Ich hatte den ganzen Tag nichts gegessen und war am Abend so hungrig, daß ich soviel Kuchen in mich hineinstopfte, wie ich nur konnte. Am nächsten Morgen mußte ich mich übergeben und fühlte mich völlig erschöpft. Meine Mutter ging mit mir zum Kinderarzt, der einen Diabetes ersten Grades feststellte. Er verordnete mir eine Insulinspritze pro Tag. Ich brachte nicht die Willenskraft auf, mich an den vorgeschriebenen Diätplan zu halten. Als ich elf Jahre alt war, versuchte ein anderer Arzt, meinen Blutzuckerspiegel mit zwei Insulinspritzen pro Tag unter Kontrolle zu bringen, da ich mit dem Essen nicht so vorsichtig war, wie ich hätte sein sollen. In meinen Eß- und Trinkgewohnheiten war ich immer sehr undiszipliniert, und es fiel mir sehr schwer, mich an irgendeine ärztliche Anweisung zu halten. Die allmähliche Entwicklung der Fähigkeit, diszipliniert und bewußt für meinen Körper zu sorgen, zählt in der Tat zu den umwälzendsten Veränderungen, die ich innerhalb dieses einen Jahres seit meiner Umstellung auf die makrobiotische Lebensweise erfahren habe. Ich erinnere mich, daß ich früher immer leicht aggressiv wurde. Ich hatte den Zucker aus meiner Ernährung verbannt, aber ich aß weiterhin viel Fleisch.

Mein Vater hatte die makrobiotische Lebensweise 1980 durch das East-West-Zentrum in Philadelphia kennengelernt. Obwohl er damals anfing, sich makrobiotisch zu ernähren, dauerte es bei mir noch drei Jahre, bis ich 1983 nach Boston kam und meine erste makrobiotische Beratung hatte. Man riet mir, meine Ernährung sofort völlig umzustellen. Zu dieser Zeit benötigte ich 65 Einheiten Insulin täglich. Marc Cauwenberghe, mein Berater, sagte mir, ich könne die Dosis bis Ende des Sommers wahrscheinlich auf 5 bis 10 Einheiten senken, und ich erklärte ihn für verrückt! Nachdem ich etwa zehn Tage lang makrobiotisch gegessen hatte, konnte ich meine Insulindosis in Raten von 10 Einheiten von 65 auf 46 Einheiten senken. Am zwanzigsten Juni war ich bei 40 bis 35 Einheiten angelangt und im Juli brauchte ich nur noch 30. Anfang August zog eine erfahrene Makrobiotik-Köchin in das Appartement ein, in dem ich zu jener Zeit mit meinem Vater wohnte, und nachdem ich eine Zeitlang die von ihr zubereiteten Mahlzeiten gegessen hatte, machte meine Insulindosis einen weiteren Sprung nach unten.

Auch stellte ich plötzlich noch andere Veränderungen an meinem Körper fest. Meine Akne verschwand bis auf ein paar kleine, unscheinbare Pickel auf den Wangen, und meine Hautfarbe hatte sich verbessert. Meine Schultern hingen nicht mehr herunter, und ich fühlte mich von morgens bis abends ruhig und ausgeglichen.

Die Wochen vergingen, und nach einigen Monaten verstärkten sich die positiven Veränderungen – eine tiefgreifende Wandlung machte sich in meinem ganzen Organismus bemerkbar. Die wichtigste Erfahrung für mich war, daß ich eine alte, tiefsitzende Überzeugung los wurde – die Überzeugung, daß ich mein fünfunddreißigstes Lebensjahr nicht überleben würde. Ich hatte früher ständig gespürt, daß meine Vitalität von Jahr zu Jahr, von Monat zu Monat abnahm; dieses Gefühl war zu meinem grundlegenden Lebensgefühl geworden. Nun bin ich bei einer Insulindosis von 15 Einheiten pro Tag angelangt; meine Vitalität wächst von Tag zu Tag, und ich genieße jede Minute meines Lebens, denn ich weiß nun, daß ich all meine Träume, mein ganzes Potential, verwirklichen kann. Wenn es mir gelingt, mein Leben innerhalb eines Jahres so grundlegend zu ändern, kann es jedem anderen auch gelingen!

12 Wie stelle ich eine ausgewogene makrobiotische Kost zusammen?

Neben regelmäßiger Bewegung, einem natürlicheren Lebensstil, komplexen Kohlehydraten, Ballaststoffen, Vitaminen und Mineralien stellt auch die Ausgewogenheit der Nahrung einen ganz wichtigen Faktor für unsere Gesundheit dar. Die richtige Zusammenstellung der makrobiotischen Ernährung fördert das harmonische Zusammenspiel zwischen dem Körper und seiner Umgebung und läßt stets genügend Spielraum für die individuellen Nahrungsbedürfnisse.

Wie bereits in Kapitel 1 erwähnt, basiert die makrobiotische Ernährung hauptsächlich auf Nahrungsmitteln der eigenen Klimazone. Einheimische Nahrungsmittel helfen dem Körper, sich an die jahreszeitlichen Veränderungen anzupassen, und verhindern die Entstehung jahreszeitlich bedingter Krankheiten, die aus einem Ungleichgewicht heraus entstehen, wie Erkältungen oder Grippe oder noch ernstere Erkrankungen. Es gibt noch einige andere gute Gründe, Nahrungsmittel der eigenen Klimazone zu essen – einer davon ist die Tatsache, daß sie unseren Körper im Sommer erfrischen und im Winter warmhalten.

Wenn es heiß ist, dehnt sich der menschliche Körper aus, wenn es kalt ist, zieht er sich zusammen. Ein warmes Bad hilft uns zum Beispiel, verkrampfte Muskeln zu lösen und zu entspannen (auszudehnen), während ein kaltes Bad die Muskeln tonisiert und anregt (zusammenzieht). Eine Armbanduhr sitzt im Sommer durch die Ausdehnung des Körpers enger am Handgelenk als im Winter. Die warme Jahreszeit – Yang – löst im Körper einen Yin-Zustand (Ausdehnung) aus. Im Winter ist es umgekehrt. Auch unsere Nahrung beeinflußt die Ausdehnung oder Kontraktion des Körpers.

Im Sommer essen wir normalerweise mehr Yin-Nahrung und kochen leicht, um uns an das Klima anzupassen. Wir bevorzugen dann Nahrungsmittel mit hohem Vitamin-C-Gehalt, besonders Gartengemüse und Sommergetreide, wie zum Beispiel Mais, die eine expandierende und kühlende Wirkung auf den Körper haben. Im Herbst nach der Erntezeit beginnt die Yin-Saison (Winter). Gleichzeitig wird der Körper mehr Yang, das heißt, er zieht sich etwas zusammen. Um diesen Wechsel zu unterstützen, essen wir nun mehr Yang-Gemüse, wie zum Beispiel Winterkürbis, Weiß- und Grünkohl und Herbstgetreide wie Hafer und Weizen oder Buchweizen. In dieser Jahreszeit erhöhen wir auch den Fett- und Eiweißanteil in unserer Nahrung, indem wir mehr Bohnen und Weißfisch zu uns nehmen. Diese Nahrungsmittel und das ausgiebige Kochen der Nahrung sorgen dafür, daß unser Körper im Winter warm bleibt.

Während man beim Einkauf frischer Lebensmittel stets solche wählen sollte, die in der unmittelbaren Umgebung gewachsen oder hergestellt sind, können andere, lagerfähige Nahrungsmittel auch aus weiter entfernten Gebieten stammen. Als allgemeine Regel gilt, daß leichtverderbliche Waren am besten sind, wenn sie am gleichen Ort geerntet wurden, an dem wir leben, während Bohnen, Getreide, Seegemüse und Meersalz nicht aus der unmittelbaren Umgebung stammen müssen. Die folgende Tabelle gibt einige Richtlinien zur Bestimmung der idealen geographischen Entfernungen für Nahrungsmittel und Zutaten, die in Ihr Wohngebiet importiert werden:

Lebensmittel und Zutaten	Ideale geographische Entfernung
Wasser	unmittelbare Umgebung; sollte idealerweise von einem Brunnen oder einer reinen Quelle in der Nähe Ihres Wohnortes stammen
Früchte	gleiche Klimazone und geographische Lage
Gemüse	können aus weiter entfernten Gebieten stammen, die Klimazone sollte jedoch etwa gleich sein
Vollkorngetreide und Bohnen	können aus weit entfernten Gebieten stammen, in denen ähnliche klimatische und geographische Bedingungen herrschen
Seegemüse	hier spielt die Entfernung kaum noch eine Rolle; können aus allen Gebieten, die etwa auf dem gleichen Breitengrad liegen, stammen. Menschen, die zum Beispiel in Nordamerika oder Europa leben, können Meeresgemüse aus den jeweils anderen Erdteilen oder aus den gemäßigten Klimazonen des fernen Ostens verzehren.
Meersalz	aus der gesamten Hemisphäre, Nord oder Süd, je nachdem, wo sich Ihr Wohnort befindet

Die Anpassungsfähigkeit der makrobiotischen Kost

Unterschiede in den klimatischen und Umweltbedingungen sollten Sie in Betracht ziehen, wenn Sie die makrobiotische Kost und die Zubereitungsarten auf Ihre individuellen Bedürfnisse abstimmen wollen.

Abwandlungen der Kost im Hinblick auf klimatische Faktoren

	kälteres Klima	heißeres Klima
Temperatur	längere Kochzeiten; stärker würzen	kürzere Kochzeiten; schwach würzen
Wasserzugabe	mehr Kochwasser	weniger Kochwasser

In südlichen Regionen, wo im Sommer oft tagelang Temperaturen über 38°C herrschen, sind leichtere Mahlzeiten angebracht. Wie bereits erwähnt, dient eine Kost aus Vollgetreiden, leicht gedämpften Sommergemüsen, leichten Suppen, gepreßten und rohen Salaten und Früchten dazu, den Körper bei hohen Temperaturen zu kühlen.

In nördlicheren oder höher gelegenen Regionen, in denen niedrigere Temperaturen herrschen, sowie im Winter, besteht die makrobiotische Kost aus herzhafteren Gerichten, die mit Bohnen, Samen, Nüssen, Ölen, Sojaprodukten und Fisch zubereitet werden. Längere Kochzeiten verleihen den Gerichten wärmende Eigenschaften. In der auf die kälteren Regionen abgestimmten makrobiotischen Kost ersetzt man die Früchte oder Säfte, die in warmen Gebieten verwendet werden, durch einheimische Apfelsorten, Pfirsiche, getrocknete oder gedämpfte oder im Backofen zubereitete Früchte.

Wie gleiche ich die Yin- und Yang-Anteile der Nahrung aus?

Um die Nahrung auf unsere individuellen Bedürfnisse abstimmen zu können, müssen wir das subtile Gleichgewicht zwischen Yin und Yang in der makrobiotischen Ernährung verstehen. Die moderne Zivilisationskost enthält normalerweise viele Nahrungsmittel, die extrem Yin oder Yang sind und dazu führen können, daß der Körper gleichzeitig übermäßig Yin und übermäßig Yang ist. Die typische moderne Kost führt normalerweise zu einer übermäßigen äußeren Ausdehnung des Körpers (Yin), die mit einer Starre und Härte im Körperinneren einhergeht (ein übermäßiger innerer Yang-Zustand). Übergewicht ist das sichtbarste äußere Anzeichen dieser Ausdehnung, während sich der extreme Yang-Zustand innerlich in Form von angespannten, starren Muskeln, Gelenksteifigkeit, Fett- und Wasseransammlungen und Arterienverkalkung manifestiert.

Durch die makrobiotische Ernährung verändert sich die äußere Erscheinung, der Körper wird mehr Yang, schlanker, die Muskeln zeichnen sich deutlicher ab, und die Züge werden anmutiger. Auch innerlich wird der Körper ausgewogener und vitaler, sämtliche Organfunktionen werden harmonisiert. Die positiven Auswirkungen dieser allgemeinen Harmonisierung äußern sich auch in einer erhöhten Flexibilität und Entspannungsfähigkeit des Körpers.

Ein übermäßiger Anteil an Fisch oder extrem lange gekochten und zu salzigen Speisen (ein Übermaß an Yang) sollte jedoch vermieden werden, da diese wiederum ein starkes Verlangen nach übermäßiger Yin-Nahrung, wie Eiscreme, gezukkerten Nachspeisen oder alkoholischen Getränken hervorrufen können. Wenn in den makrobiotischen Mahlzeiten die Yin- und Yang-Anteile ausgewogen sind, läßt das Verlangen nach extremen Speisen nach. Der Körper stellt sich ganz allmählich von selbst um und wird vitaler und flexibler.

Vollgetreide, die den Hauptbestandteil der makrobiotischen Ernährung ausmachen, sind von Natur aus die harmonischsten Nahrungsmittel, die es gibt. Das heißt, sie sind weder zu Yin noch zu Yang. Da verschiedene Zubereitungsarten das empfindliche Gleichgewicht von Yin und Yang jedoch selbst in den Getreiden beeinflussen, ist es wichtig, daß wir die Eigenschaften aller in der makrobiotischen Küche verwendeten Nahrungsmittel kennen und unsere täglichen Mahlzeiten vielfältig und abwechslungsreich zusammenstellen. Bohnen, die durch ihren relativ hohen Eiweiß- und Fettgehalt mehr Yin sind, werden harmonisiert, wenn man sie zusammen mit Meeresgemüsen, wie Kombualgen kocht, die relativ Yang sind. Gemüse (mehr Yin) werden harmonisiert, indem man sie mit ein wenig Tamari-Sojasoße oder Meersalz (mehr Yang) würzt. Auch bei süßen Früchten kann man ein Gleichgewicht zwischen Yin und Yang herstellen, indem man sie mit einer Prise Meersalz dämpft.

Bei einer abendlichen Mahlzeit wird zum Beispiel der relativ hohe Yang-Anteil der salzigen, mineralreichen Misosuppe durch frische, leicht gedämpfte Gemüse, einen gepreßten Salat oder sauer eingelegte Gemüse und Bancha-Tee (alle mehr Yin) ausgeglichen. Ein Frühstück aus Misosuppe, Vollkornhafer oder anderen Vollgetreidespeisen wird durch kleingehackte Schalotten, Schnittlauch oder geröstete Nori-Streifen harmonisiert. Auch gedämpfte Früchte, Apfelkraut oder ein paar Rosinen können gelegentlich dazu verwendet werden, die Yin- und Yang-Anteile einer Frühstücksmahlzeit auszugleichen. Fisch oder andere Meeresfrüchte werden durch Gemüse, zum Beispiel grüne Blattgemüse, und geriebenen weißen Rettich oder durch Beilagen und Gewürze, wie Schalotten, Ingwer oder natürlichen Senf ausgeglichen (alle mehr Yin). Soba-Nudeln (mehr Yang) werden durch das Hinzufügen von gehackten Schalotten oder einer Gemüsebrühe ausgeglichen.

Nachspeisen, die aus frischen Früchten und Vollgetreiden oder Vollkornmehl zubereitet werden, sind Yin-überschüssig. Wenn man sie nur gelegentlich ißt, befriedigen sie das natürliche Verlangen des Körpers nach Süßem und beeinträchtigen die Gesundheit nicht. Wenn man die Mahlzeiten mit einer kleinen Menge natürlich süßer Nahrungsmittel, wie braunem Reis oder Bancha-Tee abschließt, läßt das Verlangen nach süßen Nachspeisen von selbst nach. Mahlzeiten, die in ihren Yin- und Yang-Anteilen harmonisch ausgewogen sind, sind wohlschmekkend, sättigend und appetitanregend.

Wie wende ich die makrobiotische Ernährung an?

Die Umstellung lebenslanger Ernährungsgewohnheiten ist eine ziemlich große Herausforderung – doch eine, die die Mühe lohnt. Falls Sie nicht krank sind und regelmäßig von einem qualifizierten Makrobiotik-Berater beraten werden, ist eine allmähliche und doch stetige Umstellung das beste. Beginnen Sie damit, die Anteile an gesättigten Fetten, raffinierten Stärkeprodukten und Zucker in Ihrer Kost zu verringern. Essen Sie öfter Vollgetreide, Gemüse, Bohnen und Meeresgemüse. Versuchen Sie auf jeden Fall, Nahrungsmittel mit hohen Anteilen an Cholesterin, gesättigten Fetten, Zucker und künstlichen Zusätzen zu vermeiden. Falls Sie bestimmte Nahrungsmittel, an die Sie bisher gewöhnt waren, vermissen, sollten Sie diese anfangs durch die »Übergangsnahrung« ersetzen (siehe Anhang D, Seite 217).

Während der Rekonvaleszenz ist eine überwiegend vegetarische Ernährung, die nur minimale Mengen tierischer Nahrungsmittel oder Süßungsmittel enthält, empfehlenswert. Auch die vielen traditionellen und natürlichen Hausmittel sollten hier Verwendung finden und in die Gesundheitspflege zu Hause einbezogen werden. Die äußere Anwendung von Kompressen und Auflagen und spezielle Kombinationen bestimmter Nahrungsmittel und Zutaten können äußerst wirkungsvoll sein. In Anhang B, Seite 198 finden Sie einige der gebräuchlichsten Hausmittel. Da jeder Mensch individuell reagiert und jede Situation einzigartig ist, ist es das beste, sich im Einzelfall in einem Makrobiotik-Zentrum über die Wirkungen dieser Naturheilmittel zu informieren.

Makrobiotisch essen

Wir sollten darauf achten, daß unsere Mahlzeiten eine Vielfalt vollwertiger Nahrungsmittel enthalten, aber es ist nicht nötig und auch nicht gesund, all diese Nahrungsmittel bei *einer* Mahlzeit zu sich zu nehmen. Ein normales makrobiotisches Essen besteht aus einer Suppe, einer Getreidespeise aus ein oder zwei Getreidearten, verschiedenen Sorten von gedämpftem Gemüse, ein paar gekochten Bohnen oder einer kleinen Portion Weißfisch sowie einem kleinen Salat. Makrobiotisch essen heißt, ein Gefühl für Gleichgewicht und Harmonie zu entwickeln, sowohl bei der Auswahl als auch bei der Zubereitung der Speisen. Verwenden Sie beim Kochen nicht nur Tamari oder Meersalz, sondern eine Vielfalt an Gewürzen. Variieren Sie auch die Zubereitungsarten – wechseln Sie ab zwischen Nishime, sautieren, im Dampfkochtopf garen, Kochen, Backen und Dämpfen.

Es ist wichtig, daß die Mengenanteile von Vollgetreide, Gemüse, Bohnen und Beilagen richtig zusammengestellt werden. (Siehe Abbildung auf Seite 23). Es ist jedoch nicht nötig, dieses ideale Gleichgewicht bei jeder einzelnen Mahlzeit zu erreichen; es kommt vielmehr darauf an, daß die Nahrung, die im Verlauf des gesamten Tages verzehrt wird, harmonisch ausgewogen ist. Besteht zum Beispiel das Frühstück aus Misosuppe, Haferbrei, Toast mit Apfelkraut und Bancha-Tee (im wesentlichen eine Getreidemahlzeit), sollten das Mittag- und Abendessen mehr Gemüse und andere Beilagen und weniger Getreide enthalten. Es ist jedoch wichtig, daß bei jeder Mahlzeit mindestens eine Sorte Vollgetreide verzehrt wird.

Versuchen Sie, täglich zwei oder drei verschiedene Vollgetreide, sieben oder mehr verschiedene Gemüsesorten (roh und gekocht, eingelegt oder gepreßt), ein oder zwei verschiedene Meeresgemüse und mindestens eine Sorte Bohnen oder ein Sojaprodukt in Ihren Speiseplan einzubeziehen. Wenn Sie in guter körperlicher Verfassung sind, können Sie auch mehrmals in der Woche Fisch essen.

Sie sollten mindestens zwei, idealerweise drei Mahlzeiten pro Tag zu sich nehmen. Falls Sie zwischen den Mahlzeiten hungrig werden, können Sie kleine Zwischenmahlzeiten (zum Beispiel Reiskuchen) einnehmen. Sie sollten soviel oder sowenig essen, daß Sie Ihr Idealgewicht halten. Bei der makrobiotischen Ernährung ist es nicht nötig, Kalorien zu zählen, wenn man abnehmen möchte.

Essen Sie einfach die makrobiotische Standardkost und verzichten Sie weitgehend auf Zwischenmahlzeiten und Nachspeisen. Wenn Sie zunehmen möchten, verfahren Sie umgekehrt. Hat sich Ihr Gewicht einmal eingependelt, sollten Sie versuchen, die größtmögliche Vielfalt der empfohlenen Nahrungsmittel zu essen und die Mahlzeiten dennoch einfach zu gestalten.

Wie ich von einem medikamentenabhängigen Invaliden zu einem glücklichen, schmerzfreien Menschen wurde

Elaine Nussbaums Geschichte

Im April 1980 unterzog ich mich verschiedenen Untersuchungen, um den Grund für meine übermäßig starke und lange Menstruation herauszufinden. Der Arzt stellte einen bösartigen Tumor fest – ein Karzinosarkom im Bindegewebe der Gebärmutterwand. Ich bekam zwanzig Bestrahlungen, ein Radium Implantat und wurde mit Hormonpräparaten und oraler und intravenöser Chemotherapie behandelt. Im August 1980 mußte ich mich einer radikalen Hysterektomie und einer »Bilateralen Salpingoovariektomie« (totale Entfernung der Gebärmutter und Eierstöcke) unterziehen. Ich wurde weiterhin mit Chemotherapie behandelt. Im Mai 1982 spürte ich Schmerzen im unteren Rücken, die sich trotz der ständigen medikamentösen Behandlung verschlimmerten. Ich konnte weder sitzen noch liegen. Im August suchte ich einen Orthopäden auf, nachdem ich einige Tage und Nächte im Stehen verbracht hatte und nur noch in stehender Position, an die Schulter meines Mannes gelehnt, schlafen konnte. Er diagnostizierte eine Kompressionsfraktur und stellte außerdem fest, daß mein Rückgrat teilweise kollabiert war. Um ein totales Kollabieren der Wirbelsäule zu verhindern, wurde ich in ein Stützkorsett gesteckt, das vom Brustkorb bis zum Becken reichte.

Die Schmerzen wurden schlimmer und strahlten bis in die Beine aus. Ich konnte nicht mehr stehen. Mein Mann besorgte mir einen Rollstuhl und fütterte mich rund um die Uhr mit Schmerztabletten. Aber die Schmerzen waren durch nichts zu vertreiben.

Im September mußte ich zu weiteren Untersuchungen ins Krankenhaus. Neben der Kompressionsfraktur und der teilweise kollabierten Wirbelsäule zeigten diese Aufnahmen, daß meine Wirbelsäule in der Lenden- und Brustgegend von Krebs befallen war und meine Lungen voller Metastasen waren. Ich bekam wieder Bestrahlungen (eine Serie von fünf Behandlungen), dann Chemotherapie, dann weitere fünf Bestrahlungen und wieder Chemotherapie. Das Behandlungsprogramm bestand normalerweise aus zehn Serien Chemotherapie, die ich in drei- bis vierwöchigen Abständen erhielt. Ich war müde, schwach und voller Schmerzen. Im Januar 1983, nach vier Chemotherapiebehandlungen, wurden neue Röntgenaufnahmen gemacht. Diese Untersuchungen zeigten, daß der Krebsbefall der Wirbelsäule fortgeschritten war. Die Metastasen in den Lungen waren unverändert.

Ende Januar schnitt ich mich beim Öffnen eines Briefumschlags in den Finger. Die Chemotherapie hatte die Abwehrkräfte meines Blutes so geschwächt, daß mein Körper nicht in der Lage war, mit der folgenden Infektion fertigzuwerden. Der kleine, durch ein Stück Papier verursachte Schnitt, zog schließlich einen zehntägigen Krankenhausaufenthalt und vier Bluttransfusionen nach sich. Ich erhielt hohe Dosen Antibiotika und mußte drei Tage in Isolation verbringen. Die Ärzte waren der Meinung, daß die chemotherapeutischen Präparate, die ich bis dahin erhalten hatte, zu stark waren, und beschlossen, mir ein weniger toxisches Präparat zu verordnen.

Zu dieser Zeit wurde mir klar, daß die Schulmedizin mir nicht helfen konnte. Ich begann, mich über alternative Heilweisen zu informieren und entschied mich für die Makrobiotik. Dr. Sattilaros Buch *Recalled by Life* hatte mir große Hoffnung gegeben. Wenn er durch solch eine Behandlung geheilt werden konnte, konnte ich es auch. Mitte Februar begann ich nach und nach Fleisch, Milchprodukte, Früchte und Zucker von meinem Speisezettel zu streichen und setzte die achtunddreißig Tabletten ab, die ich bis dahin täglich eingenommen hatte. Ab Ende Februar ernährte ich mich ausschließlich makrobiotisch.

Ich begann meine Diät in einem Krankenhausbett, einem Rollstuhl und einer Gipsschale. Kurze Zeit später konnte ich mich – zuerst mit Hilfe eines Laufgestells, dann mit einem Stock fortbewegen. Im April verschwanden meine Blasenbeschwerden, die mich drei Jahre lang gequält hatten (eine Folge der Bestrahlungstherapie). Mitte Mai konnte ich das Stützkorsett abnehmen. Am 22. Mai konnte ich zum erstenmal wieder ohne jegliche Hilfe um unseren Häuserblock gehen. Im Juni packte ich meine Perücke weg. Mein Haar, das während der Chemotherapie vollständig ausgefallen war, war soweit nachgewachsen, daß ich mich wieder sehen lassen konnte. Ich gab das Krankenhausbett zurück. Bald darauf begann ich wieder Auto zu fahren. Ich nahm meine Studien wieder auf und bereitete mich auf meine Magisterprüfung vor. Innerhalb von sechs Monaten hatte ich mich von einer kranken, depressiven, tablettenabhängigen Invalidin in einen glücklichen, optimistischen, schmerzfreien und sehr dankbaren Menschen verwandelt.

Die Nebenwirkungen der Diät zeigten hauptsächlich positive Veränderungen innerhalb meines Körpers an. Ein paarmal traten Durchfälle, Müdigkeit, Hautausschläge und andere Symptome auf, die Anzeichen für einen inneren Reinigungsprozeß waren und mich kaum beeinträchtigten. Auf der anderen Seite kann ich nun meine gute Gesundheit und meine gesteigerte Energie genießen. Mein Körper arbeitet völlig normal, ich habe einen gesunden Appetit, eine gute Verdauung, schlafe gut und fühle mich geistig fit. Und ich genieße die Mahlzeiten wirklich – meine ganze Familie ist begeistert von dieser Art zu essen.

Obwohl ich keinerlei Medikamente mehr einnehme und keine schulmedizinischen Behandlungen bekomme, lasse ich mich regelmäßig von meiner Krebsspezialistin untersuchen. Sie bestätigte mir, daß mein Gesundheitszustand sehr gut ist.

Ich ernähre mich nun seit nahezu zwei Jahren makrobiotisch. Während dieser Zeit schrieb ich meine Magisterarbeit in Ernährungswissenschaft. Der Titel meiner Arbeit lautete: »Makrobiotik – eine alternative Behandlungsmethode für Krebs«. Ich arbeite als Ernährungsberaterin. Zu mir kommen viele Menschen mit den verschiedensten Arten degenerativer (und anderer) Erkrankungen, und ich versuche ihnen zu helfen, wieder gesund zu werden. Nebenbei gebe ich noch Makrobiotik-Kochkurse und halte in der Umgebung von New York und New Jersey Vorträge.

Ich führe die Rückbildung meiner Krebserkrankung allein auf die makrobiotische Ernährung zurück und hoffe von ganzem Herzen, daß meine Geschichte für andere eine Quelle der Hoffnung und Anregung sein möge.

13 Die makrobiotische Küche

Ihr Erfolg mit der makrobiotischen Ernährung beginnt in der Küche. Die Zubereitung ausgewogener und wohlschmeckender makrobiotischer Gerichte ist eine anregende Beschäftigung, besonders wenn Sie diese neue Art zu essen mit Ihrem Ehepartner oder anderen Familienmitgliedern teilen können. In diesem Kapitel werden die Küchenutensilien und ihre Verwendung, grundlegende Zubereitungstechniken und die Zusammenstellung von Speiseplänen beschrieben. Die folgenden Empfehlungen sollen Ihnen helfen, Zeit und Energie zu sparen und nicht nur durchschnittliche, sondern optimale Ergebnisse zu erzielen.

Küchengeräte

Wenn Sie beginnen makrobiotisch zu kochen, müssen Sie wahrscheinlich ein wenig Geld investieren und ein paar neue Küchenutensilien anschaffen. Vielleicht besitzen Sie auch schon alle notwendigen Geräte – falls nicht, versuchen sie bitte nicht, ohne sie auszukommen. Im allgemeinen sind diese Utensilien nicht teuer, und sie machen sich auf viele Arten bezahlt. Als erstes benötigen Sie einen Dampfdrucktopf aus Edelstahl (siehe Abbildung 13.1). Man benutzt ihn in der makrobiotischen Küche häufig zum Garen von Getreide (manchmal auch von Bohnen). Der Topf sollte ein Fassungsvermögen von etwa vier Litern haben. Außerdem benötigen Sie einen Satz Kochtöpfe aus Edelstahl und Gußeisen. Ein solches Sortiment sollte aus vier Edelstahlkasserollen (zwei Dreilitertöpfe, ein Zweilitertopf und ein Einlitertopf), einem Sechsliterbräter aus Gußeisen, einer gußeisernen Kasserolle von etwa 25 cm Durchmesser und einer feuerfesten Auflaufform von drei Litern Fassungsvermögen bestehen. Zum Backen verwenden Sie am besten feuerfeste Formen aus Glas oder Ton sowie Brot- und Kuchenbleche.

Abbildung 13.1 Dampfdrucktopf

Vielleicht haben Sie bisher Töpfe und Pfannen aus Aluminium oder Teflonpfannen benutzt. Wenn man regelmäßig Aluminiumgeschirr zum Kochen verwendet, nehmen Blut und Knochen ständig geringe Spuren dieses Metalls auf, was zu einer schleichenden Vergiftung des Körpers führen kann. Die Stoffwechselstörungen, die auf eine schleichende Aluminiumvergiftung zurückgeführt werden, reichen von Anämie über Kopfschmerzen und Nierenbeschwerden bis hin zur chronischen Dickdarmentzündung (Kolitis).

Die Kunststoffbeschichtung von Teflonpfannen oder -töpfen wird leicht abgekratzt und gelangt dann in Form von kleinen Flöckchen in die Nahrung. Da diese Substanzen möglicherweise vom Darm aufgenommen werden und ihre Langzeitwirkung auf den menschlichen Organismus noch unbekannt ist, sollten diese Töpfe und Pfannen, ebenso wie solche aus Aluminium, möglichst nicht verwendet werden.

Kochbestecke aus Metall, besonders Messer und Löffel, werden während der Herstellung manchmal mit Aluminium, Cadmium, Blei oder bestimmten Chemikalien überzogen. Daher empfehlen wir die Verwendung von Kochbestecken aus Holz. Kaufen Sie einige preiswerte, große Holzlöffel oder Bambusspatel, einen Wender zum Braten und chinesische Eßstäbchen (siehe Abbildung 13.2). Zum Servieren der Speisen eignen sich Edelstahlplatten; Suppen ißt man am besten mit Keramiklöffeln.

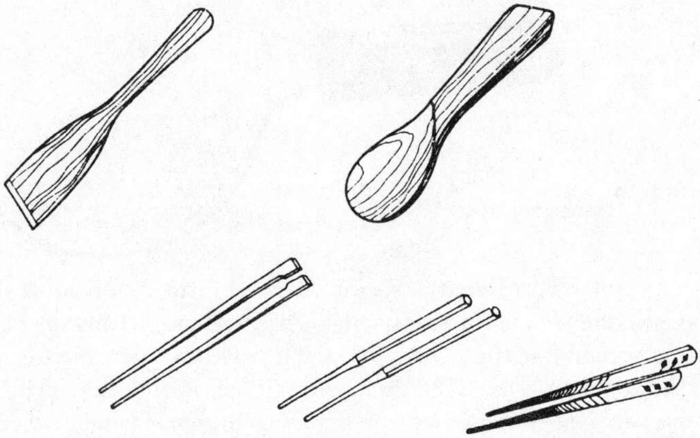

Abbildung 13.2 Einige der empfohlenen Küchenutensilien

Schränken Sie möglichst auch die Verwendung von Elektrogeräten in Ihrer Küche ein. Mahlzeiten, die man auf elektrischen Kochplatten zubereitet, müssen normalerweise stärker gewürzt (gesalzen) werden, da die Nahrungsmittel mehr an Aroma einbüßen als beim Kochen mit Gas. Außerdem besteht beim Kochen auf dem Elektroherd eher die Gefahr, daß die Speisen anbrennen, da die Temperatur der elektrischen Kochplatten schwerer zu regulieren ist.

Mikrowellenherde, die mit elektromagnetischer Strahlung arbeiten, zerstören die Struktur der Speisen und können durch ihre Strahlung die Gesundheit des

Benutzers gefährden. Im Laufe der Jahre stört die auf Elektro- oder Mikrowellenherden zubereitete Nahrung das Gleichgewicht des Körpers und kann zu ernsthaften Gesundheitsstörungen führen.

Wenn Sie Ihren Elektroherd durch einen Gasherd ersetzen, werden Sie unmittelbar eine Veränderung in der Qualität ihrer Mahlzeiten feststellen, die sich gleichzeitig positiv auf Ihre Gesundheit auswirken wird.

Für das Kochen mit Gas empfehlen wir die Verwendung flacher Flammenverteiler mit Holzgriffen (siehe Abbildung 13.3). Der Flammenverteiler wird beim langsamen Kochen und Quellen von Getreide unter den Kochtopf oder Dampfkochtopf gesetzt. Er dient dazu, die Hitze gleichmäßig zu verteilen und verhindert das Anbrennen der Speisen. Achten Sie darauf, daß die Flammenverteiler aus Metall und nicht aus Asbest hergestellt sind, da dieser Substanz krebserzeugende Eigenschaften zugeschrieben werden.

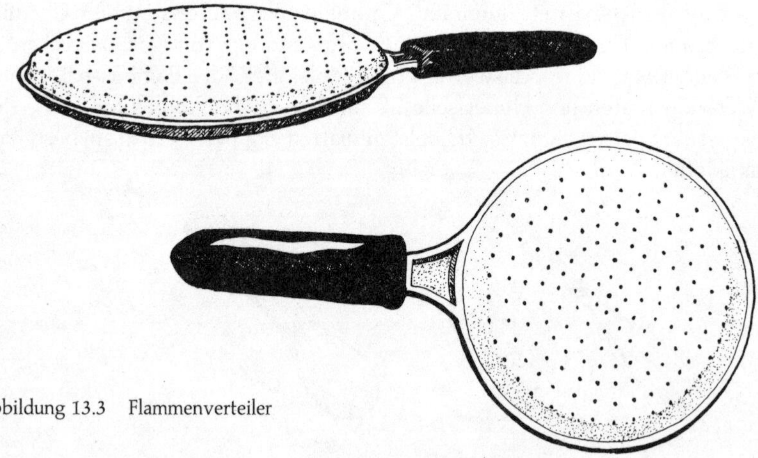

Abbildung 13.3 Flammenverteiler

Zum Zubereiten von Gemüse ist eine Gemüsebürste aus Naturborsten sowie ein gutes, scharfes Gemüsemesser unerläßlich. Die chinesischen oder japanischen Gemüsemesser mit Edelstahlschneiden sind hierfür besonders gut geeignet. Außerdem benötigen Sie einen Wetzstein sowie einige Holzbretter von guter Qualität. Verwenden Sie ein großes Holzbrett zum Gemüseschneiden und ein anderes (kleineres) zum Zerkleinern von Fisch, da die Holzbretter etwas porös sind und der Fischgeruch nicht mehr ganz zu entfernen ist.

Zum Lagern von Samen, Getreide, Bohnen und anderen getrockneten Lebensmitteln eignen sich am besten 4-Liter-Glas-, Keramik- oder Holzbehälter mit Dekkel. Plastik- oder Metallbehälter sollten nicht verwendet werden, da sie das Aroma und den Geschmack der Lebensmittel beeinträchtigen können. Besorgen Sie sich außerdem mehrere kleinere Gläser mit Deckel zum Aufbewahren von Tee, Gewürzen und anderen Zutaten, sowie eine kleine Glasflasche zum Abfüllen von Tamarisoße, die Sie oft beim Kochen benötigen (siehe Abbildung 13.4).

Zum Waschen von getrockneten Bohnen, Meeresgemüsen, Getreide und Samen benötigen Sie ein großes Drahtsieb (2 bis 3 Liter). Außerdem sollten Sie ein großes Durchschlagsieb zum Waschen von Gemüse oder zum Abtropfen von Nudeln besitzen. Hirse oder Sesamsamen wäscht man am besten in einem feinmaschigen Drahtsieb, das man auch zum Abseihen von Tee verwenden kann, obwohl es besser ist, eines der kleinen, preiswerten Bambusteesiebe zu besorgen, das nur zu diesem Zweck verwendet wird (siehe Abbildung 13.4). Zum Teekochen kann ein Topf oder eine Kasserolle mit Deckel oder natürlich eine Teekanne aus Glas oder Keramik verwendet werden.

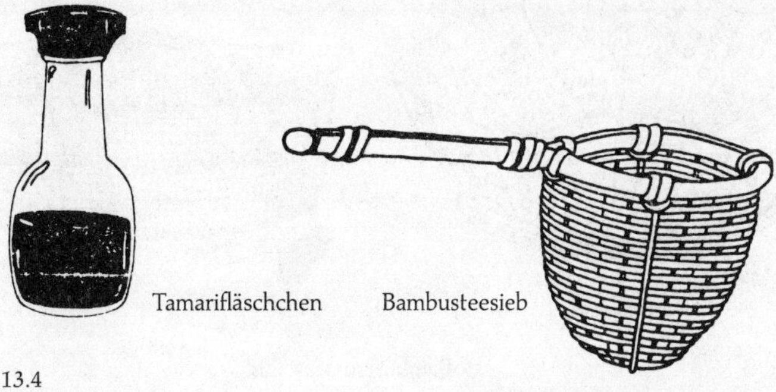

Abbildung 13.4

Zum Reiben von Gemüse und Ingwerwurzeln eignet sich ein Handreibeisen mit feiner Reibefläche besonders gut (siehe Abbildung 13.5). Mit einem Edelstahlfleischwolf können Sie auf einfache Weise pürierte Suppengrundlagen herstellen oder Babykost pürieren. Zum Herstellen von Sesamsalz (Gomasio) und anderen Zutaten, Soßen oder Dressings benötigen Sie einen japanischen Suribachi mit einem hölzernen Stößel (siehe Abbildung 13.5). Gewöhnlich wird ein Suribachi von 15 cm Durchmesser verwendet.

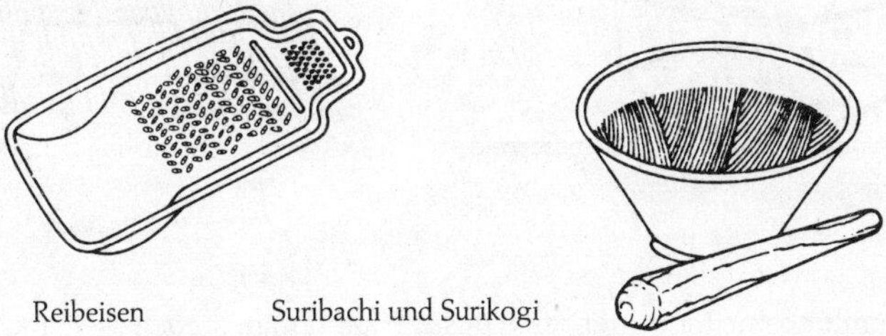

Abbildung 13.5

Einige andere in der makrobiotischen Küche häufig benutzte Utensilien sind Bambusmatten, Gemüsepressen und Korbeinsätze für die Töpfe. Diese Einsätze, die möglichst aus Bambus oder Edelstahl sein sollten, werden zum Gemüsekochen oder zum Aufwärmen von Getreide in die Töpfe eingesetzt (siehe Abbildung 13.6). Eine Gemüsepresse (siehe Abbildung 13.7) dient zur Zubereitung von gepreßten Salaten und sauer eingelegten Gemüsen.

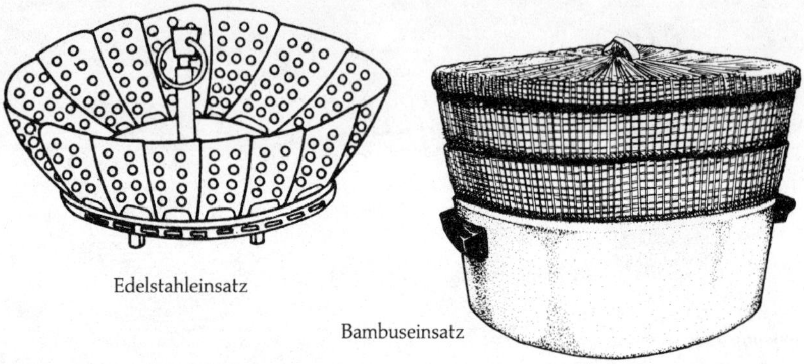

Abbildung 13.6 Dampfeinsätze

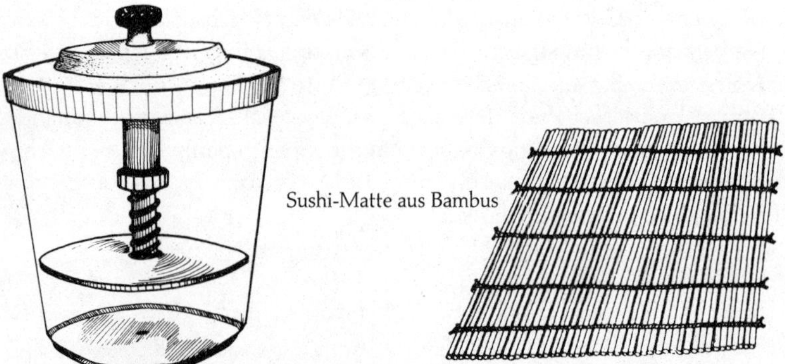

Abbildung 13.7

Wenn man keine Gemüsepresse besitzt, kann man stattdessen auch einen irdenen Topf oder Krug benutzen. (Man füllt das Gemüse in den Topf, bedeckt es mit einem Holz- oder Keramikdeckel, der in den Topf hineinpaßt, und beschwert den Deckel mit einem Gewicht). Bambusmatten sind ebenfalls sehr hilfreich in der makrobiotischen Küche (siehe Abbildung 13.7), besonders bei der Herstellung von Sushi. Sushi besteht aus in geröstete Noristreifen eingelegtem Reis, Gemüse oder Fisch.

Sie müssen sich natürlich nicht auf diese Küchenutensilien beschränken. Falls sie noch andere Geräte benutzen, sollten Sie jedoch darauf achten, daß diese aus Holz, Gußeisen, Edelstahl, Glas oder Ton hergestellt sind. Falls Sie einen chinesischen

Wok aus Edelstahl besitzen, können Sie ihn gut zum Dünsten von Gemüse und zum Braten von Nudeln benutzen; eine Kasserolle aus Edelstahl oder Gußeisen erfüllt den gleichen Zweck. Elektrische Küchengeräte, wie zum Beispiel Mixer, Popcornmaschinen, elektrische Waffeleisen, Quirle und Entsafter, finden in der makrobiotischen Küche kaum Verwendung.

Die Vorratshaltung

Wenn man sich entschließt, die Ernährung auf makrobiotische Kost umzustellen, läßt man sich auf einen ganz neuen Lebensstil ein. Vielleicht möchten Sie Ihre Speisekammer nach und nach ausräumen, um alle denaturierten und raffinierten Lebensmittel durch naturbelassene zu ersetzen. In guten Naturkostläden finden Sie fast alle Lebensmittel, die Sie brauchen. Falls sie in Ihrer Gegend nicht erhältlich sein sollten, kann man sie sich auch schicken lassen. Die folgende Tabelle enthält eine Aufstellung der Lebensmittel und Zutaten, die Sie vorrätig haben sollten. Diejenigen unter Ihnen, die sich ganz allmählich auf die makrobiotische Lebensweise umstellen möchten, finden in Anhang D Vorschläge, wie man bei herkömmlichen Rezepten die Zutaten durch gesündere Alternativen ersetzen kann.

Diese Lebensmittel sollten Sie im Hause haben

Im Schrank und auf dem Regal

Bohnen	Azuki, schwarze Bohnen, schwarze Sojabohnen, Kichererbsen, Kidney-Bohnen, Linsen, Limabohnen, Pinto-Bohnen, Sojabohnen, halbe Erbsen, ganze getrocknete Erbsen.
Getränke	Apfelsaft, Bancha-Tee, Getreidekaffee, Mu-Tee, Tee aus gerösteter Gerste, Quellwasser.
Zutaten und Gewürze	Gerstenmalz, brauner Reisessig, Gomasio, Kelp-Sesamsalz, Miso, Norigewürz, Rosinen und andere getrocknete Früchte, Algenpulver, Tamari-Sojasoße, Tekka, Umeboshi-Pflaumen, Yinnie(Reis)-Sirup.
Trockenfrüchte	Äpfel, Aprikosen, Kirschen, Korinthen, Pfirsiche, Birnen, Pflaumen, Rosinen.
Getrocknete oder pulverisierte Gemüse	Rettich, Ingwer, Zwiebeln, Petersilie, Shiitake-Pilze.
Mehl und Mehlprodukte	Buchweizen, Maismehl, Roggen, Sauerteigbrot, Tortillas, ungesäuertes Brot, Kekse (ohne Backtriebmittel), Vollkornweizen (Mehl und Gebäck).
Getreide	Gerste, Bulgurweizen, Mais, Couscous, Kasha (gerösteter Buchweizengries), Hirse, Reiskuchen, Haferflocken, Lang- und Rundkornreis (Vollreis), süßer brauner Reis, Weizenkörner, ganzer Hafer, ganzer Roggen.

Nudeln	Ramen (Vollweizen, Reis, Buchweizen), Soba (Buchweizen), Somen (feines Vollweizenmehl), Udon (Vollweizen) und andere Vollweizenteigwaren.
Meeresgemüse	Agar-agar, Arame, Rotalgen (Dulse), Hijiki, Irish-Moos, Kelp, Kombu, Nori, Wakame, Algenpulver.
Samen und Nüsse	Kürbissamen, Sesamsamen, Sonnenblumenkerne, Mandeln, Kastanien, Pecannüsse, geröstete Erdnüsse, Walnüsse.
Im Kühlschrank	
Fisch und Meeresfrüchte	Abwechselnd verschiedene Arten wie Karpfen, Muscheln, Kabeljau, Flunder, geräucherte Heringsfilets, Heilbutt, Hering, Austern, Muscheln, Krabben, Stint, Seezunge, Forelle und andere Salz- und Süßwasserfische von hellem Fleisch.
Früchte	Verschiedene Sorten, je nach Jahreszeit: Äpfel, Aprikosen, Brombeeren, Blaubeeren, Cantaloupe-Melonen, Kirschen, Trauben, Honigmelonen, Pfirsiche, Birnen, Pflaumen, Himbeeren, Erdbeeren, Wassermelonen.
Öle	nicht-raffiniertes Mais-, Distel- oder Sesamöl (hell und dunkel), Erdnußbutter, Sesammus oder Tahin.
Süßungsmittel	Apfelsaft, Gerstenmalz, frische Früchte, Reismalz oder Yinnie(Reis)-Sirup.
Gemüse	Broccoli, Rosenkohl, Klettenwurzeln, Weißkraut, Karotten, Blumenkohl, weißer Rettich, Rettichkraut, Grünkohl, Lauch, grüner Salat, Lotoswurzeln, Pilze, Senfkraut, Petersilie, Kürbis, Radieschen, weiße Rüben, Schalotten, Zuckererbsen, Brunnenkresse.
Verschiedenes	Amasake, getrockneter Tofu, Fu, Ingwer, Meerrettich, Mochi, Natto, natürlicher Senf, Erbsen, sauer eingelegte Gemüse, Popcorn, Sauerkraut, Seitan, Tempeh, Tofu.

Zu Hause in Ihrer Küche

In der makrobiotischen Küche ist die sorgfältige und richtige Zubereitung der Mahlzeiten genauso wichtig wie die Qualität der Nahrungsmittel. Ein guter Koch zieht stets die natürlichen Veränderungen in Betracht: den Wechsel der Jahreszeiten, die verschiedenen Gegenden, in denen die Nahrungsmittel gewachsen sind, ihr individuelles Aroma, ihre verschiedenen Strukturen und Energien sowie ihre Verträglichkeit mit anderen Lebensmitteln. Durch die richtige Zubereitung wird das Aroma der Speisen erhöht, der Appetit angeregt und der Körper in ein harmonisches Gleichgewicht gebracht. Mit Hilfe bestimmter Variationen verschiedener Kochtechniken und durch gezieltes Einsetzen der Gewürze kann der makrobiotische Koch die körperliche Gesundheit und Vitalität stetig verbessern und sein physisches und psychisches Gleichgewicht wahren. Wenn Sie alle nötigen Küchengeräte besorgt und Ihre Regale und den Kühlschrank gefüllt haben, sind Sie bereit, die Fertigkeiten der makrobiotischen Küche zu erlernen. Alle Arbeitsgänge, das Waschen, Einweichen, Zerkleinern, Kochen und Servieren der Speisen, sind von gleicher Bedeutung.

Waschen und Einweichen

Die Gemüse müssen vor der Zubereitung sorgfältig gewaschen werden. Man sollte sie jedoch erst kurz vorher waschen, da sie sonst zu schnell an Frische einbüßen.

Verwenden Sie zum Waschen von Wurzelgemüsen eine Gemüsebürste mit Naturborsten, mit der Sie Erde und Staub leicht entfernen können. Schrubben Sie das Gemüse sorgfältig in kaltem Wasser ab und achten Sie darauf, daß die Schale oder Haut, besonders bei Wurzelgemüsen, nicht entfernt wird, da sie viele Nährstoffe enthält.

Grüne Blattgemüse sollten einige Sekunden in kaltes Wasser getaucht werden, bevor man sie schnell und sorgfältig wäscht (ebenfalls mit kaltem Wasser), um Sand oder Erde zu entfernen. Entfernen Sie vor dem Waschen alle beschädigten oder welken Blätter. Spülen Sie Meeresgemüse wie Wakame, Hijiki, Arame und Rotalgen (Dulse) zwei- bis dreimal mit klarem, kaltem Wasser ab. (Kombualgen sollten nicht abgespült, sondern mit einem feuchten Tuch abgerieben werden.) In den meisten Fällen ist es außerdem angebracht, die Meeresgemüse einige Minuten in kaltem Wasser einzuweichen. Dadurch wird ihr Kaliumgehalt gesenkt, der Staub entfernt, und sie werden etwas aufgeweicht, so daß sie sich leichter schneiden lassen. Aramealgen sollen nicht eingeweicht werden, denn sie verlieren zuviel von ihrem Aroma und Nährstoffgehalt.

Getreide sollte man vor dem Waschen in eine flache Schüssel oder einen Teller schütten und von allen Steinchen, Holzstückchen und beschädigten oder entfärbten Körnern befreien. Zum Waschen gibt man die Getreidekörner in eine große Schüssel, bedeckt sie mit kaltem Wasser und mischt sie mit den Händen gut durch. Danach wird das Waschwasser abgeschüttet. Diese Prozedur sollte zwei- bis dreimal wiederholt werden, bis das Wasser fast klar ist. Danach schüttet man die Körner in ein Sieb und spült sie noch einmal kurz unter kaltem Wasser nach, um eventuell restliche Staub- und Schmutzteilchen zu entfernen. Bohnen wäscht man auf die gleiche Weise.

Die meisten Bohnenarten sollten vor dem Kochen sechs bis acht Stunden eingeweicht werden. Linsen und halbe Erbsen garen sehr schnell und müssen daher nicht eingeweicht werden. Das Einweichen wird allgemein empfohlen, da es die Bohnen weicher und leichter verdaulich macht und die Kochzeiten verkürzt. Aus den gleichen Gründen ist es manchmal vorteilhaft, auch Getreide, wie Gerste, Roggen, Hafer, Weizen und (selten) braunen Reis sechs bis acht Stunden einzuweichen. Die Bohnen oder Getreidekörner werden gewaschen, in eine Schüssel geschüttet, mit Wasser bedeckt und für sechs bis acht Stunden beiseite gestellt.

Das Einweichwasser der Bohnen muß weggeschüttet werden, während man das Getreide auch im Einweichwasser kochen sollte, um das Aroma und den Nährwert zu erhalten.

Zerkleinern

Die Gemüse schneidet man vor dem Kochen in verschiedene Formen. Dadurch wird ihre Garzeit verkürzt (spart Energie), man kann sie leichter essen und sie sehen appetitlich aus. Zwei weitere wichtige Gründe, das Gemüse in verschiedene Formen zu schneiden, sind jahreszeitliche Unterschiede und der Wunsch nach abwechslungsreicher Gestaltung der Mahlzeiten. Wollen Sie zum Beispiel im Sommer Gemüse für ein leichtes Nudel-Gemüse-Gericht dünsten, können Sie das Gemüse in feine Streifen schneiden, so daß es schneller gart und Sie weniger Zeit in der Küche verbringen müssen. Was den Wunsch nach Vielfalt und Abwechslung betrifft, regen Gemüse, die kreativ in verschiedenen Formen geschnitten wurden, unsere Geschmackssinne und unseren Appetit auf ganzheitliche Kost an.

Zubereitungstechniken

Die makrobiotische Küche unterscheidet sich ganz wesentlich von den herkömmlichen, modernen Methoden der Nahrungszubereitung. In Amerika und vielen Teilen Europas wird zum Beispiel der Hauptbestandteil der Mahlzeit – normalerweise Fleisch, Geflügel oder Fisch – in einem großen Stück zubereitet, stark gewürzt und zusammen mit ein oder zwei gekochten Gemüsen oder mit Kartoffeln und einem Salat serviert. Im Gegensatz dazu besteht der Hauptbestandteil einer makrobiotischen Mahlzeit aus Getreide, das zusammen mit verschiedenen appetitanregenden, aus naturbelassenen Zutaten bereiteten Beilagen ein harmonisches Zusammenspiel von Aromen, Farben und Strukturen bildet. Die makrobiotische Küche erfordert detailliertere Anweisungen und verlangt vielleicht ein wenig mehr Aufmerksamkeit von Ihnen, als Sie dem Kochen gewöhnlich widmen. Es ist wichtig, daß Sie lernen, die Speisen auf die richtige Weise zuzubereiten und zusammenzustellen, denn diese Techniken ersetzen die sonst oft übliche Verwendung starker Gewürze. In der makrobiotischen Küche werden hauptsächlich folgende Zubereitungstechniken angewendet: garen im Dampfdrucktopf, Kochen, Dämpfen, Nishime (kochen ohne Wasser), sautieren in Wasser, sauer Einlegen, Pressen. Seltener werden Methoden wie Dünsten in Öl, Rösten, Frittieren, Backen und Braten angewendet. Gegelegentlich werden auch rohe Nahrungsmittel gereicht.

Das Kochen ganzer Getreidekörner

Bevor man das Getreide in den Dampfdrucktopf gibt, muß man es sorgfältig waschen. Dann füllt man es mit der im Rezept angegebenen Menge Wasser in den Topf, fügt eine Prise Salz hinzu, schließt den Kochtopf und bringt alles zum Kochen. Nun stellt man die Flamme auf mittlere Stärke zurück und setzt einen Flammenverteiler unter den Topf, um das Anbrennen der Getreidekörner zu vermeiden. Man läßt das Getreide solange garen, wie im Rezept angegeben. (Informationen über die Handhabung und Behandlung Ihres Dampfdrucktopfes finden Sie in der vom Hersteller mitgelieferten Beschreibung.) Soll das Getreide in einem normalen Topf gekocht werden, verfährt man auf die gleiche Weise. Das Getreide wird gewaschen und dann mit einer Prise Salz und der entspechenden Menge Wasser (siehe Rezept) aufgesetzt und im zugedeckten Topf zum Kochen gebracht. Benutzen Sie auch hier einen Flammenverteiler, um ein Anbrennen zu vermeiden. Lassen Sie das Getreide nun solange wie im Rezept angegeben kochen, ohne den Topf zu öffnen. Getreide soll während des Kochens nicht umgerührt werden.

Wenn das Getreide gar ist, nimmt man den Topf oder Dampfdrucktopf von der Flamme und läßt ihn für zwei bis fünf Minuten zugedeckt stehen. Man kann auch eine größere menge Getreide vorkochen und die übriggebliebenen Körner am nächsten Tag aufwärmen. Die Reste von Getreidemahlzeiten können mehrere Tage im Kühlschrank aufbewahrt werden.

Das Dämpfen eignet sich nicht zum Garen von Getreide, wohl aber zum Aufwärmen. Falls Sie einen Edelstahldämpfeinsatz benutzen, sollten Sie den Topf etwa 2 bis 3 cm hoch mit Wasser füllen. Fügen Sie das gekochte Getreide hinzu, bedekken Sie den Topf und bringen sie das Getreide zum Kochen. Reduzieren Sie die Flamme auf minimale Stärke und lassen Sie die Körner ca. fünf Minuten dämpfen, bis sie durch und durch heiß sind. Falls Sie einen Dämpfeinsatz aus Bambus benutzen, verfahren Sie auf die gleiche Weise. (In diesem Fall empfiehlt es sich jedoch, das Getreide innerhalb des Dämpfeinsatzes in einen Teller oder eine flache Schüssel zu füllen, um zu vermeiden, daß es durch die Maschen fällt. Achten Sie darauf, das Getreide nicht zu lange zu dämpfen, da es sonst leicht etwas zu wässrig wird.

Die Zubereitung von schnellkochendem Getreide und Vollkornnudeln

Vorgekochte Getreide wie Couscous und Bulgur-Weizen sind einfach zuzubereiten und garen sehr schnell. Bulgur wird mit der im Rezept angegebenen Menge Wasser in einen Topf gefüllt. Dann fügt man eine Prise Salz hinzu, bedeckt den Topf und stellt die Flamme auf niedrige Stärke. Nun läßt man das Ganze fünf bis zehn Minuten kochen, stellt die Flamme ab und läßt den Weizen etwa zwanzig Minuten quellen. Dann öffnet man den Topf und lockert das Getreide mit einem Löffel auf. Couscous wird auf die gleiche Weise zubereitet (die Garzeit ist in diesem Fall etwas kürzer).

Vollkornnudeln kocht man am besten bei mittlerer Hitze kurz in sprudelnd kochendem Wasser. Verwenden Sie einen großen Topf und viel Wasser, so daß die Nudeln nicht zusammenkleben. Bringen Sie das Wasser zum Kochen, geben Sie die Nudeln hinein und lassen Sie sie kochen, bis sie weich sind. Zerteilen Sie eine Nudel und prüfen Sie, ob sie innen gar ist. Lassen Sie die Nudeln abtropfen und schrecken Sie sie sofort mit kaltem Wasser ab.

Bohnen

Die meisten Hülsenfrüchte benötigen längere Kochzeiten als Vollgetreide. Die kleineren Sorten, wie halbe Erbsen oder Linsen, werden wie folgt zubereitet: Erbsen oder Linsen waschen und dann zusammen mit der im Rezept angegebenen Menge Wasser in einen Topf geben. Topf bedecken, Hülsenfrüchte zum Kochen bringen und Flamme klein stellen. Ab und zu prüfen, ob noch genügend Wasser im Topf ist. Die Erbsen oder Linsen solange kochen lassen, wie im Rezept angegeben. Nun nehmen Sie den Deckel vom Topf, fügen ein wenig Meersalz hinzu und lassen die Hülsenfrüchte unbedeckt auf kleiner Flamme weiterkochen, bis das Wasser fast vollständig verkocht ist.

Azukibohnen, Kidneybohnen, Pintobohnen, Kichererbsen und Sojabohnen sollten am Abend zuvor gewaschen und eingeweicht werden. Vor dem Kochen das Einweichwasser abschütten und die Bohnen in einen Topf geben. Dann Wasser (siehe Rezept) und einen Streifen Kombu hinzufügen. Topf bedecken, Flamme klein stellen und die Bohnen solange kochen lassen, wie im Rezept angegeben. Ab und zu prüfen, ob noch genügend Wasser im Topf ist. Topf aufdecken, Meersalz, Miso oder Tamari hinzufügen und die Bohnen unbedeckt auf kleiner Flamme weiterkochen lassen, bis das Wasser fast völlig verkocht ist. Bohnen werden schneller gar, wenn sie im Dampfdrucktopf gekocht werden. Außer halben Erbsen, Linsen und schwarzen Sojabohnen kann man nahezu alle Bohnensorten auf diese Weise zubereiten. Die eingeweichten Bohnen, Kombualgen und die entsprechende Wassermenge in den Drucktopf geben und zum Kochen bringen. Flamme klein stellen und die Bohnen solange kochen lassen, wie im Rezept angegeben. Dann den Dampfdrucktopf von der Flamme nehmen und warten, bis der Druck gefallen ist. Topf öffnen und Meersalz, Miso oder Tamari hinzufügen. Lassen Sie nun das restliche Wasser im geöffneten Topf verkochen, bevor Sie die Bohnen servieren.

Kochen Sie die Bohnen stets so lange, bis sie weich und völlig gar sind. Bohnen, die zu kurz gekocht wurden und noch ein wenig hart sind, können zu Verdauungsbeschwerden führen. Durch das Einweichen über Nacht wird das Garen der Bohnen erleichtert. Außerdem werden dadurch bestimmte, blähend wirkende Substanzen reduziert. Kocht man die Bohnen zusammen mit Kombualgen, werden sie ebenfalls leichter verdaulich. Bohnen, die von einer Mahlzeit übrig sind, können für Suppen verwendet, mit Getreide gebraten oder in einer Kasserolle mit wenig Wasser aufgewärmt werden.

Gemüse

Gemüse kann man auf viele verschiedene Arten appetitanregend und wohlschmeckend zubereiten. Man kann es kochen, dämpfen, sautieren, backen, frittieren (Tempura) oder ohne Wasser dünsten (Nishime).

Soll das Gemüse gekocht werden, füllt man einen Topf etwa 2 bis 3 cm hoch mit Wasser. Man gibt das Gemüse hinein und läßt es solange kochen, bis es weich ist. Dann nimmt man es aus dem Topf und richtet es in einer Schüssel an, so daß es vor dem Servieren leicht abkühlen kann.

Zum Dämpfen gibt man das Gemüse nach dem Waschen und Zerkleinern in einen Dämpfeinsatz. Man kann entweder einen zusammenlegbaren Einsatz aus Edelstahl, der auf den Boden des Topfes gesetzt wird, oder einen Bambuseinsatz, der auf den Topf aufgesetzt wird, verwenden. Füllen Sie den Topf etwa 2 bis 3 cm hoch mit Wasser. Bringen Sie das Wasser zum Kochen und bedecken Sie den Dämpfeinsatz mit einem Deckel. Lassen Sie das Gemüse auf mittlerer Flamme dämpfen, bis es zart ist.

Wenn Sie einen Edelstahldämpfeinsatz verwenden, sollten Sie darauf achten, daß er sich über dem Wasser (nicht im Wasser) befindet. Verwendet man einen Bambusdämpfeinsatz, der normalerweise mehrere Abteilungen hat, kann man die schwereren, dickeren Gemüsesorten im unteren Fach eine Zeitlang vordämpfen lassen und die leichteren Blattgemüse etwas später in eines der oberen Fächer füllen. Gedämpftes Gemüse ist oft etwas kerniger und fester als gekochtes. Falls beim Gemüsekochen oder -dämpfen etwas Wasser übrigbleibt, kann man es für die Zubereitung von Suppen oder anderen Gerichten, für die eine Gemüsebrühe benötigt wird, aufbewahren. Man gießt das Wasser in ein offenes Gefäß, wartet bis es abgekühlt ist und stellt das Gefäß zugedeckt in den Kühlschrank. Das Wasser hält sich einige Tage.

Zum Sautieren reiben Sie eine gußeiserne Kasserolle, einen Wok oder eine Edelstahlpfanne mit etwas Sesamöl ein. Wünscht man das Gemüse weich und zart, erhitzt man die Pfanne oder den Topf, gibt das Gemüse hinein und läßt es auf mittlerer Flamme dünsten. Wünscht man das Gemüse etwas kerniger, läßt man es kürzere Zeit auf starker Flamme dünsten. Zum Würzen der sautierten Gemüse und um das Öl leichter verdaulich zu machen, kann man zu Beginn des Kochvorgangs eine Prise Salz hinzufügen oder nach dem Kochen etwas Tamari. Wenden Sie das Gemüse ab und zu um und fügen Sie, wenn nötig, ein wenig Wasser hinzu, um zu vermeiden, daß das Gemüse am Topfboden hängenbleibt.

Gedünstete Gemüse sind gewöhnlich am besten, wenn sie noch etwas kernig, aber nicht mehr roh sind. Man kann sie aber auch, je nach Wunsch, solange sautieren, bis sie ganz weich sind. Grüne Blattgemüse schmecken am besten, wenn sie ganz kurz sautiert werden, während Wurzelgemüse etwas länger brauchen. Dickere Scheiben oder Stücke von Wurzelgemüsen müssen länger sautiert werden als dünne. Will man das Gemüse braten, stellt man die Flamme höher ein und wendet das Gemüse ständig, bis es gar ist. Gebratenes Gemüse ist etwas fester und knuspriger.

Nishime ist eine weitere wichtige Zubereitungsart, die auch als »Kochen ohne Wasser« bezeichnet wird. Nishime eignet sich ausgezeichnet, wenn man einerseits kein Öl verwenden und andererseits verhindern will, daß viele Nährstoffe mit dem Kochwasser verloren gehen. Diese Technik wird oft für die Zubereitung von Krankenkost empfohlen.

Zum Zubereiten von Nishime gibt man einige dünn geschnittene Streifen vorgeweichte Kombualgen in einen Topf mit schwerem Deckel. Dann schneidet man das Gemüse, zum Beispiel Karotten, weiße Rüben, Rettiche, Zwiebeln, Kletten, Winterkürbis oder Weißkohl in cirka 2 cm große Stücke. Die verschiedenen geschnittenen Gemüse gibt man zu den Algen in den Topf, den man 2 bis 3 cm hoch mit Wasser füllt. Dann fügt man eine Prise Meersalz hinzu, bedeckt den Topf und bringt das Ganze auf großer Flamme zum Kochen. Nun läßt man die Gemüse auf kleiner Flamme etwa fünfundzwanzig Minuten (oder bis sie weich sind) simmern. Dann würzt man mit ein wenig Tamari-Sojasoße und läßt das Gemüse noch etwa zehn Minuten leicht kochen, bis das Wasser fast verdampft ist. Nun mischt man das Gemüse einmal gut durch (um die verbliebene, mit Tamari gewürzte Flüssigkeit gleichmäßig zu verteilen), füllt es in eine Schüssel und bringt es zu Tisch. Gemüse-Nishime kann man auch mit Tempeh, Fu, getrocknetem oder frischem Tofu oder (falls Sie nicht für einen Schwerkranken kochen) mit gebratenem oder frittiertem Tofu kombinieren.

Wintergemüse, wie zum Beispiel Kürbisse, schmecken gebacken besonders gut. Der Kürbis wird gewaschen, halbiert und mit der Schnittfläche auf ein leicht gefettetes Backblech gelegt. Dann wird er bei 175° C gebacken, bis er weich ist. Falls Sie einen Gemüseauflauf oder Gemüsekuchen backen wollen, können Sie das Gemüse vor dem Backen leicht dämpfen oder kurz kochen.

Wie stelle ich eine makrobiotische Mahlzeit zusammen?

Das Ziel der makrobiotischen Küche ist es, ein Gleichgewicht innerhalb des Körpers herzustellen und den Menschen in Harmonie mit seiner Umwelt zu bringen. Wenn hochwertige natürliche Zutaten auf die richtige Weise und in liebevoller Atmosphäre zubereitet werden, wird das Ergebnis stets eine ausgewogene Mahlzeit sein, die unser Wohlbefinden steigert und zu unserem körperlichen und seelischen Gleichgewicht beiträgt. Ihre Herausforderung als makrobiotischer Koch besteht darin, Speisen auf den Tisch zu bringen, die sich in einer lebendigen Einheit nicht nur im Hinblick auf ihren Geschmack ergänzen, sondern auch in bezug auf den Nährstoffgehalt und das appetitliche Aussehen. Eine gut zusammengestellte und gut zubereitete Mahlzeit ist für das Auge ebenso erfreulich wie für den Magen.

Ob Sie nun auf jedem Teller eine komplette Mahlzeit anrichten oder lediglich etwas gedämpften Broccoli in eine Schüssel füllen – versuchen Sie, kreativ zu sein. Falls Sie eine große Auswahl an Servierschüsseln und -platten besitzen, können Sie die Mahlzeiten stets auf neue Weise anrichten. Das heißt natürlich nicht, daß man täglich komplizierte Arrangements auf den Tisch bringen sollte.

Das Zusammenstellen einer makrobiotischen Mahlzeit erfordert wahrscheinlich eine etwas sorgfältigere Planung als Sie es bisher gewöhnt sein mögen. Die Abbildung auf Seite 23 und die Menübeispiele auf den Seiten 137 und 138 sollen Ihnen bei der Planung der täglichen Mahlzeiten helfen.

Wenn Sie die Anleitungen sorgfältig lesen und befolgen, wird Ihre erste makrobiotische Mahlzeit ebenso gut sein wie alle folgenden. Nach und nach, wenn Sie mit der neuen Art zu kochen vertrauter geworden sind, werden Sie auch Freude daran finden, zu improvisieren und die in diesem Buch beschriebenen Zutaten kreativ zu kombinieren. Bald werden Sie so köstliche Mahlzeiten auf den Tisch zaubern, daß Ihre Gäste glauben, Sie hätten schon immer auf diese Weise gekocht.

Einer der wichtigsten Punkte beim Zubereiten einer makrobiotischen Mahlzeit ist die richtige Zeiteinteilung. Im allgemeinen erfordern Vollgetreide, Bohnen, Meeresgemüse wie Kombu und Hijiki und gebackene Gemüse die längste Garzeit (zwischen fünfzig Minuten und zweieinhalb Stunden). Das Garen im Dampfdrucktopf geht zwar wesentlich schneller, aber man sollte auf keinen Fall sämtliche Mahlzeiten auf diese Weise zubereiten, denn gerade die Vielfalt der Zubereitungsarten ist ja charakteristisch für die makrobiotische Küche und gut für Ihre Gesundheit. Misosuppe und gekochte, gedämpfte oder sautierte Speisen können Sie in zehn bis fünfzehn Minuten zubereiten. Ebenso Nudeln, Couscous, Tofu, Natto und Tempeh. Für Nishime braucht man etwa dreißig bis vierzig Minuten. Wie in den Rezepten in Kapitel 14 angegeben, dauert das Fermentieren von eingelegtem Gemüse, Sauerteig, gepreßten Salaten und Sauerkraut zwischen einigen Stunden und mehreren Tagen. Die folgenden Menüzusammenstellungen sind als Beispiele für Anfänger gedacht. Sie können natürlich auch experimentieren und eigene wohlschmeckende Menüs zusammenstellen. Falls Sie sich der makrobiotischen Küche verschreiben, werden Sie Ihr Leben lang dazulernen, denn die Kombinationsmöglichkeiten sind unbegrenzt. Hier können auch die Kochkurse, die von vielen Makrobiotik-Köchen angeboten werden, eine große Hilfe sein.

Menübeispiele

Menü 1

Frühstück	Mittagessen	Abendessen
Reisbrei aus weichem Reis	Hirse-Kroketten	Linsensuppe
gebackener Tofu	Gemüse chinesische Art	brauner Reis (im Dampfdrucktopf gekocht)
gedämpfter Broccoli	in Reiskleie Eingelegtes	Kinpura-Karotten mit Klettenwurzeln
Bancha-Tee	Bancha-Tee	getrocknetes Senfkraut
		eingelegte rote Rettiche
		Rosinen-Nuß-Plätzchen
		Getreidekaffee

Menü 2

Frühstück	Mittagessen	Abendessen
Misosuppe	Sushi aus Karotten und Wasserkresse	französische Zwiebelsuppe
ganzer Hafer mit Rosinen	gedämpfter Grünkohl	brauner Reis mit Azukibohnen (im Dampfkochtopf gekocht)
eingelegter Broccoli	gebratenes Tempeh mit Ingwer	gekochtes Kraut von weißen Rüben
Gomasio	Bancha-Tee	Gemüse-Nishime
Bancha-Tee		kurz eingelegte Gurken
		Getreide-Kaffee

Menü 3

Frühstück	Mittagessen	Abendessen
Reisbrei aus braunem Reis (nicht zu weich gekocht)	Udon mit Brühe	brauner Reis mit Gerste (im Dampfdrucktopf gekocht)
Amasake	gekochtes Tempeh mit Schalotten	Suppe mit Brunnenkresse
Eingelegter Chinakohl	Gartensalat	in Ingwer gekochte Muscheln
Getreidekaffee	Bancha-Tee	gekochter Salat mit Tempeh
		Norigewürz
		Heidelbeer-Couscous-Kuchen
		Bancha-Tee

Menü 4

Frühstück	Mittagessen	Abendessen
Buchweizenpfannkuchen	Vollkorn-Gemüseküchlein	brauner Reis
Apfelbrei	geriebener Rettich	Kichererbsensuppe
gedämpfter Chinakohl	gedämpfter Grünkohl mit Karotten	Hijiki-Salat
eingelegte Zwiebeln	Bancha-Tee	gedämpfte Brunnenkresse
Bancha-Tee		gedünstete Kletten mit Sesamsamen
		Bancha-Tee

14 Rezepte

Die in diesem Kapitel beschriebenen Rezepte werden Sie mit der Vielfalt der köstlichen makrobiotischen Küche vertraut machen. Alle Rezepte eignen sich generell für gesunde Menschen, die in gemäßigten Klimazonen (vier Jahreszeiten) leben. Hier werden viele der in Kapitel 13 näher beschriebenen Zubereitungsarten wie kochen, dämpfen, garen im Dampfdrucktopf, sautieren und Nishime angewendet und eine Reihe verschiedener Schneidetechniken und Möglichkeiten des Anrichtens präsentiert. Vollkorngetreide, Gemüse und Bohnen machen 80 bis 90 Prozent der makrobiotischen Ernährung aus. Rezepte, in denen hauptsächlich die Zubereitung dieser Nahrungsmittel beschrieben wird, finden Sie zu Beginn dieses Kapitels. Danach folgen Rezepte für Suppen und Beilagen. Wir haben diese unkomplizierten Rezepte für Sie ausgewählt, um Ihnen einige praktische Richtlinien für die Zubereitung einer ausgewogenen und nahrhaften Ernährung zu geben.

Sobald Sie mit den Rezepten vertraut sind, können Sie jedes einzelne mit Hilfe des alphabetischen Verzeichnisses auf Seite 245 schnell auffinden. Die Mengenangaben sind stets für drei bis vier Personen berechnet. Falls Sie für mehr als vier Personen kochen, werden Sie etwas länger brauchen, um die Zutaten zu waschen, zu schneiden und zu kochen. Benutzen Sie größere Töpfe und wandeln Sie die Rezepte entsprechend ab. Falls von den Mahlzeiten Reste übrig bleiben, können Sie diese am nächsten Tag aufwärmen und als Mittagessen servieren. Die in diesem Kapitel angegebenen Rezepte stellen natürlich nur eine ganz kleine Auswahl aus den unbegrenzten Möglichkeiten der makrobiotischen Küche dar. Wenn Sie mit den grundlegenden Techniken der Zubereitung und Nahrungszusammenstellung vertraut sind, werden Sie vielleicht auch Spaß daran finden, immer wieder neue Rezepte (aus anderen Quellen) auszuprobieren. Es gibt eine ganze Reihe ausgezeichneter makrobiotischer Kochbücher. Darüber hinaus werden an vielen Orten Kochkurse von erfahren Makrobiotik-Köchen angeboten, die Ihnen eine große Hilfe sein können.

Vollgetreide

Getreidegerichte

Brauner Reis (im Dampfdrucktopf gegart)

1 Tasse brauner Reis
1 ¼ – 1 ½ Tassen Wasser
1 Prise Meersalz

Reis waschen und in den Dampfdrucktopf geben. Wasser hinzufügen und den Reis auf kleiner Flamme 10 bis 15 Minuten kochen lassen. Eine Prise Meersalz hinzufügen und den Deckel auf dem Topf befestigen. Flamme groß stellen und den Reis zum Kochen bringen. Flamme auf mittlere Stärke stellen, Flammenverteiler unter den Topf setzen und den Reis fünfzig Minuten simmern lassen.

Topf vom Herd nehmen und warten, bis der Druck gefallen ist. Dann den Topf öffnen und den Reis noch 4 bis 5 Minuten stehen lassen. Reis in eine Holzschüssel füllen und servieren.

Brauner Reis mit Azuki-Bohnen (im Dampfdrucktopf gegart)

¼ Tasse Azuki-Bohnen
1 ½ – 1 ¾ Tassen Wasser
1 Tasse brauner Reis
1 Prise Meersalz

Azuki-Bohnen waschen und in eine Kasserolle geben. 1 ½ bis 1 ¾ Tassen Wasser hinzufügen. Zum Kochen bringen, Topf zudecken und die Flamme auf mittlere Stärke stellen. 15 bis 20 Minuten köcheln lassen. Topf von der Flamme nehmen und die Bohnen abkühlen lassen. Kochwasser nicht wegschütten.

Reis waschen und in den Dampfkochtopf geben. Die abgekühlten Bohnen mit dem Kochwasser ebenfalls in den Topf geben (achten Sie darauf, daß etwa 1 ½ bis 1 ¾ Tassen Wasser im Topf sind – wenn nötig, Wasser bis zu dieser Menge auffüllen). 15 bis 20 Minuten auf kleiner Flamme im offenen Topf kochen lassen. Meersalz hinzufügen; Deckel auf dem Dampfdrucktopf befestigen, Flamme groß stellen und warten, bis der Topf unter Druck steht. Dann die Flamme auf mittlere Stärke stellen, einen Flammenverteiler unter den Topf setzen und den Reis und die Bohnen weitere 50 Minuten kochen lassen.

Topf vom Herd nehmen und warten, bis der Druck gefallen ist. Deckel abnehmen und den Reis noch vier bis fünf Minuten stehen lassen. In einer Holzschüssel servieren.

Brauner Reis mit Gerste (im Dampfdrucktopf gegart)

¾ Tasse brauner Reis
¼ Tasse Gerstengraupen
1 ½ Tassen Wasser
1 Prise Meersalz

Reis und Gerste waschen und zusammen in den Dampfdrucktopf geben. Wasser hinzufügen und 4 bis 5 Stunden weichen lassen. Dann im offenen Topf 10 bis 15 Minuten auf kleiner Flamme kochen lassen. Meersalz zufügen, Deckel auf dem Topf befestigen und die Flamme groß stellen. Wenn der maximale Druck erreicht ist, Flamme auf mittlere Stärke stellen, Flammenverteiler unter den Topf setzen und weitere 50 Minuten kochen lassen.

Topf vom Herd nehmen und warten, bis der Druck gefallen ist. Deckel abnehmen und das Getreide noch 4 bis 5 Minuten im offenen Topf stehen lassen. In eine Holzschüssel füllen und servieren.

Brauner Reis mit Weizenkörnern (im Dampfdrucktopf gegart)

¼ Tasse Weizenkörner
¾ Tasse brauner Reis
1 ½ Tassen Wasser
1 Prise Meersalz

Weizenkörner 6 bis 8 Stunden einweichen oder trocken rösten. Reis waschen und zusammen mit den Weizenkörnern wie im vorhergehenden Rezept beschrieben zubereiten.

Brauner Reis mit Hirse

¾ Tasse brauner Reis
¼ Tasse Hirse
1 ½ Tassen Wasser
1 Prise Meersalz

Reis und Hirse waschen und zusammen in den Dampfdrucktopf geben. Wasser hinzufügen und im offenen Topf auf mittlerer Flamme 10 bis 15 Minuten kochen lassen. Meersalz zugeben und den Deckel auf dem Dampfdrucktopf befestigen. Flamme groß stellen und warten bis der Druck gestiegen ist. Flamme auf mittlere Stärke stellen, Flammenverteiler unter den Topf setzen und 50 Minuten kochen lassen. Topf vom Herd nehmen und das Getreide 4 bis 5 Minuten stehen lassen. Getreide in eine Holzschüssel füllen und servieren.

Reisbällchen oder Dreiecke

2 geröstete Noriblätter (siehe Seite 172)
4 Tassen brauner Reis (im Dampfdrucktopf gegart oder gekocht)
2 halbierte Umeboshi-Pflaumen

Die Noriblätter je einmal zur Hälfte falten und halbieren. Dann jede Hälfte noch einmal falten und halbieren, so daß Sie im ganzen acht Stück von gleicher Größe erhalten. Auf einen Teller legen und beiseite stellen.

Befeuchten Sie Ihre Hände leicht in einer Schüssel mit Wasser, dem Sie eine Prise Meersalz hinzugefügt haben. Nun nehmen Sie von dem Reis einen Teil ab (cirka eine Tasse) und formen daraus einen Kloß oder ein Dreieck (indem Sie mit Ihren Händen ein »V« formen). Pressen Sie den Kloß oder das Dreieck fest zusammen. Drücken Sie mit dem Daumen ein Loch in den Reiskloß oder das Dreieck und stecken Sie eine halbe Umeboshi-Pflaume hinein. Die Öffnung wieder verschließen.

Befeuchten Sie Ihre Hände und bedecken Sie das Reisbällchen oder -dreieck nacheinander mit zwei Noriblättern. Achten Sie darauf, daß das Nori gut am Reis haftet. Um zu verhindern, daß der Reis oder die Noriblätter an Ihren Händen kleben bleiben, sollten Sie Ihre Hände zwischendurch immer wieder befeuchten. (Verwenden Sie dazu jedoch nicht zuviel Wasser, da die Reisbällchen sonst leicht an Aroma verlieren oder schneller verderben). Stellen Sie nun auf die gleiche Weise weitere Reisbällchen her, bis der Reis aufgebraucht ist (vier Reisbällchen oder Dreiecke). Reisbällchen auf einer Platte anrichten und servieren.

Reisbällchen oder Reisdreiecke mit Sesam

4 Tassen brauner Reis (gekocht oder im Dampfdrucktopf gegart)
2 Umeboshi-Pflaumen, halbiert
½ Tasse geröstete Sesamsamen (siehe Seite 184)

Hände ganz wenig befeuchten. Einen Reisball oder ein Dreieck formen. (Den Reis fest zusammenpressen.) Ein Loch in den Reisball drücken und eine halbe Umeboshi-Pflaume hineingeben. Dann den Reis wieder fest zusammendrücken, um das Loch zu verschließen. Reisball in geröstetem Sesam wälzen, bis er von allen Seiten bedeckt ist.

Vier Reisbälle oder Dreiecke herstellen und in geröstetem Sesam wälzen. Auf einer Platte anrichten und servieren.

Gurken-Sushi

4 geröstete Noriblätter (siehe Seite 172)
8 Tassen brauner Reis (im Dampfdrucktopf gegart)
1 Gurke, in längliche Streifen von 1 ½ cm geschnitten
2 Eßlöffel Shisoblätter

Ein geröstetes Noriblatt auf eine Bambus-Sushimatte legen. Zwei Tassen gekochten braunen Reis gleichmäßig auf dem Noriblatt verteilen. Am oberen Rand etwa 1 cm unbedeckt lassen. Den Reis mit einem feuchten Bambusspatel fest andrücken.

Ein oder zwei Gurkenstreifen quer auf das untere Ende des Noriblattes legen (etwa 1 bis 2 cm vom Rand entfernt). Nun 3 bis 4 Shisoblätter in einer Reihe parallel zu den Gurkenstreifen anordnen und die Sushimatte aufrollen. Die Matte fest gegen Nori und Reis pressen. Wenn das Noriblatt ganz aufgerollt ist, den oberen Rand leicht mit Wasser anfeuchten und zusammenpressen, um die Ränder fest zu verschließen. Die Sushimatte vor dem Abrollen leicht drücken, um überschüssige Flüssigkeit zu entfernen.

Ein scharfes Messer in Wasser tauchen und die Norirolle halbieren. Messer erneut befeuchten und jede Hälfte in vier gleichgroße Scheiben von je 2 bis 3 cm Dicke schneiden. Das Messer vor jedem Schnitt in Wasser tauchen. Nun die anderen Noriblätter auf die gleiche Weise füllen. Sushi auf einer hübschen Platte mit der Schnittseite nach oben anrichten und servieren.

Sushi mit Karotten und Brunnenkresse

2 Karotten, längsseitig geviertelt
16 Zweige Brunnenkresse
4 geröstete Noriblätter (siehe Seite 172)
8 Tassen brauner Reis (im Dampfdrucktopf gegart)
4 Eßlöffel geröstete Sesamsamen (siehe Seite 184)

Eine Kasserolle etwa 2 cm hoch mit Wasser füllen, Wasser zum Kochen bringen, Karottenstücke hineingeben und auf kleiner Flamme garen lassen. Die Karotten mit einem Schaumlöffel aus dem Wasser nehmen und in einem Durchschlagsieb abtropfen lassen. Brunnenkresse in das Kochwasser geben und kurz aufwallen lassen (cirka 45 Sekunden). Kresse aus dem Wasser nehmen, abtropfen lassen und zum Abkühlen auf einem Teller ausbreiten. Ein geröstetes Noriblatt auf eine Bambus-Sushimatte legen. Zwei Tassen gekochten braunen Reis gleichmäßig auf dem Noriblatt verteilen (am oberen Rand 2 bis 4 cm und am unteren Rand 1 cm freilassen). Den Reis mit einem angefeuchteten Bambusspatel fest andrücken.

Zwei Karottenstifte quer auf das Noriblatt legen (etwa 2 ½ cm vom unteren

Rand entfernt). Vier Zweige Brunnenkresse entlang der Karottenstreifen verteilen und etwa einen Eßlöffel geröstete Sesamsamen über das Gemüse streuen. Die Sushimatte mit beiden Händen fest gegen das Noriblatt und den Reis pressen und aufrollen. Wenn das Noriblatt völlig zusammengerollt ist, den oberen Rand mit wenig Wasser befeuchten, um die Rolle gut zu verschließen. Sushimatte vor dem Abrollen leicht ausdrücken, um überschüssige Flüssigkeit zu entfernen.

Ein scharfes Messer anfeuchten und die Nori-Rolle halbieren. Das Messer erneut anfeuchten und jede Hälfte in vier gleichgroße Scheiben von 2 bis 3 cm Dicke schneiden. Das Messer vor jedem Schnitt leicht anfeuchten. Nun die anderen Noriblätter auf die gleiche Weise füllen. Sushi mit der Schnittfläche nach oben auf einer hübschen Platte anrichten, so daß die Karotten-Kresse-Füllung zu sehen ist, und servieren.

Tempeh-Sauerkraut Sushi

---

1 Pfund Tempeh
4 geröstete Noriblätter (siehe Seite 172)
8 Tassen brauner Reis (im Dampfdrucktopf gegart)
8 Eßlöffel Sauerkraut
Tamari

Tempeh in Streifen von etwa 12 cm Länge, 2 cm Breite und 1 cm Dicke schneiden. In einen Topf geben und knapp mit Wasser bedecken. Topf zudecken, Wasser zum Kochen bringen und Flamme auf mittlere Stärke stellen. 15 bis 20 Minuten köcheln lassen. Mit Tamari würzen und im offenen Topf weiter kochen lassen, bis die Flüssigkeit vollständig verkocht ist.

Ein geröstetes Noriblatt auf eine Bambus-Sushimatte legen. Zwei Tassen braunen Reis gleichmäßig auf dem Noriblatt verteilen (am oberen Rand 2 bis 4 cm und am unteren Rand etwa 1 cm freilassen). Den Reis mit einem angefeuchteten Bambusspatel fest andrücken.

Ein oder zwei Streifen Tempeh etwa 2 cm vom unteren Rand entfernt quer auf das Noriblatt legen. Zwei Eßlöffel Sauerkraut auf dem Tempeh verteilen.

Die Sushimatte mit beiden Händen aufrollen (dabei fest gegen das Noriblatt drücken). Wenn das Noriblatt vollständig aufgerollt ist, den oberen Rand mit wenig Wasser befeuchten und festdrücken, so daß die Rolle gut verschlossen ist. Sushi-Matte vor dem Abrollen leicht ausdrücken, um überschüssige Flüssigkeit zu entfernen.

Ein scharfes Messer anfeuchten und die Norirolle halbieren. Messer erneut anfeuchten und jede Hälfte in vier gleichgroße Scheiben von 2 bis 3 cm Dicke schneiden. Das Messer vor jedem Schnitt etwas anfeuchten. Nun die anderen Noriblätter auf die gleiche Weise füllen. Sushi mit der Schnittfläche nach oben auf eine hübschen Platte anrichten und servieren.

Mochi

- 1 Tasse süßer brauner Reis
- 1 – 1 ¼ Tassen Wasser
- 1 Prise Meersalz

Den Reis waschen und in einen Dampfdrucktopf geben. Wasser hinzufügen. 4 bis 6 Stunden weichen lassen. Meersalz hinzufügen und den Deckel auf dem Dampftopf befestigen. Flamme groß stellen und warten, bis der Druck im Topf gestiegen ist. Flamme auf mittlere Stärke stellen, Flammenverteiler unter den Topf setzen und den Reis 50 Minuten kochen lassen.

Topf vom Herd nehmen und warten, bis der Druck gefallen ist. Den Reis noch 4 bis 5 Minuten im Topf ruhen lassen, dann in eine dickwandige Holzschüssel füllen. Nun den Reis mit einem stabilen Holzlöffel durchschlagen, bis alle Körner zerdrückt sind und der Reis sehr breiig geworden ist. Den Holzlöffel ab und zu anfeuchten. Den Reis etwa eine Stunde schlagen.

Nun ein Kuchenblech einölen oder mit Mehl bestäuben (Reismehl verwenden). Den Reis auf das Blech streichen und ein bis zwei Tage trocknen lassen. Getrocknetes Mochi im Kühlschrank oder an einem kühlen, trockenen Ort aufbewahren.

Wenn das Mochi gut getrocknet ist, kann es geröstet werden. Dazu wird es in Quadrate von 4 cm geschnitten und in eine Pfanne gelegt. Flamme auf mittlere Stärke stellen und Pfanne zudecken. Mochi goldbraun rösten, dann umdrehen und auf der anderen Seite ebenfalls goldbraun rösten. Aus der Pfanne nehmen und mit geriebenem Rettich und einigen Streifen Nori (geröstet) servieren.

Gebratener Reis mit Gemüse

- 1 Tasse kleingehackte Zwiebeln
- 1 Tasse Kohlblätter, in 2 bis 3 cm breite Streifen geschnitten
- ½ Tasse Karotten, in Stifte geschnitten
- 1 bis 2 Eßlöffel Wasser
- 4 Tassen brauner Reis (im Dampfdrucktopf gegart)
- 1 Eßlöffel gehackte Petersilie
- dunkles Sesamöl
- Tamari

Ein wenig dunkles Sesamöl in der Pfanne erhitzen, Zwiebeln hineingeben und bei starker Hitze 3 bis 4 Minuten dünsten. Flamme auf mittlere Stärke stellen und nacheinander den Kohl, die Karotten und den Reis in die Pfanne geben. Ein bis zwei Eßlöffel Wasser hinzufügen. Pfanne zudecken, Flamme klein stellen und alles simmern lassen, bis das Gemüse zart und der Reis heiß und weich ist. Kurz bevor das Gemüse gar ist, würzt man es mit wenig Tamari und gehackter Petersilie. Reis und Gemüse miteinander vermengen und weitere 3 bis 5 Minuten dünsten.

Udon mit Brühe

1 Packung (ca. 250 Gramm)
Udon Vollweizennudeln
1 Streifen Kombu, 6 bis 8 cm lang, vorgeweicht
4 Tassen Wasser (einschließlich des
Einweichwassers der Algen und Pilze)
2 oder 3 Shiitake-Pilze, vorgeweicht,
ohne Stile, in Scheiben geschnitten
2–3 Eßlöffel Tamari

Zehn Tassen Wasser in einen Topf geben und zum Kochen bringen. Udon einrühren und kochen lassen, bis sie weich und innen und außen von gleicher Farbe sind. Udon vom Feuer nehmen und in ein Durchschlagsieb geben. Mit kaltem Wasser abspülen und abtropfen lassen. Kombu und Shiitake zusammen mit vier Tassen Wasser in eine Kasserolle geben und zum Kochen bringen. Flamme auf mittlere Stärke stellen, Topf zudecken und das Ganze 5 bis 10 Minuten simmern lassen. Kombu aus der Brühe herausnehmen und für anderweitige Verwendung aufbewahren. Die Brühe mit Tamari würzen, Flamme klein stellen und weitere 5 Minuten leicht köcheln lassen.

Auf jedem Teller eine Portion Udon verteilen und etwa eine Tasse heiße Brühe darübergießen. Über jede Portion einen Teelöffel gehackte Schalotten streuen und servieren.

Gebratene Udon mit Gemüse

1 Packung (cirka 250 Gramm)
Udon Vollweizennudeln
1 mittelgroße Zwiebel, in
Halbmonde geschnitten
1 Selleriestange, in diagonale
Scheiben geschnitten
1 Karotte, in Stifte geschnitten
dunkles Sesamöl
Tamari

Udon abkochen, abschrecken und abtropfen lassen, wie im vorhergehenden Rezept (Udon mit Brühe) beschrieben. Ein wenig Sesamöl in einer Pfanne erhitzen. Geschnittene Zwiebeln hinzufügen und 2 bis 3 Minuten bei starker Hitze dünsten. Dabei stets umrühren, um zu vermeiden, daß die Zwiebeln anbrennen. Sellerie und Karotten hinzufügen und 3 bis 4 Minuten dünsten. Die Nudeln auf das Gemüse geben und die Pfanne zudecken. Flamme klein stellen und alles dünsten, bis das Gemüse weich ist. Deckel abnehmen und Tamari hinzufügen. Nudeln und Gemüse vermischen und noch weitere 3 bis 4 Minuten simmern lassen. In eine Schüssel füllen und servieren.

Hirsekroketten

4 Tassen Hirse (im Dampfdrucktopf gegart)
1 mittelgroße Zwiebel kleingehackt (1 Tasse)
Sesamöl

Hirse und gehackte Zwiebel in einer Schüssel gut mischen. Hände mit kaltem Wasser befeuchten. Die etwa einer halben Tasse entsprechende Menge Hirse zu einem Bällchen formen. Achten Sie darauf, daß das Hirsebällchen wirklich fest zusammengepreßt ist, da es sonst beim Frittieren auseinanderfällt.

Einen Topf 4 bis 6 cm hoch mit Sesamöl füllen und auf mittelstarke Flamme setzen. Das Öl nicht zu stark erhitzen (es darf nicht kochen oder rauchen). Eine kleine Menge Hirse in das Öl geben, um die Temperatur zu prüfen. Ist das Öl nicht heiß genug, bleibt die Hirse am Boden des Topfes liegen. Ist das Öl dagegen zu heiß, sinkt die Hirse zu Boden und steigt sofort wieder an die Oberfläche. Das Öl hat die richtige Temperatur, wenn die Hirse auf den Topfboden sinkt und erst nach einigen Sekunden wieder an die Oberfläche steigt. Wenn das Öl die richtige Temperatur hat, 2 bis 3 Hirsebällchen hineingeben und goldbraun frittieren. Kroketten aus dem Öl nehmen und abtropfen lassen.

Nun die restliche Hirse zu Bällchen formen und frittieren (die angegebene Menge ergibt 8 Kroketten). Auf jeden Teller 2 Kroketten geben und die Gemüsesauce chinesische Art (Rezept Seite 155) darübergießen. Falls gewünscht, mit gehackten Schalotten garnieren und servieren.

Hausgemachtes Seitan

3 ½ bis 4 Pfund Weizenvollkornmehl (aus hartem Frühlings- oder Winterweizen)
18 bis 20 Tassen Quellwasser
1 Streifen Kombu, cirka 30 cm lang, vorgeweicht
3–5 Eßlöffel Tamari

Das Mehl in eine große Schüssel geben und 8 bis 9 Tassen Wasser hinzufügen. Die Konsistenz sollte etwa wie die von Haferbrei oder Plätzchenteig sein. 3 bis 5 Minuten kneten, bis Mehl und Wasser gut vermischt sind. Den Teig mit 4 bis 5 Tassen warmem Wasser übergießen und mindestens 5 bis 10 Minuten stehen lassen. Dann im Einweichwasser noch einmal eine Minute lang kneten. Das trübe Wasser in ein Gefäß gießen (Dieses Wasser heißt »Seitan-Stärkewasser« und kann für anderweitige Verwendung aufbewahrt werden).

Den Teig in ein großes Sieb umfüllen und in eine große Schüssel oder einen

Topf stellen. Etwas kaltes Wasser über den Teig gießen und den Teig im Sieb kneten. Das Wasser abgießen. Heißes Wasser über den Teig gießen und erneut kneten. Den Teig abwechselnd mit heißem und kaltem Wasser begießen und kneten, bis die Kleie und das Weizengluten (Eiweiß) völlig voneinander getrennt sind. Das Gluten sollte eine dicke, klebrige Masse bilden. Die Masse in 5 oder 6 Teile teilen und kleine Klößchen formen. Die Klößchen in 6 Tassen kochendes Wasser geben und 5 Minuten (oder bis sie an die Oberfläche steigen) kochen lassen. Kombu und Tamari hinzufügen und 35 bis 45 Minuten kochen lassen. (Die Kochflüssigkeit heißt »Seitan-Tamari-Wasser« und kann für anderweitige Verwendung aufbewahrt werden.) Man kann das Seitan in Scheiben oder Würfel schneiden (je nach Rezept) oder in einem Glas im Kühlschrank aufbewahren. Wird das Seitan in der Tamari-Brühe aufgehoben, hält es sich etwa 4 bis 5 Tage. Je stärker die Tamarikonzentration, desto länger hält sich das Seitan.

Seitan, das in vollkonzentriertem Tamari aufbewahrt wird, hält sich einige Wochen. In diesem Fall muß man es vor der Verwendung jedoch etwa 30 Minuten in Wasser einweichen, um überschüssiges Salz zu entfernen.

Vollkorn-Gemüse-Küchlein

---

4 Tassen Hirse (gekocht oder im Dampfdrucktopf gegart)
1 Tasse gehackte Zwiebeln
½ Tasse kleingeschnittene Karotten
¼ Tasse kleingeschnittener Sellerie
½ Tasse gekochtes, kleingeschnittenes Seitan (siehe Seite 147)
1 Tasse Wasser
Tamari
Weizenvollkornmehl
dunkles Sesamöl

Hirse und Gemüse in einer Schüssel gut vermengen. Seitan untermischen. Wasser und etwas Tamari zugeben und nochmals durchmischen. Die Masse sollte so feucht sein, daß man Küchlein daraus formen kann – falls nötig noch etwas Wasser zugeben. Falls der Teig zu feucht ist, kann man etwas Mehl hinzufügen, bis die richtige Konsistenz erreicht ist. Etwa eine Handvoll Teig abnehmen und zu einem Küchlein formen. Dann aus dem restlichen Teig weitere Küchlein formen.

Etwas Sesamöl in einer Pfanne erhitzen. Mehrere Küchlein in die Pfanne geben, Pfanne zudecken und Flamme auf mittlere Stärke stellen. Die Küchlein auf beiden Seiten goldbraun braten, aus der Pfanne nehmen, auf einer Platte anrichten, mit frischer Petersilie bestreuen und servieren.

Getreidebrei, Pfannkuchen, Brot

Haferbrei mit Rosinen

2 Tassen Haferflocken
½ Tasse Rosinen
3 Tassen Wasser
2 Prisen Meersalz

Trockene Haferflocken in einer Edelstahlpfanne rösten, bis sie ein nußartiges Aroma entfalten. Die Haferflocken dabei ständig umrühren, um ein Anbrennen zu vermeiden und eine gleichmäßige Bräunung zu erzielen.

Die gerösteten Haferflocken in einen Topf geben, Rosinen, Wasser und Meersalz hinzufügen. Topf zudecken und Haferflocken zum Kochen bringen. Flamme auf mittlere Stärke stellen, Flammenverteiler unter den Topf setzen und den Brei 25 bis 30 Minuten leicht köcheln lassen. Diesen Getreidebrei kann man mit Yinnie (Reis)-Sirup, Gerstenmalz oder Amasake servieren oder mit gerösteten Samen und Nüssen garnieren.

Weicher Reisbrei

1 Tasse brauner Reis
5 Tassen Wasser
1 Prise Meersalz oder
1 halbe Umeboshi-Pflaume

Reis waschen und in den Dampfdrucktopf geben. Wasser, Meersalz und Umeboshi-Pflaume hinzufügen. Deckel auf dem Dampfkochtopf befestigen und die Flamme groß stellen. Warten, bis der Druck im Topf gestiegen ist, Flammenverteiler unter den Topf setzen und die Flamme auf mittlere Stärke stellen. Cirka 50 Minuten kochen lassen.

Topf von der Flamme nehmen und warten, bis der Druck gefallen ist. Deckel abnehmen und den Reisbrei in Schälchen füllen. Mit gehackten Schalotten und gerösteten Noristreifen garnieren und servieren.

Ganzer Hafer mit Rosinen

1 Tasse ganze Haferkörner
5 Tassen Wasser
½ Tasse Rosinen
1 Prise Meersalz

Alle Zutaten in einen Topf geben und Wasser zum Kochen bringen. Topf zudecken und die Flamme auf kleinste Stärke stellen. Flammenverteiler unter den Topf setzen und das Getreide über Nacht simmern lassen, so daß es sehr weich und cremig wird. Falls Sie den Herd nicht über Nacht anlassen möchten, können Sie diesen Getreidebrei auch im Dampfdrucktopf kochen: alle Zutaten in den Dampftopf geben und 50 bis 60 Minuten auf mittlerer Flamme kochen lassen (so, wie man Reisbrei kocht). Mit Gomasio (Seite 177) oder Rotalgenflocken (Dulse) servieren.

Knusperfrühstück aus braunem Reis

Knusperflocken aus braunem Reis
Amasake

Dieses Getreide ist in fast allen Naturkostläden fertig abgepackt erhältlich. In Portionsschalen füllen und mit Amasake (Reismilch) übergießen.

Weicher Hirsebrei mit Kürbis

1 Tasse Hirse
1 Tasse kleingeschnittener Kürbis
(2 bis 3 cm große Stücke)
5 Tassen Wasser
1 Prise Meersalz

Hirse waschen und in eine trockene Edelstahlpfanne geben. Flamme klein stellen und die Hirse rösten, bis sie nußartig duftet. Hirse ständig umrühren, um sie auf allen Seiten gleichmäßig zu rösten und ein Anbrennen zu vermeiden. Alle Zutaten in den Dampfdrucktopf geben. Deckel befestigen und warten, bis der Druck im Topf gestiegen ist. Flammenverteiler unter den Topf setzen und die Flamme auf mittlere Stärke stellen. 20 Minuten kochen lassen.

Topf vom Herd nehmen und warten, bis der Druck gesunken ist. Den Brei, falls gewünscht, mit gehackten Schalotten oder Petersilie garnieren.

Weiche Gerste

1 Tasse Gerste, 6 bis 8 Stunden vorgeweicht
5 Tassen Wasser
1 Streifen Kombu, 15 cm lang (vorgeweicht und in quadratische Stücke geschnitten)
¼ Tasse gehackte Schalotten
1 geröstetes Noriblatt in quadratische Stücke von 2 bis 3 cm Größe geschnitten)
1 Prise Meersalz
Tamari (nach Wunsch)

Gerste, Wasser und Kombu in den Dampfdrucktopf geben. Flamme groß stellen und warten, bis der maximale Druck erreicht ist. Flammenverteiler unter den Topf setzen und die Flamme auf mittlere Stärke stellen. 50 Minuten kochen lassen. Topf von der Flamme nehmen und warten, bis der Druck gesunken ist. Das Getreide in Portionsschalen füllen, mit gehackten Schalotten, geröstetem Nori und ein paar Tropfen Tamari garnieren und servieren.

Buchweizenpfannkuchen

1 Tasse Buchweizenmehl
½ Tasse Vollkornweizenmehl
⅛ Teelöffel Meersalz
1 ⅓ Tassen Wasser oder Apfelsaft
helles Sesamöl

Alle trockenen Zutaten vermischen. Mit Wasser oder Apfelsaft glattrühren, bis der Teig die gewünschte Konsistenz hat. Mit einem Löffel oder Schneebesen gut durchschlagen. Den Teig über Nacht an einem warmen Ort stehen lassen, so daß er leicht gärt. Dadurch gehen die Pfannkuchen gut auf und werden leichter. Ein wenig helles Sesamöl in einer Pfanne erhitzen und eine kleine Menge Teig in die Pfanne geben, so daß ein runder Pfannkuchen entsteht. Bei mittlerer Hitze backen, bis auf der Oberfläche des Pfannkuchens kleine Luftblasen sichtbar werden. Pfannkuchen wenden und goldbraun backen. Darauf achten, daß die Flamme nicht zu stark eingestellt ist, um ein Anbrennen zu vermeiden.

Sauerteiggrundmasse

1 Tasse Vollkornweizenmehl
Quellwasser

Das Weizenmehl mit soviel Wasser anrühren, daß ein dicker Teig entsteht. Mit einem feuchten Tuch bedecken und 3 bis 4 Tage an einem warmen Ort gären lassen.

Brotteig

8 Tassen Vollkornweizenmehl *oder*
5 Tassen Vollkornweizenmehl und
3 Tassen Roggenmehl
¼ bis ½ Teelöffel Meersalz
2 Eßlöffel Sesamöl (nach Belieben)
Quellwasser

Mehl und Salz vermengen, Öl hinzufügen und das Ganze sorgfältig durchmischen.

Sauerteigbrot

Für den Brotteig verwendet man 1 bis 1 ½ Tassen Sauerteiggrundmasse. Der Teig soll 300- bis 350mal geknetet werden (man kann den Teig mit 1 ½ bis 2 Tassen Rosinen oder ½ bis 1 Tasse gerösteten Samen oder Nüssen abwandeln). Zwei Brotformen mit Sesamöl einreiben und mit Mehl bestäuben. Brotteig in die Formen füllen und mit einem feuchten Tuch abdecken. 8 bis 12 Stunden an einem warmen Ort stehen lassen. Nachdem der Teig gegangen ist, wird er eine halbe Stunde bei 100° C vorgebacken und dann bei 175° C eine weitere Stunde gebakken. Pro Person ein bis zwei Scheiben getoastetes Sauerteigbrot servieren.

Gekochtes Senfkraut

4 Tassen Senfkraut
Wasser

Das Senfkraut diagonal in Streifen schneiden. Wasser in einen Topf geben (2 bis 3 cm hoch) und zum Kochen bringen. Senfkraut in das kochende Wasser geben, Topf zudecken und Flamme auf mittlere Stärke stellen. 2 bis 3 Minuten kochen lassen. Das Kraut soll noch etwas fester und von frischer grüner Farbe sein. Kraut aus dem Topf nehmen, abtropfen lassen und in eine Schüssel geben. Das Kraut mit Hilfe von Eßstäbchen oder zwei Holzlöffeln einige Male durchmischen, so daß es etwas abkühlt und seine helle Farbe behält.

Man kann das Kraut auch im Ganzen kochen: Kraut wie beschrieben abkochen, aus dem Topf nehmen, abtropfen und ein wenig abkühlen lassen. Dann mit beiden Händen zu einer Rolle formen und die Flüssigkeit herausdrücken. Die Krautrolle in Scheiben von 3 bis 4 cm Breite schneiden und auf einer Platte hübsch anrichten.

Gekochtes Kraut von weißen Rüben

4 Tassen Rübenkraut (diagonal in Streifen von 5 cm Länge geschnitten)
¼ Tasse geröstete Sesamsamen oder Sonnenblumenkerne (siehe Seite 184)
Wasser

Einen Topf etwa 2 bis 3 cm hoch mit Wasser füllen. Wasser zum Kochen bringen, das Rübenkraut hineingeben, den Topf zudecken und die Flamme auf mittlere Stärke stellen. Zwei bis drei Minuten simmern lassen, bis das Kraut weich, aber noch von frischer grüner Farbe ist. Kraut aus dem Topf nehmen, abtropfen lassen und in eine Schüssel geben. Ein paar Mal mit Eßstäbchen oder Holzlöffeln durchmischen, so daß es ein wenig abkühlt. Geröstete Sesamsamen oder Sonnenblumenkerne darüberstreuen und servieren.

Gekochte Brunnenkresse

2 Bund Brunnenkresse
4 Zitronenscheiben, in dünne
Halbmonde geschnitten
Wasser

Einen Topf etwa 2 bis 3 cm hoch mit Wasser füllen. Wasser zum Kochen bringen und einen Bund Brunnenkresse hineingeben. 45 bis 50 Sekunden köcheln lassen und währenddessen kurz umrühren, damit die Kresse gleichmäßig gart. Kresse mit Eßstäbchen oder mit einem Schaumlöffel aus dem Wasser nehmen (Wasser im Topf zurücklassen). Kresse auf einem Sieb abtropfen lassen. Die restliche Brunnenkresse auf gleiche Weise abkochen, aus dem Topf nehmen und abtropfen lassen. Die Kresse auf einem Servierteller oder in einer Schüssel anrichten und in der Mitte oder auf einer Seite mit Zitronenstückchen garnieren.

Gekochter Broccoli

4 Tassen Broccoliröschen
Wasser

Einen Topf etwa 1 bis 2 cm hoch mit Wasser füllen. Wasser zum Kochen bringen, Broccoli ins kochende Wasser geben, Topf zudecken und Flamme auf mittlere Stärke stellen. 2 bis 3 Minuten simmern lassen (oder so lange, bis der Broccoli zart ist; er soll noch eine frische grüne Farbe haben und noch ein wenig fest sein). Gemüse aus dem Topf nehmen, abtropfen lassen und in einer Schüssel anrichten.

Gekochter Chinakohl

4 Tassen zerkleinerter Chinakohl
(diagonal in Streifen von etwa 2 bis 3 cm
Länge geschnitten)
1 Umeboshi-Pflaume
Wasser

Einen Topf cirka 2 bis 3 cm hoch mit Wasser füllen und eine Umeboshi-Pflaume hineingeben. Wasser zum Kochen bringen. Chinakohl ins kochende Wasser geben, Topf zudecken und die Flamme auf mittlere Stärke stellen. Ein bis zwei Minuten simmern lassen. (Der Kohl soll noch etwas fest sein.) Gemüse aus dem Topf nehmen, abtropfen lassen und in eine Schüssel füllen. (Die Umeboshi-Pflaume kann für anderweitige Verwendung aufgehoben werden.)

Gemüse chinesische Art

- 3 Tassen Wasser
- ½ Tasse Zwiebeln, in Halbmonde geschnitten
- 3 Shiitake-Pilze, vorgeweicht, Stiele entfernt, in Scheiben geschnitten
- ½ Tasse Karotten, in Stifte geschnitten
- 1 Tasse Broccoliröschen
- 1 Tasse Chinakohl, diagonal in Streifen von cirka 2 cm Länge geschnitten
- 1 ½ Eßlöffel Kuzu
- Tamari

Wasser in den Topf geben und zum Kochen bringen. Zwiebeln und Shiitake in das kochende Wasser geben und die Flamme auf mittlere Stärke stellen. Topf zudekken; 4 bis 5 Minuten köcheln lassen. Karotten und Broccoli hinzufügen und zugedeckt weitere 2 bis 3 Minuten kochen lassen. Chinakohl hinzufügen und zugedeckt eine weitere Minute kochen.

Für die Sauce Kuzu in 2 bis 3 Eßlöffeln Wasser auflösen. Flamme klein stellen und das aufgelöste Kuzu unter ständigem Rühren hinzufügen, so daß sich keine Klumpen bilden können. Wenn die Sauce durchsichtig und cremig geworden ist, mit etwas Tamari würzen, um einen leicht salzigen Geschmack zu erhalten. Man reicht dieses Gemüse zu Kroketten, Nudeln oder Reis.

Gekochte rote Rettiche mit Umeboshi-Kuzu-Sauce

- 2 Tassen Wasser
- 4 Shiso-Blätter
- 1 Umeboshi-Pflaume
- 2 Tassen rote Rettiche, geputzt
- 1 Eßlöffel Kuzu
- 1 Eßlöffel gehackte Petersilie oder Schalotten

Wasser, Shisoblätter, Umeboshi-Pflaume und Rettiche in einen Topf geben und zum Kochen bringen. Topf zudecken, Flamme auf mittlere Stärke stellen und köcheln lassen, bis die Rettiche weich sind. Topf von der Flamme nehmen, Rettiche und Shisoblätter herausnehmen. Kochwasser aufbewahren und die Umeboshi-Pflaume beiseite legen. Rettiche in eine flache Schüssel geben, Shisoblätter hakken und beiseite stellen.

Kuzu in wenig Wasser auflösen und in das Kochwasser geben. Das Wasser sollte eine leicht rötliche Farbe haben. (Das Kuzu unter ständigem Rühren hinzufügen, damit keine Klümpchen entstehen.) Wenn die Sauce dick und cremig ist, nimmt man sie vom Feuer und gießt sie über die Rettiche. Die gehackten Shisoblätter in die Mitte der Rettiche legen, Schalotten oder Petersilie darüberstreuen und servieren.

Kurz gekochte Brunnenkresse mit Karotten

---

1 Karotte, in dünne, diagonale Scheiben geschnitten
2 Bund Brunnenkresse
Wasser

Einen Topf cirka 2 bis 3 cm hoch mit Wasser füllen. Wasser zum Kochen bringen. Karotten hineingeben und 50 bis 60 Sekunden kochen lassen. Die Karotten mit einem Schaumlöffel aus dem Wasser nehmen und in einem Durchschlagsieb abtropfen lassen. Brunnenkresse in den Topf geben und 50 Sekunden simmern lassen. (Die Kresse ständig umrühren, so daß sie gleichmäßig gart.) Kresse aus dem Wasser nehmen, abtropfen lassen und auf einem Küchenbrett in 5 cm lange Streifen schneiden. Die Kresse mit den Karotten in einer Schüssel mischen und mit Umeboshi-Sesam-Dressing anrichten.

Brunnenkresse-Sushi

---

4 Bund Brunnenkresse
4 geröstete Noriblätter (siehe Seite 172)
8 bis 12 Shisoblätter
½ Tasse geröstete Sesamsamen oder Sonnenblumenkerne (siehe Seite 184)

Einen Topf etwa 2 bis 3 cm hoch mit Wasser füllen, Wasser zum Kochen bringen, Brunnenkresse hineingeben und unter ständigem Rühren etwa 50 Sekunden kochen lassen. Kresse aus dem Wasser nehmen, abtropfen lassen und mit kaltem Wasser abschrecken, so daß sie ihre frische grüne Farbe behält. Überschüssiges Wasser mit beiden Händen herausdrücken und die Kresse auf einen Teller legen.

Ein geröstetes Noriblatt auf eine Bambus-Sushimatte legen und einen Bund Kresse gleichmäßig auf dem Noriblatt verteilen. Das Blatt zu etwa drei Vierteln bedecken. (Am oberen Rand 5 cm und am unteren Rand cirka 2 ½ cm freilassen.) 2 oder 3 Shisoblätter in einer geraden Linie über die Kresse legen. ⅓ Tasse Sesamsamen oder Sonnenblumenkerne in einer geraden Linie über die Shisoblätter streuen.

Die Sushi-Matte mit beiden Händen aufrollen und dabei fest gegen Nori und Reis pressen. Wenn das Noriblatt vollständig aufgerollt ist, den oberen Rand leicht mit Wasser befeuchten und andrücken, um die Rolle fest zu verschließen. Sushi-Matte vor dem Abrollen leicht ausdrücken, um überschüssige Flüssigkeit zu entfernen.

Ein scharfes Messer in Wasser tauchen und die Nori-Rolle in zwei Hälften teilen. Messer erneut befeuchten und jede Hälfte in 4 gleichgroße Scheiben schneiden. Das Messer vor jedem Schnitt etwas anfeuchten. Nun die anderen Noriblätter auf die gleiche Weise füllen. Sushi mit der Schnittfläche nach oben auf einer hübschen Platte anrichten und servieren.

Gedämpfter Broccoli

---

4 Tassen Broccoliröschen
Wasser

Einen Topf etwa 2 bis 3 cm hoch mit Wasser füllen und einen Dämpfeinsatz in den Topf setzen. Broccoli in den Dämpfeinsatz geben, Topf zudecken und Wasser zum Kochen bringen. Flamme auf mittlere Stärke stellen und den Broccoli einige Minuten dämpfen, bis er zart ist. (Er sollte noch ein wenig kernig und von frischer grüner Farbe sein.) Broccoli aus dem Wasser nehmen und in eine Servierschüssel geben.

Gedämpfter Grünkohl

---

4 Tassen Grünkohl, in diagonale
Streifen geschnitten
Wasser
Tamari (nach Wunsch)

Einen Topf cirka 2 bis 3 cm hoch mit Wasser füllen. Dämpfeinsatz in den Topf setzen und Wasser zum Kochen bringen. Grünkohl in den Dämpfeinsatz geben, Topf zudecken, Flamme auf mittlere Stärke stellen und den Kohl 2 bis 3 Minuten dämpfen lassen. Einige Spritzer Tamari über den Grünkohl geben und untermischen. Topf wieder zudecken und noch etwa eine Minute dämpfen lassen, bis der Kohl zart ist. (Er sollte noch etwas kernig und von frischer grüner Farbe sein.) Grünkohl aus dem Topf nehmen und in eine Servierschüssel füllen.

Gedämpfter Chinakohl

4 Tassen Chinakohl, in Stücke von 2 bis 3 cm Breite geschnitten
Wasser

Einen Topf etwa 2 bis 3 cm hoch mit Wasser füllen. Wasser zum Kochen bringen und den Chinakohl hineingeben. Topf zudecken und den Kohl 2 Minuten dämpfen lassen. (Er sollte noch etwas kernig sein.) Chinakohl aus dem Topf nehmen und in eine Servierschüssel füllen.

Gedämpfter Grünkohl mit Karotten

3 Tassen Grünkohl, Stengel und Kraut, in diagonale Streifen geschnitten
1 Tasse Karotten, in dünne diagonale Streifen geschnitten
¼ Tasse geröstete Sonnenblumenkerne
Wasser

Einen Topf etwa 5 cm hoch mit Wasser füllen. Bambus-Dämpfeinsatz auf den Topf setzen und das Wasser zum Kochen bringen. Karotten in den Dämpfeinsatz geben, Deckel auflegen und 3 bis 4 Minuten dämpfen. Karotten aus dem Topf nehmen und in eine Servierschüssel geben. Darauf achten, daß die Stengel des Grünkohls dünner geschnitten sind als die Blätter, so daß alles gleichmäßig gart. Die Stengel in den Dämpfeinsatz geben, Deckel auflegen und eine Minute dämpfen lassen. Blätter hinzufügen und zusammen mit den Stengeln weitere 2 bis 3 Minuten dämpfen. Grünkohl aus dem Topf nehmen und mit den Karotten mischen. Geröstete Sonnenblumenkerne untermischen und servieren.

Gedämpfte Kohlblätter

3 Tassen Kohlblätter, in schmale diagonale Streifen geschnitten
1 Tasse Zwiebeln, in dünne Halbmonde geschnitten
Wasser

Einen Topf etwa 2 bis 3 cm hoch mit Wasser füllen. Einen Dämpfeinsatz in den Topf setzen und das Wasser zum Kochen bringen. Zwiebeln und Kohlblätter ins Wasser geben. Deckel auflegen und die Flamme auf mittlere Stärke stellen. 2 bis 3 Minuten dämpfen lassen, bis die Kohlblätter weich und von frischer grüner Farbe sind. Gemüse aus dem Topf nehmen und in eine Servierschüssel füllen.

Kinpura-Karotten mit Klettenwurzeln

1 Tasse Klettenwurzeln, in Stifte geschnitten oder geputzt
2 Tassen Karotten, in Stifte geschnitten
dunkles Sesamöl
Wasser
Tamari

Etwas dunkles Sesamöl in einer Gußeisen- oder Edelstahlpfanne erhitzen. Klettenwurzeln bei mittlerer Hitze 3 bis 4 Minuten dünsten. Die Karotten daraufgeben, etwas Wasser hinzufügen und die Pfanne zudecken. Flamme auf mittlere Stärke stellen. Das Gemüse einige Minuten simmern lassen, bis es weich ist. Mit ein paar Tropfen Tamari würzen und noch 2 bis 3 Minuten simmern lassen. Den Deckel von der Pfanne nehmen und die restliche Flüssigkeit verkochen lassen. Klettenwurzeln und Karotten durchmischen und in eine Servierschüssel füllen.

Gedünstete Klettenwurzeln mit Sesam

3 Tassen Klettenwurzeln, in Stifte geschnitten
½ Tasse Sesamsamen
dunkles Sesamöl
Wasser
Reisessig (aus Vollreis)
Tamari

Eine kleine Menge dunkles Sesamöl in einer Pfanne erhitzen. Klettenwurzel in die Pfanne geben und bei mittlerer Hitze 4 bis 5 Minuten dünsten. Ein wenig Wasser in die Pfanne geben, so daß der Boden gerade bedeckt ist. Die Pfanne zudecken, Flamme auf mittlere Stärke stellen und das Gemüse köcheln lassen, bis es weich ist. Den Deckel von der Pfanne nehmen und die restliche Flüssigkeit verkochen lassen.

Sesamsamen in einer Edelstahlpfanne trocken rösten, bis sie goldbraun sind und ein nußartiges Aroma entfalten. Den Sesam beim Rösten ständig umrühren, um ein Anbrennen zu vermeiden. Die gerösteten Samen in einen Suibachi geben und zerstoßen. Ein paar Tropfen Reisessig und Tamari hinzufügen und mit Wasser verrühren, bis eine dicke Paste entsteht. Klettenwurzeln mit der Sesamsauce vermischen und in eine Servierschüssel füllen.

Getrockneter Rettich mit Kombu

- 4 Shiitake-Pilze, vorgeweicht, Stiele entfernt und in Scheiben geschnitten
- 2 Streifen Kombu, 15 cm lang, vorgeweicht und fein geschnitten
- 2 Tassen getrockneter Rettich, gewaschen, vorgeweicht und geschnitten
- Wasser (das Einweichwasser von Shiitake und Rettichen wird ebenfalls verwendet)
- dunkles Sesamöl
- Tamari

Eine kleine Menge dunkles Sesamöl in der Pfanne erhitzen. Shiitake hineingeben und 3 bis 4 Minuten dünsten. Kombu hinzufügen, den Rettich auf die Kombualgen geben und soviel Wasser auffüllen, daß der Rettich halb bedeckt ist. Pfanne zudekken und Wasser zum Kochen bringen. Gemüse 25 bis 30 Minuten simmern lassen. Mit wenig Tamari würzen, um einen leicht salzigen Geschmack zu erhalten und noch einige Minuten kochen lassen, bis alle Flüssigkeit verdampft ist. Gemüse vermischen und in eine Servierschüssel füllen.

Gemüse-Nishime

- 1 Streifen Kombu, 15 cm lang, vorgeweicht und in 2 bis 3 cm große Stücke geschnitten
- 1 weißer Rettich, 10 bis 12 cm lang, längsseitig halbiert und in Halbmonde von 2 cm Dicke geschnitten
- 1 Tasse Kürbis, in 4 cm große Stücke geschnitten,
- 1 Tasse Karotten, in Stifte geschnitten
- 1 Prise Meersalz
- Wasser
- Tamari

Kombu zuunterst in einen schweren Topf geben und die restlichen Gemüse aufeinanderschichten. Zuerst den weißen Rettich, dann den Kürbis und zuletzt die Karottenstückchen. Eine Prise Meersalz darübergeben und den Topf etwa 1 bis 2 cm hoch mit Wasser füllen. Den Topf zudecken und das Wasser zum Kochen bringen. Flamme ganz klein stellen und das Gemüse köcheln lassen, bis es weich ist. Ein wenig Tamari hinzufügen und weiter simmern lassen, bis alle Gemüse gar sind und alle Flüssigkeit verkocht ist. Gemüse mit Kombu vermengen und in eine Servierschüssel füllen.

Geriebener weißer Rettich

1 Stück Rettich, 15 bis 20 cm lang
1 frischer Petersilienzweig oder
ein kleines Rettichblatt
Tamari

Den Rettich auf einer flachen Reibe reiben und in eine kleine Schale geben. 3 bis 4 Tropfen Tamari auf den geriebenen Rettich geben und mit einem frischen Petersilienzweig oder einem Rettichblatt garnieren. Pro Person 1 bis 2 Eßlöffel servieren.

Sauer eingelegte Gemüse

Eingelegte rote Rettiche

10 bis 12 rote Rettiche, geputzt
¾ Tasse Wasser
¼ Tasse Umeboshi-Essig

Rettiche in sehr dünne Scheiben schneiden und in eine Gemüsepresse geben. Wasser und Umeboshi-Essig hinzufügen. Den Deckel auf die Gemüsepresse setzen und die Druckplatte herunterschrauben. Mindestens 2 bis 3 Stunden stehen lassen. Man kann die Rettiche bis zu 2 Tagen in der Presse lassen. (Je länger sie in der Presse bleiben, desto salziger und aromatischer werden sie.) Falls die Rettiche zu salzig geworden sind, kann man sie vor dem Verzehr einfach mit kaltem Wasser abspülen. Sind die Rettiche sehr salzig, sollte man pro Person nicht mehr als 2 bis 3 Scheiben servieren. Falls sie sehr mild sind, kann man mehr davon essen. Eingelegte Rettiche halten sich im Kühlschrank oder an einem kühlen Ort etwa eine Woche.

Eingelegte weiße Rettiche mit Reiskleie

4 Tassen Reiskleie (Nuka)
1 weißer Rettich, 30 bis 35 cm lang,
längsseitig geviertelt
1 ½ Eßlöffel Meersalz
Wasser

Reiskleie in eine trockene Pfanne geben und einige Minuten bei niedriger Temperatur rösten, bis sie ein nußartiges Aroma entfaltet. Die Kleie muß ständig umgerührt werden, um ein Anbrennen zu vermeiden. Kleie vom Herd nehmen und abkühlen lassen. Die abgekühlte Kleie in einen großen Keramikkrug oder ein Holzfaß füllen. Meersalz hinzufügen und soviel Wasser zugeben, daß eine sehr dicke, leicht trockene Paste entsteht. Jedes Rettichviertel wird nochmals halbiert (so daß man im ganzen acht Stücke erhält) und in den Krug gegeben. Darauf achten, daß die Rettiche völlig mit der Kleiepaste bedeckt sind. Den Krug mit einem sauberen Küchentuch bedecken, damit kein Staub hineinkommt.

5 bis 7 Tage an einem kühlen Ort stehen lassen und täglich umrühren, um eine gleichmäßige Gärung zu erzielen und zu vermeiden, daß die Rettiche sauer werden. Die Rettichstücke nach 5 bis 7 Tagen aus dem Krug nehmen, unter kaltem Wasser abspülen und in papierdünne Scheiben schneiden. Auf einem kleinen Servierteller oder einer Schale anrichten. Pro Person 2 bis 3 Scheiben servieren.

Eingelegter Broccoli

---

2 Tassen kleine Broccoliröschen
3/4 Tasse Wasser
1/4 Tasse Tamari
2 Scheiben frischer Ingwer

Alle Zutaten in eine Gemüsepresse oder in ein Glas geben. Nur soviel Druck anwenden, daß der Broccoli ganz von der Tamari-Wasser-Mischung bedeckt ist. Verwendet man anstelle der Gemüsepresse ein Glasgefäß, so setzt man ein kleineres Glas oder eine Tasse hinein und beschwert diese mit einem Gewicht. 2 bis 3 Tage stehen lassen. Falls der Broccoli zu salzig schmeckt, sollte er vor dem Verzehr mit kaltem Wasser abgespült werden. An einem kühlen Ort hält sich das eingelegte Gemüse etwa eine Woche.

Kurz eingelegte Gurken

---

2 Tassen Gurken, in dünne diagonale Scheiben geschnitten
2 Eßlöffel Reisessig (aus braunem Reis)
1/2 Teelöffel Salz

Alle Zutaten in eine Gemüsepresse füllen und gut durchmischen. Presse zudecken und festschrauben. Wenn der Wasserspiegel bis zur Druckplatte gestiegen ist, den Druck etwas lockern und das Gemüse 2 bis 3 Stunden stehen lassen. Das Gemüse aus der Presse nehmen, überschüssige Flüssigkeit herauspressen und auf einem Servierteller anrichten.

Eingelegter Chinakohl

1 Kopf Chinakohl
¼ Tasse Meersalz (cirka)

Die Kohlblätter eines nach dem anderen vom Kopf abtrennen und einzeln waschen. In ein Durchschlagsieb geben und gut abtropfen lassen. Den Boden eines Keramikkruges oder eines Holzfäßchens mit Meersalz bestreuen. Nun abwechselnd Kohlblätter und Salz in den Krug geben. Die unterste und oberste Schicht soll aus Salz bestehen. Man kann auch einen Streifen Kombu auf den Boden des Kruges legen. Kombu saugt Wasser auf, liefert Mineralstoffe und verändert das Aroma des eingelegten Kohls ein wenig. Die Kohlblätter werden auf folgende Weise eingelegt: auf die unterste Schicht Salz werden die Kohlblätter in eine Richtung gelegt. Darauf gibt man eine dünne Schicht Salz (einige Prisen genügen) und legt die nächste Schicht Kohlblätter in entgegengesetzter Richtung. Darauf folgt wieder eine Schicht Salz und so weiter, bis alle Kohlblätter aufgebraucht sind. Auf die oberste Schicht Salz legt man einen Deckel, den man mit mehreren sauberen, schweren Steinen beschwert, um die Kohlblätter nach unten zu pressen. Falls nach 10 bis 12 Stunden noch kein Wasser aus den Kohlblättern austritt, muß man noch mehr Salz zugeben. Wenn das Wasser bis zum Deckel gestiegen ist, entfernt man einen Teil der Gewichte, so daß der Wasserspiegel gerade unter den Deckel sinkt. Der Wasserspiegel im Krug sollte täglich kontrolliert werden.

Nach 3 bis 4 Tagen kann der Kohl gegessen werden. Wünscht man einen mehr säuerlichen Geschmack, kann man das Gemüse auch noch einige weitere Tage stehen lassen. Vor dem Verzehr mit Wasser abspülen und in Scheiben schneiden. Ein Zuviel an Salz kann entfernt werden, indem man die Kohlblätter in warmes Wasser taucht oder kurze Zeit einweicht. Das eingelegte Gemüse sollte an einem kühlen, dunklen Ort aufbewahrt werden. Falls das Gemüse während der Gärung anfängt zu schimmeln, muß man mehr Salz hinzufügen oder mehr Druck anwenden und den Schimmel entfernen. Möglicherweise muß man mit frischem Kohl noch einmal von vorn beginnen.

Eingelegte Zwiebeln

2 Tassen Zwiebeln, in Halbmonde geschnitten
1 Tasse Wasser
½ Tasse Tamari

Alle Zutaten in eine Gemüsepresse geben. Deckel auf die Presse auflegen und gerade soweit zuschrauben, daß die Zwiebeln von der Tamari-Wasser-Mischung bedeckt sind. 1 bis 2 Tage stehen lassen. (Die Zwiebeln werden um so salziger, je länger man sie stehen läßt.) Falls sie zu salzig geworden sind, spült man sie vor dem Verzehr mit kaltem Wasser ab. An einem kühlen Ort halten sich die eingelegten Zwiebeln etwa eine Woche.

Sauerkraut

cirka 5 Pfund Weißkraut
⅓ Tasse Meersalz

Weißkohl waschen und fein schneiden. In ein Holzfaß oder einen Tonkrug füllen und gut mit dem Meersalz vermischen. Einen Teller auf das Kraut legen und mit mehreren sauberen Steinen beschweren. Topf mit einem sauberen Tuch abdecken, um zu vermeiden, daß Staub hineinkommt. Innerhalb von 10 Stunden steigt der Wasserspiegel im Krug bis zum Rand des Tellers oder darüber. Falls das Wasser über den Teller gestiegen ist, einige Gewichte entfernen, so daß der Wasserspiegel ein wenig sinkt. Das Sauerkraut an einem kühlen, dunklen Ort etwa 1 ½ bis 2 Wochen stehen lassen. Den Gärungsprozeß täglich kontrollieren. Falls sich auf der Oberfläche Schimmel gebildet hat, muß dieser sofort entfernt werden.

Wenn das Sauerkraut fertig ist, spült man es vor dem Verzehr mit kaltem Wasser ab.

Eingelegte weiße Rettiche

2 Tassen weißer Rettich, in
dünne Halbmonde geschnitten
1 Teelöffel Zitronenschale, in
streichholzdicke Stifte geschnitten
¼ Teelöffel Meersalz

Alle Zutaten in eine Gemüsepresse geben und sorgfältig mischen. Deckel auf die Presse setzen und Druckplatte herunterschrauben. 2 bis 3 Stunden stehen lassen. Zitronenschale herausnehmen und wegwerfen. Den Deckel wieder aufsetzen und soviel Druck anwenden, daß das Wasser gerade bis unterhalb der Druckplatte steigt. Einen Tag stehen lassen. Gemüse aus der Presse nehmen und in eine Schüssel füllen.

Eingelegte Gurken

10 Tassen Wasser
⅓ Tasse Meersalz
12 bis 15 Gurken, längsseitig geviertelt
(cirka 3 Pfund)
2 frische Dillzweige

Wasser und Salz in einen großen Krug oder einen sauberen Glasbehälter geben. Umrühren, bis das Salz aufgelöst ist. Gurken und Dill hinzufügen. Den Topf mit einem sauberen Baumwolltuch abdecken. Das Tuch soll durchlässig sein und den Staub abhalten. 2 bis 3 Tage an einem kühlen Ort stehen lassen. Dann weitere 2 bis 3 Tage in den Kühlschrank stellen. Auf einer hübschen Platte anrichten und servieren.

Siehe auch gepreßter Salat, Seite 167.

Salate

Gekochter Salat

- ½ Tasse Zwiebeln, in dicke Halbmonde geschnitten
- 1 Tasse Grünkohl, in 5 cm breite Stücke geschnitten
- ½ Tasse Karotten, in dünne Halbmonde geschnitten
- 1 Tasse Weißkohl, in 2 bis 3 cm breite Streifen geschnitten
- Wasser

Einen Topf cirka 2 bis 3 cm hoch mit Wasser füllen. Wasser zum Kochen bringen, Zwiebeln hineingeben und etwa 1 Minute kochen lassen. Die Zwiebeln mit dem Schaumlöffel oder mit Holzstäbchen aus dem Wasser nehmen, in einem Durchschlagsieb abtropfen lassen und in eine große Salatschüssel geben. Den Grünkohl im gleichen Wasser 1 bis 2 Minuten kochen lassen, aus dem Wasser nehmen, abtropfen lassen und zu den Zwiebeln in die Schüssel geben.

Dann die Karotten im gleichen Wasser 1 bis 2 Minuten kochen. Aus dem Wasser nehmen, abtropfen lassen und mit dem Grünkohl und den Zwiebeln mischen. Zum Schluß den Weißkohl ins kochende Wasser geben und 2 Minuten kochen lassen. Aus dem Wasser nehmen, abtropfen lassen und mit dem anderen Gemüse mischen. Den gekochten Salat mit oder ohne Dressing servieren.

---

gekochter Salat mit Tempeh

- 1 Tasse Tempeh, in 2 bis 3 cm große Würfel geschnitten
- 2 Scheiben frischer Ingwer
- ½ Tasse Karotten, in dünne diagonale Scheiben geschnitten
- 2 Tassen Broccoliröschen

1 Tasse Weißkohl, in 2 bis 3 cm große Stücke geschnitten
dunkles Sesamöl
Tamari
Wasser

Eine kleine Menge dunkles Sesamöl in einer Pfanne erhitzen. Tempeh und Ingwer in die Pfanne geben und 3 bis 4 Minuten bei mittlerer Hitze dünsten. Gerade soviel Wasser hinzufügen, daß der Boden der Pfanne bedeckt ist. Pfanne zudecken und Flamme klein stellen. 25 bis 30 Minuten simmern lassen. Mit etwas Tamari würzen und noch weitere 5 bis 10 Minuten köcheln lassen. Deckel abnehmen und die restliche Flüssigkeit verkochen lassen. Tempeh in eine Schüssel geben und den Ingwer für weitere Verwendung aufheben.

Einen Topf etwa 2 bis 3 cm hoch mit Wasser füllen. Topf zudecken und Flamme auf mittlere Stärke stellen. 1 bis 2 Minuten kochen lassen. Karotten mit einem Schaumlöffel aus dem Wasser nehmen, auf einem Sieb abtropfen lassen und zu dem Tempeh in die Schüssel geben. Broccoli im gleichen Wasser 2 bis 3 Minuten kochen lassen. Er soll zart, leuchtend grün und noch ein wenig fest sein. Broccoli aus dem Wasser nehmen, abtropfen lassen und zu Tempeh und Karotten in eine Schüssel geben. Den Weißkohl ins kochende Wasser geben und 2 bis 3 Minuten kochen. Aus dem Wasser nehmen, abtropfen lassen und zu den anderen Zutaten in eine Schüssel geben. Gemüse mischen und servieren.

Brunnenkressesalat

---

1 Tasse Karotten, in
streichholzdicke Stifte geschnitten
3 Bund Brunnenkresse
Wasser

Einen Topf etwa 2 bis 3 cm hoch mit Wasser füllen. Wasser zum Kochen bringen, die Karotten hineingeben und eine Minute simmern lassen. Die Karotten mit einem Schaumlöffel aus dem Wasser nehmen, auf einem Sieb abtropfen lassen und in eine Schüssel geben. Die Brunnenkresse im gleichen Wasser 50 Sekunden lang kochen lassen und währenddessen umrühren, so daß sie gleichmäßig gart. Aus dem Wasser nehmen und abtropfen lassen. Ein wenig abkühlen lassen, in 5 cm lange Streifen schneiden und mit den Karotten vermischen. Mit Umeboshi-Schalotten-Dressing servieren.

Gepreßter Salat

- 2 Tassen Chinakohl, sehr fein geschnitten
- 1 Tasse Gurken, in Scheiben geschnitten
- ½ Tasse rote Rettiche, fein geschnitten
- ¼ Tasse Zwiebeln, in sehr dünne Halbmonde geschnitten
- 3 Eßlöffel Reisessig (aus braunem Reis)
- ½ Teelöffel Salz

Alle Zutaten in eine Gemüsepresse geben und mit Essig und Salz mischen. Den Deckel auf die Presse geben und die Druckplatte fest herunterschrauben. Durch das hinzugefügte Salz zieht das Gemüse Wasser. Wenn das Wasser bis zur Druckplatte gestiegen ist, den Druck etwas lockern, so daß das Gemüse den Essig und das Salz gut aufnehmen kann. 1 bis 2 Stunden stehenlassen. Das Gemüse aus der Presse nehmen, überschüssige Flüssigkeit ausdrücken und in eine Salatschüssel geben.

Gartensalat

- 3 Tassen frischer Eisberg- oder Kopfsalat, in Streifen geschnitten oder in Stücke gezupft
- ½ Tasse Karotten, in Scheiben geschnitten oder grob geraspelt
- ½ Tasse rote Zwiebeln, in dünne Halbmonde geschnitten
- ¼ Tasse Sellerie, in dünne diagonale Scheibchen geschnitten
- 1 Salatgurke (nicht gewachst)

Grünen Salat, Karotten, Zwiebeln und Sellerie in eine Salatschüssel geben und gut mischen. Die Gurke mit einer Gabel der Länge nach rundum einritzen, in dünne Scheiben schneiden und mit den restlichen Zutaten mischen. Den Salat mit Umeboshi-Sonnenblumen-Dressing servieren.
Siehe auch Hijiki-Salat, Seite 170

Gebratenes Tempeh mit Ingwer

2 Tassen Zwiebeln, in Halbmonde geschnitten
1 Pfund Tempeh, in 2 ½ cm große Würfel geschnitten
1 Eßlöffel Saft von frisch geriebenem Ingwer
dunkles Sesamöl
Wasser
Tamari

Ein wenig dunkles Sesamöl in einer Pfanne erhitzen und die Zwiebeln darin etwa 2 bis 3 Minuten bei starker Hitze unter ständigem Rühren dünsten. Tempeh hinzufügen und 1 bis 2 Minuten braten. Nun soviel Wasser hinzufügen, daß Zwiebeln und Tempeh halb bedeckt sind; Ingwersaft zugeben und die Pfanne zudecken. Flamme auf mittlere Stärke stellen und alles cirka 25 Minuten köcheln lassen. Mit wenig Tamari würzen und noch einige Minuten simmern lassen. Deckel abnehmen, Flamme etwas höher stellen und die restliche Flüssigkeit verkochen lassen. Zwiebeln und Tempeh gut durchmischen und in eine Servierschüssel geben.

Gebratener Tofu

1 Pfund frischer, fester Tofu
dunkles Sesamöl
Tamari

Tofu in Stücke von cirka 8 cm Länge, 5 cm Breite und 1 bis 2 cm Dicke schneiden. Ein wenig dunkles Sesamöl in einer Pfanne erhitzen. Die Tofustücke in die Pfanne geben und jeweils mit 2 bis 3 Tropfen Tamari beträufeln. Bei mittlerer Flamme 2 bis 3 Minuten braten. Tofustücke wenden, mit Tamari beträufeln und ebenfalls 2 bis 3 Minuten braten. Nun noch einmal wenden und noch 1 bis 2 Minuten braten lassen, so daß der Tofu auf beiden Seiten goldbraun ist. Die Tofustücke aus der Pfanne nehmen und auf einer Platte hübsch anrichten. In der Mitte oder seitlich mit einem frischen Petersilienzweig garnieren.

Gekochtes Tempeh mit Schalotten

1 Pfund Tempeh
1 Eßlöffel Schalottenwurzeln
(der weiße Teil mit den Wurzelhaaren),
fein geschnitten
2 Tassen Schalotten, in 5 cm lange Streifen
geschnitten
Wasser
Tamari

Tempeh in Stücke von 5 cm Länge, 2 bis 3 cm Breite und 1 cm Dicke schneiden. Eine viertel Tasse Wasser in einer Kasserolle erhitzen, die Schalottenwurzeln hineingeben und auf großer Flamme 2 bis 3 Minuten dünsten. Tempeh in die Kasserolle geben und halb mit Wasser bedecken. Geschnittene Schalotten auf das Tempeh geben (nicht untermischen). Kasserolle zudecken und 1 bis 2 Minuten kochen lassen, bis die Schalotten weich und hellgrün sind. Deckel abnehmen, Flamme groß stellen und restliche Flüssigkeit verkochen lassen. Alles gut durchmischen und in eine Servierschüssel geben.

Tofupfanne

1 Tasse kleingehackte Zwiebeln
¼ Tasse Klettenwurzeln, in streichholzdicke
Stifte geschnitten
½ Tasse Karotten, in streichholzdicke
Stifte geschnitten
1 Pfund frischer Tofu
½ Tasse gehackte Petersilie
dunkles Sesamöl
Tamari oder Meersalz

Ein wenig dunkles Sesamöl in einer Pfanne erhitzen, Zwiebeln hineingeben und bei starker Hitze 2 bis 3 Minuten dünsten. Klettenwurzeln und Karotten auf die Zwiebeln geben und den Tofu darüber zerkrümeln. Pfanne zudecken, Flamme auf mittlere Stärke stellen und ein paar Minuten köcheln lassen, bis der Tofu weich und locker und das Gemüse gar ist. Mit ein wenig Tamari oder Meersalz würzen und unbedeckt kochen lassen, bis die restliche Flüssigkeit fast vollständig verdampft ist. Mit der Petersilie vermischen und in eine Servierschüssel geben.

Gegrillter Tofu

1 Pfund frischer, fester Tofu
Tamari

Tofu in Stücke von cirka 8 cm Länge, 5 cm Breite und 1 bis 2 cm Dicke schneiden. Stücke auf ein Backblech legen und jeweils mit 2 bis 3 Tropfen Tamari beträufeln. In den Grill schieben und goldbraun backen. Dann die Scheiben umdrehen, mit jeweils 2 bis 3 Tropfen Tamari beträufeln und zurück in den Grill schieben. 2 bis 3 Minuten grillen, bis der Tofu goldbraun und sehr weich ist. Tofustücke aus dem Grill nehmen und auf einer Platte hübsch anrichten.

Azukibohnen mit Kombu und Kürbis

1 Streifen Kombu, 15 bis 20 cm lang, vorgeweicht und in 2 bis 3 cm große Stücke geschnitten
1 Tasse Kürbis, in 5 cm große Stücke geschnitten
1 Tasse Azukibohnen, 6 bis 8 Stunden vorgeweicht
Wasser
Meersalz

Kombu in einen Topf geben, Kürbisstücke darauflegen und zuoberst die Azukibohnen in den Topf füllen. Nun soviel Wasser auffüllen, daß die Kürbisstücke, nicht jedoch die Bohnen, bedeckt sind. Wasser zum Kochen bringen, Topf zudekken und die Flamme auf mittlere Stärke stellen. 1 ½ bis 2 Stunden oder solange simmern lassen, bis die Bohnen ziemlich weich sind. Mit ein wenig Meersalz würzen (höchstens ¼ Teelöffel auf eine Tasse Bohnen) und noch eine weitere halbe Stunde simmern lassen, bis die Bohnen sehr weich sind und die Flüssigkeit fast vollständig verkocht ist. In eine Schüssel füllen und servieren.

Hijiki-Salat

2 Tassen Hijiki, vorgeweicht und in Streifen geschnitten
1 Tasse Zwiebeln, in Halbmonde geschnitten
½ Tasse Karotten, in streichholzdicke Stifte geschnitten

½ Tasse Stangensellerie, in dünne diagonale Scheibchen geschnitten
¼ Tasse geröstete Sonnenblumenkerne
Wasser
Tamari

Eine Kasserolle etwa 1 bis 2 cm hoch mit Wasser füllen. Wasser zum Kochen bringen, Hijiki und einige Tropfen Tamari hineingeben und den Topf zudecken. Flamme auf mittlere Stärke stellen und Hijiki 15 bis 20 Minuten simmern lassen. Aus dem Topf nehmen, abtropfen lassen und in eine Schüssel füllen.

Einen Topf 2 bis 3 cm hoch mit Wasser füllen. Wasser zum Kochen bringen, Zwiebeln hineingeben und 1 Minute kochen lassen. Die Zwiebeln mit dem Schaumlöffel aus dem Wasser nehmen, auf einem Sieb abtropfen lassen und zu den Hijiki in die Schüssel geben. Karotten im gleichen Wasser 1 bis 2 Minuten kochen lassen.

Aus dem Wasser nehmen, abtropfen lassen und zu Hijiki und Zwiebeln in die Schüssel geben. Dann den Sellerie im gleichen Wasser 1 Minute lang kochen lassen, aus dem Waser nehmen, abtropfen lassen und in die Schüssel geben. Alles gut mischen, geröstete Sonnenblumenkerne hinzufügen und nochmals gut vermengen. Nach Belieben mit oder ohne Tofu- oder Umeboshi-Dressing servieren.

Arame mit Karotten und Zwiebeln

---

2 Tassen Arame, gewaschen und abgetropft
1 Tasse Zwiebeln, in Halbmonde geschnitten
1 Tasse Karotten, in streichholzdicke Stifte geschnitten
dunkles Sesamöl
Wasser
Tamari

Ein wenig dunkles Sesamöl in einer Pfanne erhitzen. Arame 2 bis 3 Minuten in Öl dünsten, Zwiebeln und Karotten auf die Algen geben und soviel Wasser auffüllen, daß die Arame zur Hälfte bedeckt sind. 3 bis 4 Tropfen Tamari hinzufügen, Pfanne zudecken und Flamme auf mittlere Stärke stellen. Arame und Gemüse 25 bis 30 Minuten simmern lassen. Noch etwas Tamari hinzufügen und die restliche Flüssigkeit verkochen lassen. In eine Schüssel geben und servieren.

Geröstete Nori

1 Noriblatt

Flamme groß stellen und das Noriblatt in etwa 25 cm Höhe mit der Innenfalte nach unten über die Flamme halten. Das Noriblatt über der Flamme drehen, bis es seine schwarze Farbe verliert und hellgrün wird. Von der Flamme wegnehmen.

Nun das Noriblatt einmal längs und einmal quer in der Mitte durchschneiden. Dann jedes Viertel nochmals längs und quer durchschneiden, so daß sich aus jedem Viertel vier große Streifen ergeben. Diese Streifen nun der Breite nach in mehrere schmale Streifen von cirka 5 cm Länge und 1 cm Breite schneiden.

Man serviert die gerösteten Nori-Streifen mit geriebenem weißen Rettich oder Mochi oder man verwendet sie zum Garnieren von Suppen oder Nudelgerichten.

Suppen

Linsensuppe

1 Streifen Kombu, 15 cm lang, vorgeweicht, und in 1 ½ cm große Stücke geschnitten
1 Tasse gehackte Zwiebeln
1 Tasse gehackter Sellerie
1 Tasse grüne Linsen
5 bis 6 Tassen Wasser
1 Tasse Vollweizennudeln (Hörnchen oder Muscheln)
¼ Tasse gehackte Petersilie
Meersalz

Kombu, Zwiebeln, Sellerie und Linsen zusammen mit dem Wasser in einen Topf geben. Topf zudecken und alles zum Kochen bringen. Flamme auf mittlere Stärke stellen und 45 Minuten simmern lassen. Mit ein wenig Meersalz würzen, die ungekochten Nudeln hinzufügen und alles im geöffneten Topf noch so lange kochen lassen, bis die Nudeln gar sind. Die Suppe in Suppenschalen füllen und mit ein wenig gehackter Petersilie garnieren.

Kichererbsensuppe

1 Tasse Kichererbsen,
6 bis 8 Stunden vorgeweicht
1 Kombustreifen, 15 bis 20 cm lang,
vorgeweicht und in
2 ½ cm große Stücke geschnitten
1 Tasse gehackte Zwiebeln
5 Tassen Wasser
Meersalz

Kichererbsen, Kombu und Zwiebeln in einen Dampfdrucktopf geben. Wasser hinzufügen und Deckel auf dem Topf befestigen. Flamme groß stellen und warten, bis der maximale Druck erreicht ist. Flamme auf mittlere Stärke zurückdrehen und etwa 1 Stunde kochen lassen. Topf vom Feuer nehmen und warten, bis der Druck gefallen ist. Deckel abnehmen und die Suppe mit ein wenig Meersalz mild abschmecken und noch einige Minuten simmern lassen. Die Suppe in Suppenschalen füllen und mit gehackten Schalotten oder Petersilie garnieren.

Miso-Suppe

5 Tassen Wasser
4 oder 5 Shiitake-Pilze, vorgeweicht,
Stiele entfernt und in Scheibchen
geschnitten
1 Streifen Kombu, 15 cm lang
4 bis 5 Teelöffel Gerstenmiso (Mugi)
(nach Geschmack würzen)
1 Tasse frische Zuckererbsen, ohne Stiele

Wasser, Shiitake und Kombu in einen Topf geben und zum Kochen bringen. Topf zudecken und Flamme auf mittlere Stärke stellen. Etwa 10 Minuten simmern lassen. Kombu aus dem Topf nehmen, sehr fein schneiden und wieder ins Wasser geben. Flamme sehr klein stellen, Miso und Zuckererbsen hinzufügen und weitere 2 bis 3 Minuten köcheln lassen. Suppe in Suppenschalen füllen und servieren.

Französische Zwiebelsuppe

4 bis 5 Tassen fein geschnittene Zwiebeln
4 oder 5 Shiitake-Pilze, vorgeweicht,
Stiele entfernt und fein geschnitten
5 Tassen Wasser

2 Scheiben Weizenvollkornbrot (Sauerteig), in 2 bis 3 cm große Würfel geschnitten
¼ Tasse gehackte Schalotten, Schnittlauch oder Petersilie
dunkles Sesamöl
Tamari

Eine kleine Menge dunkles Sesamöl in einen Topf geben und zum Kochen bringen. Topf zudecken und Flamme auf mittlere Stärke stellen. 30 Minuten simmern lassen, oder so lange, bis die Zwiebeln sehr weich sind. Mit einer kleinen Menge Tamari mild abschmecken.

Sesamöl in eine Pfanne geben (cirka 2 bis 3 cm hoch) und erhitzen. Brotwürfel ins heiße Fett geben und goldbraun rösten. Aus der Pfanne nehmen und auf Küchenkrepp abtropfen lassen.

Die Suppe in Suppenschalen füllen und mit Brotwürfeln und gehackten Schalotten (oder Schnittlauch oder Petersilie) garnieren. Falls gewünscht, kann man auch noch ein paar Streifen geröstete Nori über die Suppe streuen.

Anstelle der Brotwürfel kann man auch geröstete, gebackene oder frittierte und in Würfel geschnittene Mochi zum Garnieren verwenden.

Brunnenkresse-Suppe

5 Tassen Wasser
1 Streifen Kombu, 10 cm lang, vorgeweicht
4 Shiitake-Pilze, vorgeweicht, Stiele entfernt und in Scheiben geschnitten
½ Tasse Tofu, in 1 cm große Würfel geschnitten
½ Bund Brunnenkresse

Wasser, Kombu und Shiitake in einen Topf geben und zum Kochen bringen. Topf zudecken und Flamme auf mittlere Stärke stellen. 10 Minuten simmern lassen, Kombu herausnehmen und für anderweitige Verwendung aufheben. Tofu und Miso hinzufügen, Flamme sehr klein stellen und weitere 2 bis 3 Minuten köcheln lassen. 2 oder 3 Zweige Brunnenkresse in jede Suppenschale legen und die heiße Suppe darübergießen. (Dadurch wird die Brunnenkresse genügend gegart.) Suppe sofort servieren.

Kürbiscremesuppe

- 5 bis 6 Tassen in Würfel geschnittener Kürbis
- 4 bis 5 Tassen Wasser
- 1 Noriblatt, geröstet und in feine Streifen geschnitten (siehe Seite 172)
- ¼ Tasse gehackte Schalotten oder Petersilie
- Meersalz

Kürbis mit dem Wasser und einer Prise Meersalz in einen Topf geben und im zugedeckten Topf zum Kochen bringen. Flamme auf mittlere Stärke stellen und den Kürbis einige Minuten köcheln lassen, bis er sehr weich ist. Den Kürbis mit dem Kochwasser in einen Fleischwolf geben und fein pürieren. Den pürierten Kürbis zurück in den Topf geben und erneut zum Kochen bringen. Flamme klein stellen, eine Prise Meersalz in den Topf geben und die Suppe 10 Minuten simmern lassen. In Suppenschalen füllen und mit gehackten Schalotten oder Petersilie und ein paar Streifen geröstetem Nori garnieren.

Miso-Suppe mit Wakame und weißem Rettich

- 5 Tassen Wasser
- 2 Tassen weißer Rettich, geviertelt und schräg in feine Scheibchen geschnitten
- 3 Shiitake-Pilze, vorgeweicht, Stiele entfernt und in Scheibchen geschnitten
- ¼ Tasse Wakame, gewaschen, vorgeweicht und in Streifen geschnitten
- 4 bis 5 Teelöffel Gerstenmiso (Mugi) (Nach Geschmack)
- ¼ Tasse gehackte Schalotten

Wasser in einen Topf geben und zum Kochen bringen. Rettich und Shiitake hineingeben und im zugedeckten Topf bei mittlerer Flamme 3 bis 5 Minuten simmern lassen, bis der Rettich weich ist. Wakame hinzufügen und alles noch 2 bis 3 Minuten simmern lassen. Flamme sehr klein stellen, die Suppe mit Misopaste mild abschmecken und noch 2 bis 3 Minuten leicht kochen lassen. In Suppenschälchen füllen und mit gehackten Schalotten garnieren.

Seitan-Gerstensuppe

1 Streifen Kombu, 10 cm lang, vorgeweicht und in 1 bis 2 cm große Stücke geschnitten
¼ Tasse gehackte Petersilie oder Schalotten
¼ Tasse feingeschnittene Shiitake oder andere Pilze
1 Tasse feingehackte Zwiebeln
¼ Tasse gehackter Sellerie
½ Tasse Karotten, fein geschnitten
¼ Tasse Klettenwurzel, fein geschnitten
¼ Tasse Gerste, 6 bis 8 Stunden vorgeweicht
1 Tasse gekochtes Seitan, in 2 bis 3 cm große Würfel geschnitten
5 Tassen Wasser
1 Eßlöffel feingehackte Petersilienstiele oder Schalottenwurzel (der weiße untere Teil mit den Wurzelhaaren)
Tamari

Kombu und Petersilienstiele oder Schalottenwurzeln in einen großen Topf geben. Darüber Shiitake, Zwiebeln, Sellerie, Karotten, Klettenwurzeln und Gerste (in dieser Reihenfolge) füllen. Gekochtes Seitan obenauf geben. Wasser hinzufügen und zum Kochen bringen. Topf zudecken und Flamme auf mittlere Stärke stellen. Etwa 1 Stunde simmern lassen, bis die Gerste sehr weich ist. Mit wenig Tamari würzen und bei kleiner Flamme weiter leicht kochen lassen, bis die Suppe sehr cremig ist. In Suppenschälchen füllen und mit gehackter Petersilie oder Schalotten garnieren.

Klare Brühe

1 Streifen Kombu, 10 cm lang, vorgeweicht
5 Tassen Wasser
½ Tasse Stangensellerie, in dünne diagonale Scheiben geschnitten
2 Tassen Chinakohl, diagonal in 2 ½ cm große Streifen geschnitten
Meersalz
gehackte Schalotten

Kombu zusammen mit dem Wasser in einen Topf geben und zum Kochen bringen. Topf zudecken, Flamme auf mittlere Stärke stellen und etwa 10 Minuten simmern lassen. Kombu aus dem Wasser nehmen und für anderweitige Verwendung aufheben. Sellerie ins Wasser geben und 1 Minute kochen lassen, Chinakohl hinzufügen und etwa 2 Minuten kochen lassen. Brühe mit etwas Meersalz abschmecken und noch etwa 2 Minuten köcheln lassen. In Suppenschalen füllen und mit gehackten Schalotten garnieren.

Miso-Kürbissuppe

5 Tassen Wasser
1 Tasse Zwiebeln, in Halbmonde geschnitten
2 Tassen Kürbis, in 2 bis 3 cm große Stücke geschnitten
½ Tasse Wakame, gewaschen, vorgeweicht und in Streifen geschnitten
4 bis 5 Teelöffel Gerstenmiso (Mugi) (nach Geschmack)
¼ Tasse gehackte Schalotten

Wasser in einen Topf geben und zum Kochen bringen. Zwiebeln und Kürbis ins kochende Wasser geben und in geschlossenem Topf bei mittlerer Hitze einige Minuten simmern lassen, bis der Kürbis weich ist. Wakame hinzufügen und 2 bis 3 Minuten simmern lassen. Flamme sehr klein stellen und die Suppe mit Misopaste fein abschmecken. In Suppenschalen füllen und mit gehackten Schalotten garnieren.

Nahrungsergänzungsmittel

Gewürze

Gomasio

1 ⅓ Eßlöffel Meersalz
1 Tasse schwarze oder hellbraune Sesamsamen

Meersalz in eine Edelstahlpfanne geben und bei mittlerer Hitze unter ständigem Rühren einige Minuten rösten. Das Meersalz in einen Suribachi füllen und zu feinem Pulver zerstoßen.

Eine trockene Edelstahlpfanne erhitzen und die gewaschenen Sesamsamen hineingeben. Unter ständigem Rühren einige Minuten gleichmäßig rösten. Die Samen vom Feuer nehmen, wenn sie nußartig duften und anfangen zu springen. Den Sesam zu dem pulverisierten Meersalz in den Suribachi geben. Nun die Samen durch kreisförmige Bewegungen zerreiben (sie sollen halb zerstoßen sein). Aus dem Suribachi nehmen und abkühlen lassen. Das abgekühlte Gomasio in einem luftdichten Glasbehälter aufbewahren. Dieses Gewürz eignet sich gut zum Aufstreuen auf Reis und andere Getreidegerichte.

Norigewürz

5 Blätter Nori
Wasser
Tamari

Die Noriblätter in cirka 3 cm große Stücke zupfen und in eine Pfanne geben. Wasser und Tamari zu gleichen Teilen mischen und über die Noristückchen gießen, so daß diese gerade bedeckt sind. Zum Kochen bringen, Flamme klein stellen, Pfanne zudecken und die Nori simmern lassen, bis die Flüssigkeit fast vollständig verkocht ist. Nochmals mit Tamari würzen, um einen leicht salzigen Geschmack zu erhalten. Von diesem Gewürz reicht man pro Person 1 bis 2 Teelöffel zu Reis oder anderen Getreidegerichten.

Dressings, Pasteten und Brotaufstriche

Tofu-Dressing

1 kleine geriebene Zwiebel
¼ Tasse Umeboshi-Essig
oder vier entsteinte Umeboshi-Pflaumen
1 Pfund frischer Tofu, gut abgetropft
1 Eßlöffel Tamari
½ Tasse gehackte Schalotten oder
Schnittlauch
½ Tasse Wasser

Die geriebene Zwiebel mit dem Essig oder den Pflaumen in einen Suribachi geben. Falls Pflaumen verwendet werden, muß man diese im Suribachi zusammen mit den Zwiebeln zu einer glatten Paste zerreiben. Den Tofu pürieren, in den Suribachi geben und glattrühren. Tamari, Schalotten oder Schnittlauch und Wasser hinzufügen. Alles glattrühren und in eine hübsche Servierschüssel füllen. Von diesem

Dressing gibt man einen Eßlöffel auf eine Portion gekochten Salat oder Hijiki-Salat oder man verwendet es als Aufstrich für Brot, Kräcker oder Reiswaffeln.

Umeboshi-Sonnenblumen-Dressing

2 entsteinte Umeboshi-Pflaumen
¼ Tasse gehackte Schalotten oder Schnittlauch
½ Tasse Wasser
¼ Tasse geröstete Sonnenblumenkerne (siehe Seite 184), kleingehackt

Die Pflaumen in einen Suribachi geben und zu einer glatten Paste zerreiben. Schalotten oder Schnittlauch hinzufügen und alles etwa 2 Minuten glattrühren. Wasser und gehackte Sonnenblumenkerne hinzufügen; alles gut vermischen und mit einem Salat Ihrer Wahl servieren.

Umeboshi-Schalotten-Dressing

3 entsteinte Umeboshi-Pflaumen
4 Eßlöffel Tahin
¼ Tasse gehackte Schalotten
1 ¼ Tassen Wasser

Die Umeboshi-Pflaumen in einen Suribachi geben und zu einer glatten Paste zerreiben. Tahin hinzufügen und glattrühren. Gehackte Schalotten und Wasser hinzufügen und rühren, bis das Dressing eine geschmeidige Konsistenz hat. Servieren Sie es mit Ihrem Lieblingssalat.

Umeboshi-Sesam-Dressing

½ Tasse geröstete Sesamsamen
¼ Tasse Umeboshi-Essig
¾ Tasse Wasser
¼ Tasse gehackte Schalotten

Die gerösteten Sesamsamen in den Suribachi geben und zerstoßen. Essig, Wasser und Schalotten zugeben. 1 bis 2 Minuten glattrühren. Zu einen Salat Ihrer Wahl servieren.

Zwiebelbutter

10 Tassen gehackte Zwiebeln
1 Prise Meersalz
dunkles Sesamöl
Wasser

Eine kleine Menge Sesamöl in einem schweren Topf erhitzen, Zwiebeln hineingeben und bei mittlerer Hitze einige Minuten dünsten, bis sie glasig werden. Häufig umrühren. Eine Prise Meersalz darübergeben und soviel Wasser hinzufügen, daß die Zwiebeln gerade bedeckt sind. Topf zudecken und das Wasser zum Kochen bringen. Flamme sehr klein stellen und die Zwiebeln mehrere Stunden simmern lassen, bis sie sehr dunkelbraun und süß sind. Die Flüssigkeit soll fast vollständig verkocht und die Zwiebeln fast geschmolzen sein. Falls nötig, während des Kochvorgangs ab und zu ein wenig Wasser nachfüllen, um ein Anbrennen der Zwiebeln zu vermeiden.

Die fertige Zwiebelbutter völlig abkühlen lassen. Man streicht sie frisch auf Brot oder Reiswaffeln oder füllt sie in ein gut verschließbares Glas. Im Kühlschrank oder an einem kühlen Ort aufbewahren.

Fisch und Meeresfrüchte

Gebackene Seezunge mit Reis

1 Tasse gehackte Zwiebeln
½ Tasse feingehackter Stangensellerie
4 Tassen brauner Reis (im Dampfdrucktopf gegart oder gekocht)
¼ Tasse gehackte Petersilie
2 bis 3 Pfund frisches Seezungenfilet
½ Tasse Tamari
½ Tasse Wasser
1 Teelöffel frisch geriebener Ingwer
dunkles Sesamöl
einige Zitronenschnitze

Eine kleine Menge dunkles Sesamöl in einer Pfanne erhitzen; Zwiebeln und Sellerie hineingeben und 2 bis 3 Minuten dünsten. Das gedünstete Gemüse zusammen mit dem Reis und der Petersilie in eine Schüssel geben, gut mischen und dann in eine Kasserolle umfüllen. Tamari, Wasser und Ingwer mischen; Seezungenfilets in eine flache Schüssel oder Schale legen und die Mischung darübergießen. Die Fischfilets 30 bis 45 Minuten marinieren lassen. Die marinierten Filets in der Kasserolle gleichmäßig auf dem Reis verteilen. Kasserolle zudecken und bei 175 ° C etwa 30

Minuten (oder bis der Fisch gar ist) backen. Den Deckel von der Kasserolle nehmen und weitere 5 Minuten backen. Etwas gehackte Petersilie über den Fisch streuen, mit einigen Zitronenschnitzen garnieren und servieren.

Gegrillte Muscheln mit Ingwer

2 Pfund frische Muscheln
1 Eßlöffel frisch geriebener Ingwer
½ Tasse Wasser
¼ Tasse Tamari
⅛ Tasse Sake (Reiswein, je nach Geschmack)
2 frische Petersilienzweige

Muscheln waschen und in eine Schüssel geben. Ingwer, Wasser, Tamari und Sake mischen und über die Muscheln gießen. 15 bis 20 Minuten marinieren lassen. Die marinierten Muscheln auf ein Backblech legen und 5 bis 10 Minuten grillen (oder bis sie sehr zart sind). Sie dürfen jedoch nicht zu lange gegrillt werden, da sie sonst zäh werden. Die gegrillten Muscheln auf eine Platte geben und mit frischen Petersilienzweigen garnieren.

Desserts und Snacks

Rosinen-Nuß-Plätzchen

3 Tassen Haferflocken
¼ Teelöffel Meersalz
1 ½ Tassen Weizenvollkornmehl (fein)
1 Tasse Rosinen
½ Tasse gehackte Mandeln
½ Tasse gehackte Walnüsse
3 Eßlöffel Maisöl
1 Tasse Gerstenmalz
1 Tasse Wasser

Haferflocken, Meersalz, Mehl, Rosinen und Nüsse mischen. Öl untermischen. Gerstenmalz hinzufügen und sorgfältig mit den anderen Zutaten vermengen. Wasser hinzufügen, so daß ein dicker Teig entsteht. Den Teig eßlöffelweise auf ein Backblech setzen (etwa 5 cm Abstand lassen) und die Häufchen flachdrücken, so daß kleine Plätzchen entstehen. Die Plätzchen sollten nicht zu dick sein. 25 bis 30 Minuten bei 175° C Grad backen, bis sie goldbraun sind. Diese Teigmenge ergibt je nach Größe der Plätzchen zwischen 12 und 24 Stück.

Heidelbeer-Couscous-Kuchen

2 ½ Tassen Apfelsaft oder Wasser
½ Tasse Rosinen
2 Tassen Couscous
1 Prise Meersalz

Belag:
1 Tasse Wasser
¼ Tasse Gerstenmalz
1 Prise Meersalz
3 Tassen frische Heidelbeeren
2 bis 3 Eßlöffel Kuzu, mit einigen
Eßlöffeln Wasser aufgelöst

Apfelsaft oder Wasser in einen Topf geben. Meersalz und Rosinen hinzufügen und zum Kochen bringen. Topf zudecken, Flamme auf mittlere Stärke stellen und etwa 10 Minuten simmern lassen. Couscous hinzufügen und im geschlossenen Topf 3 bis 5 Minuten leicht kochen lassen. Gas abstellen und das Couscous zugedeckt etwa 10 Minuten quellen lassen. Couscous nach 10 Minuten aus dem Topf nehmen und in eine Glas- oder Keramikform geben.

Für den Belag Wasser, Gerstenmalz, Meersalz und Heidelbeeren in eine Kasserolle geben und zum Kochen bringen. Flamme klein stellen und das aufgelöste Kuzu hinzufügen. Dabei ständig umrühren, so daß sich keine Klumpen bilden. 2 bis 3 Minuten simmern lassen und vom Herd nehmen.

Couscous mit einem Holzspatel fest andrücken und den Belag gleichmäßig darauf verteilen. Vor dem Servieren für einige Zeit abkühlen lassen.

Apfelmus

2 Tassen Wasser
8 bis 10 geschälte, geschnittene Äpfel
¼ Tasse Gerstenmalz (nach Wunsch)
1 Prise Meersalz

Wasser, Äpfel, Gerstenmalz und Meersalz in einen Topf geben und zum Kochen bringen. Flamme klein stellen und simmern lassen, bis die Äpfel weich sind. Äpfel mit dem Kochwasser in einen Fleischwolf geben und pürieren. Soll das Apfelmus etwas süßer werden, läßt man es noch ein wenig länger einkochen. Zum Frühstück eignet sich Apfelmus, das ohne Gerstenmalz gekocht wurde.

Birnenkompott

5 oder 6 geschälte Birnen
1 Prise Meersalz
4 Tassen Wasser
½ Tasse Rosinen
4 bis 5 Eßlöffel Kuzu mit einigen
Eßlöffeln Wasser aufgelöst

Birnen, Salz, Wasser und Rosinen in einen Topf geben und zum Kochen bringen. Flamme klein stellen und den Topf zudecken. Einige Minuten simmern lassen, bis die Birnen weich sind. Das aufgelöste Kuzu unter ständigem Rühren hinzufügen, so daß sich keine Klumpen bilden. Weitere 2 bis 3 Minuten leicht kochen lassen und servieren.

Apfel-Rosinen-Kanten

4 geschälte Äpfel
1 Liter Apfelsaft
1 Prise Meersalz
½ Tasse Rosinen
5 bis 6 Eßlöffel Agar-Agar-Flocken

Äpfel, Apfelsaft, Salz und Rosinen in einen Topf geben. Agar-Agar hineinrühren und zum Kochen bringen. Flamme klein stellen und einige Minuten köcheln lassen, bis die Äpfel weich sind. Die Äpfel mit der Soße in eine Schüssel oder Puddingform füllen. In den Kühlschrank oder an einen kühlen Platz stellen, bis die Flüssigkeit fest geworden ist (cirka 1 Stunde). Wenn der Kanten fest geworden ist, in Würfel schneiden und servieren. Falls er von weicherer Konsistenz ist, füllt man ihn mit dem Löffel in Dessertschälchen.

Couscous-Kuchen mit Birnensoße

2 ½ Tassen Apfelsaft
2 Tassen Couscous
1 Prise Meersalz

Belag
5 oder 6 Birnen, geschält
und in Scheiben geschnitten
1 Prise Meersalz
1 Tasse Wasser

Apfelsaft zusammen mit einer Prise Meersalz in einen Topf geben und zum Kochen bringen. Couscous hinzufügen und im geschlossenen Topf auf kleiner Flamme 2 bis 3 Minuten simmern lassen. Gas abstellen und das Couscous einige Minuten quellen lassen. Dann in eine Glas- oder Keramikform umfüllen und rundherum fest andrücken. Für die Birnensoße Birnen, Salz und Wasser in einen Topf geben und zum Kochen bringen. Flamme klein stellen und die Birnen im geschlossenen Topf 4 bis 5 Minuten simmern lassen, bis sie weich sind. Birnen im Fleischwolf pürieren. Den Couscous-Kuchen in Stücke schneiden und die Birnensoße beim Servieren darübergeben.

Geröstete Nüsse und in Tamari geröstete Nüsse

Mandeln, Walnüsse, Erdnüsse und Kastanien schmecken besonders gut, wenn man sie in der Schale röstet. Man legt die Nüsse auf ein Backblech und röstet sie 10 bis 12 Minuten im Backofen bei 175° C. Geschälte Nüsse sind schneller fertig.

Will man die Nüsse mit Tamari rösten, beträufelt man sie, kurz bevor man sie aus dem Ofen nimmt, mit einer Mischung aus gleichen Teilen Tamari und Wasser.

Geröstete Samen

Hellbraune oder schwarze Sesamsamen, geschälte Sonnenblumenkerne oder grüne Kürbiskerne waschen. Eine Pfanne erhitzen und jede Samenart einzeln bei mittlerer Hitze trocken rösten. Dabei ständig umrühren, damit die Samen nicht anbrennen und von allen Seiten gleichmäßig geröstet werden. Hellbraune Sesamsamen und Sonnenblumenkerne werden goldbraun und fangen nach etwa 5 Minuten an zu springen. Die Kürbiskerne sind fertig, wenn sie goldbraun geworden sind. Die Samen nach Belieben mit ein wenig Tamari würzen.

Frische Bucheckern kann man wie Nüsse im Ofen rösten, bis sie goldbraun sind.

Geröstete Getreidekörner und Bohnen

Brauner Reis, süßer brauner Reis, Gerste und Roggen eignen sich ebenfalls zum Trockenrösten. Das Getreide 24 Stunden vor dem Rösten einweichen. Eine Pfanne erhitzen und jede Getreideart separat trocken rösten, bis die Körner goldbraun sind und ein nußartiges Aroma entfalten. Das Getreide beim Rösten ständig umrühren, um ein Anbrennen zu vermeiden. Weizenkörner können auf die gleiche Weise geröstet werden. Man verwendet sie in Rezepten wie »Brauner Reis mit Weizenkörnern« (siehe Seite 141). Zum Knabbern sind sie jedoch nicht besonders zu empfehlen.

Trocken geröstete schwarze Sojabohnen sind dagegen eine besonders köstliche Knabberei. Man weicht sie etwa 4 bis 6 Stunden ein und röstet sie wie oben beschrieben. Sie sind fertig, wenn die Haut aufplatzt und die Bohnen innen braun werden. Falls gewünscht, kann man einige Spritzer Tamari über die noch heißen Bohnen geben. (Solange rösten, bis die Flüssigkeit verdampft ist.) Auch grüne Erbsen können auf diese Weise geröstet werden. Sie sind fertig, wenn die Haut aufgeplatzt ist und die Erbsen durch und durch heiß sind.

Geröstete Kichererbsen, Azukibohnen und andere Bohnensorten werden im allgemeinen nicht zum Knabbern empfohlen, da sie schwerer verdaulich sind. Gemahlen eignen sie sich gut als Zusatz zu selbstgemachtem Getreidekaffee.

Getränke

Bancha-Tee

1 Liter Wasser
1 bis 2 Eßlöffel Banchazweige

Wasser und Zweige in eine Kasserolle geben und zum Kochen bringen. Flamme klein stellen und den Tee 10 Minuten simmern lassen. Wünscht man den Tee etwas milder, nimmt man ihn nach 3 bis 4 Minuten vom Feuer. (Oft mögen Kinder den Tee weniger stark.) Wünscht man den Tee sehr stark, läßt man ihn 10 bis 15 Minuten simmern. Bancha-Tee kann zu jeder Tageszeit getrunken werden (nach den Mahlzeiten ist er besonders zu empfehlen).

Getreidekaffee

1 Teelöffel Instant-Getreidekaffee
1 Tasse kochendes Wasser

Instant-Getreidekaffee ist in den meisten Naturkostläden erhältlich. Man gibt einen Teelöffel voll in eine Tasse und gießt mit heißem Wasser auf. Umrühren und trinken. Bei hausgemachtem Getreidekaffee hängt die verwendete Menge vom Grad der Röstung und vom individuellen Geschmack ab.

Amasake-Getränk

Amasake

4 Tassen süßer brauner Reis
8 Tassen Wasser
½ Tasse Koji
⅛ Teelöffel Salz

Süßen Reis waschen und über Nacht in 8 Tassen Wasser einweichen. Reis (mit dem Wasser) in einen Dampfdrucktopf geben. Deckel befestigen, Flamme groß stellen und warten, bis der maximale Druck erreicht ist. Flamme auf mittlere Stärke stellen, Flammenverteiler unter den Topf setzen und den Reis 30 Minuten kochen lassen. Topf vom Herd nehmen und warten, bis der Druck gefallen ist. Den Reis etwa eine dreiviertel Stunde abkühlen lassen.

Reis in eine Glasschüssel geben und Koji untermischen. Mit einem sauberen Handtuch abdecken und 6 bis 8 Stunden stehen lassen. Während des Fermentierungsprozesses ab und zu durchmischen, um das Koji gleichmäßig aufzulösen.

Den fermentierten Reis in einen Topf geben, Meersalz hinzufügen und zum Kochen bringen (durch das Kochen kommt der Fermentierungsvorgang zum Stillstand). Wenn die Mischung beginnt, Blasen zu werfen, sofort vom Herd nehmen und abkühlen lassen. Amasake in einem zugedeckten Glasbehälter im Kühlschrank aufbewahren. Man verwendet Amasake als Süßungsmittel oder zur Herstellung eines Getränkes. Man kann Amasake auch mit braunem Reis, Hirse oder Gerste herstellen.

Amasake-Getränk

½ Tasse Amasake
½ Tasse Wasser

Amasake und Wasser in einen Mixer geben und cremig schlagen. Man kann dieses Getränk heiß mit etwas Ingwer oder einem Teelöffel Getreidekaffee vermischt servieren. Auch kühl serviert schmeckt es köstlich.

15 Zu Hause und unterwegs

Wenn wir Mahlzeiten außer Haus einnehmen, sei es auf Reisen oder im Restaurant, wenn wir eine Einladung geben oder selbst eingeladen sind, können wir einiges dazu tun, daß dies zu einem gesunden Vergnügen wird und zu unserem makrobiotischen Lebensstil paßt. Dieses Kapitel bietet eine Reihe praktischer Vorschläge, die Ihnen helfen sollen, Ihre makrobiotische Diät einzuhalten, ganz gleich, wo Sie sich befinden.

Wenn Sie wissen, wonach Sie fragen müssen, finden Sie höchstwahrscheinlich in jedem Restaurant eine Mahlzeit, die Ihren Bedürfnissen gerecht wird. »Ohne Käse, bitte; kein Dressing; ohne Fleisch; keine Sauce; anstatt gebraten, bitte gegrillt oder gedämpft«, hört man heutzutage in den Restaurants immer häufiger. Sie können den Kellner oder die Kellnerin auch durchaus fragen, welche Zutaten verwendet oder auf welche Weise die Speisen zubereitet werden, bevor Sie Ihre Bestellung aufgeben. Schließlich bezahlen Sie für Ihr Essen, und die Restaurants sind daran interessiert, daß ihre Kunden zufrieden sind. Wenn Sie einfallsreich und mutig genug sind, zu sagen was Sie wollen, werden die Mahlzeiten Ihre Erwartungen wahrscheinlich noch übertreffen.

Leider werden in den meisten Restaurants Zutaten wie Zucker, Kochsalz, schwarzer Pfeffer, Eier, Käse, Milch und eine ganze Reihe chemischer Zusätze verwendet. Die meisten Cafeterias, Imbißstuben, »Familienrestaurants« und selbst einige »Naturkostrestaurants« sind daher nicht besonders zu empfehlen. Oft sind ausländische Restaurants, die vegetarische Mahlzeiten anbieten, die bessere Wahl. Das Beste wäre natürlich, wenn sich in Ihrer Nähe ein makrobiotisches Restaurant oder ein Naturkostrestaurant befände, das makrobiotische Mahlzeiten anbietet.

In italienischen Restaurants kann man normalerweise Suppen, Gemüse, Teigwaren ohne Fleisch oder Tomatensoße, Salate und gebackenen oder gegrillten Fisch bekommen. Die meisten chinesischen und japanischen Restaurants bieten gedünsteten Fisch, Gemüse und Reis an. Auf Wunsch bekommt man dort häufig auch braunen Reis serviert. Auch Fischrestaurants sind zu empfehlen, besonders, wenn dort fangfrischer Fisch ohne allzu viele Zutaten zubereitet wird. Gebratener Fisch und andere gebratene Speisen sollten möglichst gemieden werden, da in den Restaurants zum Braten meistens Schmalz (tierisches Fett) verwendet wird. In einem Fischrestaurant bekommt man gewöhnlich auch Reis oder Salat und gekochtes Gemüse als Beilage.

Griechische, indische und mexikanische Restaurants bieten normalerweise verschiedene Getreide- und Bohnengerichte an. In diesem Fall sollten Sie darum bitten, daß Ihre Mahlzeit möglichst ohne Chili oder Curry zubereitet wird. Sie sollten in jedem Restaurant stets nachfragen, ob zur Zubereitung der Speisen Pflanzenfett oder tierisches Fett verwendet wird.

Einladungen

Wenn Sie ein makrobiotisches Essen für Ihre Freunde geben, wird es sicherlich zu einer gesunden Gaumenfreude. Beginnen Sie die Mahlzeit mit einer kleinen Vorspeise, der eine Suppe oder ein Salat folgen sollte. Servieren Sie danach Fisch mit Vollgetreide und verschiedenen Gemüsen als Hauptgericht. Als Nachtisch könnten Sie ein Stück Couscouskuchen mit Birnensoße reichen. Bancha-Tee oder Getreidekaffee runden die Mahlzeit ab.

Falls Sie selbst eingeladen sind, sollten Sie Ihren Freunden vielleicht vorher mitteilen, daß Sie kein Fleisch essen. Sie könnten auch vorschlagen, etwas Selbstgemachtes mitzubringen, damit auch Ihre Freunde einmal von Ihren makrobiotischen Gerichten kosten können.

Mahlzeiten am Arbeitsplatz

Viele berufstätige Menschen sind gezwungen, an den Wochentagen außer Haus zu essen. Vielleicht haben Sie das Glück, daß sich in der Nähe Ihres Arbeitsplatzes ein makrobiotisches oder Naturkostrestaurant befindet, wo Sie gelegentlich eine vollwertige Mahlzeit einnehmen können. Im allgemeinen ist es jedoch am besten, die täglichen Mahlzeiten von zu Hause mit zur Arbeit zu nehmen.

Makrobiotische Mahlzeiten eignen sich gut zum Mitnehmen. Getreidegerichte, Suppen, Eintöpfe und Bohnen kann man in einem Thermosbehälter mit breiter Öffnung, der die Menge von ein oder zwei Tassen fassen sollte, transportieren. Wenn Sie die Gerichte heiß in den Behälter füllen, halten sie sich sehr lange warm. Sie können auch Reisbällchen, gekochte Gemüse, Salate, Eingelegtes und eine Nachspeise wie Couscouskuchen oder Granola mit zur Arbeit nehmen. Vielleicht möchten Sie auch noch einen kleinen Imbiß (Reiskuchen, Rosinen, getrocknete Äpfel oder geröstete Samen und Nüsse) und eine Thermosflasche mit Banchatee mitnehmen. Mit Seitan, Tempeh oder Tofu und in Scheiben geschnittenen, gekochten Gemüsen auf Sauerteig- oder Pita-Brot kann man köstliche Sandwiches zubereiten. Auf diese Weise verbindet man ein Vollgetreide mit rohen oder eingelegten Zutaten, die das Ganze leichter machen. Reste vom Vorabend eignen sich besonders gut zum Mitnehmen an den Arbeitsplatz. Vielleicht schaffen Sie sich eine zusätzliche Teekanne fürs Büro an, so daß Sie auch dort frischen Bancha-Tee aufbrühen können.

Wenn Sie mit dem Flugzeug unterwegs sind

Seit die Konkurrenz unter den Luftfahrtgesellschaften stärker geworden ist, sind die einzelnen Unternehmen oft zu einem Extra-Service bereit, um ihre Kunden zu behalten. Wenn Sie einen Tag vor Ihrem Abflug anrufen, können Sie normalerweise das Essen, das Sie an Bord serviert haben möchten, vorbestellen. In vielen Fällen können Sie sogar braunen Reis, Misosuppe, ein Bohnengericht, Hafergrütze, wilden Reis oder gedünstetes Gemüse bekommen. Hüten Sie sich vor den oft angebotenen Standard-Vegetarier-Gerichten, die normalerweise mit Eiern, jeder Menge Kochsalz und Zucker, Butter und Käse zubereitet werden. Daher ist es ratsam, sich im voraus telefonisch zu erkundigen, was tatsächlich angeboten wird. Im schlimmsten Fall können Sie sich Ihren Reiseproviant in einer kleinen Tasche mitnehmen. Stellen Sie sich ein Sortiment aus selbstgemachtem Sushi, Reisbällchen, gedämpften und eingelegten Gemüsen, Sauerteigbrot, Instant-Misosuppe (in Portionsbeuteln erhältlich – der Inhalt wird einfach in heißes Wasser eingerührt) und vielleicht ein paar selbstgemachten Plätzchen und einigen Bancha-Teebeuteln zusammen. Es ist ratsam, auf Reisen weniger zu essen als zu Hause. So bleiben Sie während der Reise fit und fühlen sich besser, wenn Sie an Ihrem Ziel ankommen.

Wenn Sie mit dem Auto unterwegs sind

Falls Sie mit dem Auto reisen, können Sie Ihre Mahlzeiten flexibler gestalten. Wenn Sie ein kleines Holzbrett, ein scharfes Messer, einige Schälchen und andere Utensilien sowie einen kleinen Gaskocher (Campingkocher mit zwei Flammen), zwei oder drei Töpfe, ein paar Holzlöffel und eine Kühltasche mitnehmen, können Sie sich die Mahlzeiten im Restaurant sparen. Als Vorräte sollten Sie verschiedene schnellkochende Getreidesorten, wie gerösteten Reis oder Gerste, Reiscreme, Couscous, Maismehl, Bulgur und Haferflocken mitnehmen. Außerdem Linsen, Azukibohnen und andere schnellkochende Bohnenarten, sowie Meeresgemüse, Miso, Tamari, Nudeln, Bancha-Tee, Vollkornknabbergebäck, Sauerteigbrot und Tortillas. Frische Gemüse, Früchte, Fisch, Amasake, Tofu, Tempeh und andere frische Vorräte können Sie in einem Kühlbehälter aufbewahren und unterwegs stets frisch nachkaufen.

Falls Sie eine längere Reise per Auto planen, sollten Sie sich zuvor mit dem Ost-West-Zentrum, Eppendorfer Marktplatz, 2000 Hamburg 20, Tel. 040/472750, in Verbindung setzen und eine Liste der Naturkostläden und -restaurants anfordern, die auf Ihrer Reiseroute liegen. In den Städten können Sie die Adressen von Naturkostläden durch einen Blick ins Branchenverzeichnis herausfinden. Oft sind auch die Naturkostrestaurants angegeben. Falls nicht, können Sie einen der Naturkostläden anrufen und fragen, ob man Ihnen ein entsprechendes Restaurant empfehlen kann.

Nehmen Sie sich genügend Zeit zur Vorbereitung Ihrer Reise. Es wird Ihrer Gesundheit und Ihrem Geldbeutel zugute kommen, und Sie können sich so einige Enttäuschungen ersparen. Vielleicht müssen Sie ein wenig von Ihren Gewohnheiten abweichen, um Alternativen zu finden, aber Sie werden wahrscheinlich Menschen begegnen, die Ihre Interessen teilen, und Gelegenheiten finden, wohlschmeckende vegetarische Gerichte auszuprobieren und Ihre Vorräte aufzufrischen. Wahrscheinlich werden Sie, wie viele andere vor Ihnen, mit dem Gefühl nach Hause zurückkehren, daß es sich gelohnt hat.

Epilog

Die Natur nährt und erhält die Pflanzen, Tiere und Menschen dieser Erde. Daher sollten wir sie mit größtem Respekt behandeln und sie hegen und pflegen so gut wir können. Durch unsere Mißachtung der Natur plündern wir die Reserven der Erde, vergiften das Wasser und die Luft. Nur eine Neubesinnung auf die Erhaltung des biologischen Lebens und der Harmonie zwischen Mensch und Natur kann uns helfen, diese und andere Probleme zu lösen, die unsere Gesundheit bedrohen und unser Überleben in Frage stellen.

Sucht man den Kern der großen Probleme, vor denen die Menschheit heute steht, so stellt man fest, daß er in einem fragmentarischen und dualistischen Weltbild zu finden ist. Ist unsere Weltsicht dualistisch, dann sehen wir uns einer feindlichen Umwelt gegenüber: einem Kampf zwischen gut und böse, Krankheit und Gesundheit, Liebe und Haß. Diese fundamentale Spaltung durchzieht sämtliche unserer ökonomischen, erzieherischen, wissenschaftlichen und politischen Institutionen.

Die makrobiotische Theorie beruht auf den Prinzipien von Einheit und Ganzheit und nicht auf dem Prinzip der Teilung. Der Makrobiotiker weiß, daß die Natur stets versucht, Harmonie und Gleichgewicht zu erhalten. Gesundheit wird als das natürliche Resultat einer ausgewogenen Geisteshaltung, Lebens- und Ernährungsweise betrachtet. Eine gesunde Gesellschaft ist nur möglich, wenn ihre einzelnen Mitglieder in Harmonie miteinander und mit ihrer natürlichen Umwelt leben.

Die makrobiotische Ansicht, daß alles Leben in diesem Universum ein organisches, geordnetes, von definitiven Naturgesetzen bestimmtes System darstellt, macht jedem einzelnen deutlich, daß er nicht nur die Verantwortung für die Gestaltung seines eigenen Lebens trägt, sondern in einem viel umfassenderen Sinne bei der Gestaltung des Lebens auf diesem Planeten mitwirkt. Durch dieses Wissen liegt es in unserer Hand, bewußt über unsere Energien, unsere Erfahrungen und unsere Lebensqualität zu bestimmen. Die Makrobiotik vertritt die Überzeugung, daß der erste Schritt zu besserer Gesundheit und einer höheren Lebensqualität eine Ernährung mit ganzheitlichen Nahrungsmitteln ist. Während maßvolle Bewegung und Aktivität den Körper stärken und vitalisieren, hilft uns die bewußte Selbstbetrachtung, unsere Gedanken und Wünsche zu erkennen und so uns selbst und die uns umgebende Welt zu verstehen. So kann uns die makrobiotische Lebensweise helfen, eine friedliche, kooperative und liebevolle Welt aufzubauen.

Anhang A

Nährstoffanalyse eines typischen makrobiotischen Menüs (Tagesration) im Vergleich zu den von der obersten amerikanischen Lebensmittelbehörde empfohlenen Tagesdosen (RDA)

Wir haben uns in den verschiedenen Kapiteln dieses Buches ausführlich mit den Hauptnährstoffquellen der makrobiotischen Ernährung beschäftigt. Diese Informationen werden in der folgenden Tabelle zusammengefaßt und mit den offiziell empfohlenen Tagesdosen (RDAs) von Nährstoffen verglichen. Die Analyse zeigt, daß die in der makrobiotischen Kost enthaltenen Nährstoffe die offiziell empfohlenen Tagesdosen zum Teil noch überschreiten. Die beiden wichtigsten Faktoren, die zu einer ausreichenden Versorgung mit den täglich benötigten Nährstoffen beitragen, sind: abwechslungsreiche Gestaltung der Mahlzeiten (man sollte möglichst viele verschiedene der empfohlenen Nahrungsmittel essen) und richtiges Zubereiten. Wenn man diese Nahrungsmittel in ausgewogener Zusammenstellung und im richtigen Mengenverhältnis (siehe Kapitel 1) zu sich nimmt, liefern sie genügend hochwertige Nährstoffe, um eine ausgezeichnete Gesundheit und Vitalität zu gewährleisten.

Nährstoffgehalt eines typischen makrobiotischen Menüs

Das folgende Menü ist pro Person / pro Tag berechnet

Nahrungsmittel	Menge	Kalorien	Eiweiß	Fett	Kohlehydrate
Maßeinheiten				Gramm	
Frühstück					
Haferbrei	2 Tassen	260	10,0	2,0	46,0
Vollweizensauerteigbrot mit Apfelkraut	2 Scheiben 2 Eßlöffel	210	5,1	1,2	43,7
Bancha-Tee	1 Tasse	2	–	Spuren	.4
Mittagessen					
Gurken-Sushi Tempeh-Sauerkraut-Sushi	1 Portion 1 Portion	420	17,8	6,2	65,4
Gekochter Salat mit Tofu-Dressing	1 Portion	86	7,3	1,6	12,9
Bancha-Tee	1 Tasse	2	–	Spuren	.4
Imbiß					
Geröstete Mandeln und Sonnenblumenkerne mit Rosinen	½ Tasse	318	8,1	16,0	39,0

Anmerkung: Ein Strich bedeutet, daß für einen bestimmten Bestandteil keine meßbaren Daten vorliegen.

Quelle: Der geschätzte Nährstoffgehalt dieses makrobiotischen Menüs basiert auf Daten aus dem USDA Composition of Foods Handbook No. 8 (Handbuch über Ernährungszusammenstellung des amerikanischen Landwirtschaftsministeriums).

Kalzium	Phosphor	Eisen	Natrium	Kalium	Vitamin A	Vitamin B_1 (Thiamine)	Vitamin B_2 (Riboflavin)	Niacin	Vitamin C (Ascorbinsäure)
Milligramm					I. E.		Milligramm		
44	232	3,0	344	292	0	0,38	0,10	0,4	0
54	150	1,8	257	245	Spuren	0,18	0,06	1,6	Spuren
–	–	Spuren	–	–	–	–	--	–	–
61	177	12,1	497	246	800	0,41	0,34	6,9	25
107	77	5,8	166	616	1055	0,16	0,18	1,3	68
–	–	Spuren	–	–	–	–	–	–	–
88	279	3,1	17	594	16	1,10	0,30	1,5	Spuren

Nährstoffgehalt eines typischen makrobiotischen Menüs (Tagesration)

Nahrungs-mittel	Menge	Kalorien	Eiweiß	Fett	Kohlehydrate
Maßeinheiten			Gramm		
Abendessen					
Misosuppe	1 Schale	59	3,0	0,7	7,7
Gebackene Seezunge mit Reis	1 Portion	396	21,5	9,5	70,4
Geriebener Rettich	1 Tasse	5	0,3	–	1,0
Kurzgekochte Brunnenkresse und Karotten mit Umeboshi-Schalotten-Dressing	1 Portion	81	3,3	2,6	8,5
Couscous-Kuchen mit Birnensoße	1 Portion	287	2,6	0,4	65,7
Getreidekaffee	1 Tasse	–	–	–	–
Gesamt		2126	79,0	40,2	361,1

Anmerkung: Ein Strich bedeutet, daß für einen bestimmten Bestandteil keine meßbaren Daten vorliegen.

Quelle: Der geschätzte Nährstoffgehalt dieses makrobiotischen Menüs basiert auf Daten aus dem USDA Composition of Foods Handbook No. 8 (Handbuch über Ernährungszusammenstellung des amerikanischen Landwirtschaftsministeriums).

Kalzium	Phosphor	Eisen	Natrium	Kalium	Vitamin A	Vitamin B_1 (Thiamine)	Vitamin B_2 (Riboflavin)	Niacin	Vitamin C (Ascorbinsäure)
Milligramm					I. E.	Milligramm			
148	96	6,9	349	205	83	0,50	0,70	0,4	22
66	378	2,8	361	525	140	0,25	0,11	6,6	Spuren
9	6	0,2	150	195	3	–	–	–	10
264	82	1,8	165	350	12,662	0,06	0,02	1,0	80
18	62	1,8	254	398	30	0,03	0,04	0,6	31
–	–	–	–	–	–	–	–	–	–
859	1539	39,3	2560	3666	14,789	3,07	1,85	20,3	236

Zusammenfassung: Gesamtnährstoffgehalt eines typischen makrobiotischen Menüs (Tagesration) im Vergleich zu den offiziell empfohlenen Tagesdosen (RDA)

Kategorie	Altersgruppe in Jahren	Kalorien[3]	Eiweiß	Fett	Kohlehydrate
Maßeinheiten			Gramm		
Gesamtnährstoffgehalt[1] einer makrobiotischen Tagesration	alle	2126	79,0	40,2	361,1
Empfohlene Tagesdosen (RDA) für Männer[2]	23-50	2381	56,0	–	–
Empfohlene Tagesdosen (RDA) für Frauen[2]	23-50	1565	44,0	–	–

Anmerkung: Ein Strich bedeutet, daß für diesen Nährstoff keine offiziellen Empfehlungen vorliegen.

1 Der geschätzte Nährstoffgehalt dieses makrobiotischen Tagesmenüs basiert auf Daten aus dem USDA Composition of Foods Handbook No. 8 (Handbuch über Ernährungszusammenstellung der obersten amerikanischen Lebensmittelbehörde).

2 Die benutzten Daten wurden im Jahre 1980 von der obersten amerikanischen Lebensmittelbehörde (Food and Drug Administration) erstellt.

3 Die Daten über den Kalorienverbrauch der Amerikaner stammen aus dem USDA Nationwide Food Comparison Survey (Vergleichende Studie über die Ernährungsgewohnheiten der Amerikaner), die 1977/1978 vom amerikanischen Landwirtschaftsministerium durchgeführt wurde.

Kalzium	Phosphor	Eisen	Natrium[4]	Kalium	Vitamin A	Vitamin B_1 (Thiamine)	Vitamin B_2 (Riboflavin)	Niacin	Vitamin C (Ascorbinsäure)
Milligramm					I. E.		Milligramm		
859	1539	39,3	2560	3666	14,789	3,07	1,85	20,3	236
800	800	18,0	–	–	5000	1,40	1,60	18,0	60
800	800	10,0	–	–	5000	1,00	1,20	13,0	60

4 Die durchschnittliche tägliche Natriumaufnahme eines erwachsenen Amerikaners beträgt zwischen 6000 und 18000 Milligramm.

Anhang B

Makrobiotische Hausmittel

Ziel der Makrobiotik ist es, den Menschen durch ganzheitliche Ernährung, maßvolle Bewegung und eine ausgeglichene Lebensweise gesund zu erhalten. Obwohl eine wohlausgewogene Zusammenstellung naturbelassener Nahrungsmittel der beste und sicherste Weg zu guter Gesundheit ist, müssen wir dennoch für jene Zeiten gewappnet sein, in denen der Körper aus dem Gleichgewicht gerät. Dies mag auf vergangene Ernährungsfehler, extreme Umweltbedingungen oder andere Faktoren zurückzuführen sein. Die im folgenden beschriebenen makrobiotischen Hausmittel basieren auf traditionellen Heilmitteln, die seit Tausenden von Jahren in vielen Teilen der Erde angewendet wurden, um die Symptome einer unausgewogenen Ernährungs- oder Lebensweise zu lindern. Falls Sie bezüglich der Anwendung eines dieser Heilmittel Zweifel haben, sollten Sie einen erfahrenen Makrobiotik-Berater aufsuchen. Personen mit schweren Erkrankungen sollten auf jeden Fall angemessene Hilfe bei einem Arzt, einem Psychologen und einem Ernährungsberater suchen.

Für Makrobiotik-Berater und andere Menschen, die mit den makrobiotischen Hausmitteln schon ein wenig vertrauter sind, mag die folgende Liste ebenfalls hilfreich sein. Der kurzen Beschreibung der einzelnen Mittel folgt stets eine Anleitung zu ihrer Zubereitung. Falls die Makrobiotik ein völlig neues Gebiet für Sie darstellt und Sie daran interessiert sind, diese Hausmittel anzuwenden, sollten Sie sich zuerst an einen Makrobiotik-Berater wenden.

Sie werden feststellen, daß fast alle diese Hausmittel aus Zutaten bestehen, die man auch in der normalen makrobiotischen Küche verwendet und die an anderer Stelle genauer beschrieben sind. Dies zeigt nur einen Aspekt des »Einenden Prinzips«, das heißt, es verdeutlicht die Wechselbeziehung aller Dinge. Die Nahrungsmittel, die wir essen, stillen nicht nur unseren Hunger, sondern haben gleichzeitig tiefgreifende Wirkungen auf unseren Gesundheitszustand. Makrobiotik ist die Kunst, diese Wirkungen so einzusetzen, daß Harmonie und Ausgeglichenheit erreicht werden.

Hausmittel

Wichtig: Bei der Zubereitung von medizinischen Getränken soll stets Geschirr aus natürlichem Material verwendet werden (Glas, Keramik oder Ton).

Auflage aus braunem Reis. Das Reispflaster wirkt abschwellend und kühlend bei ungeöffneten Abszessen oder Entzündungen. Zur Herstellung des Pflasters zerreibt man sieben Teile gekochten braunen Reis mit zwei Teilen rohem, grünem Blattgemüse (die äußeren Blätter von Wirsing oder Grünkohl) und einem Teil rohen Norialgen. Alles im Suribachi fein zerreiben – je feiner die Masse, desto besser. Falls die Paste zu fest wird, reines Quellwasser hinzufügen. Die Paste auf die erkrankte Stelle auftragen und mit einem sauberen Tuch oder Handtuch bedecken. Wenn das Pflaster warm wird, entfernt man es und säubert die Stelle mit warmem Wasser. Falls gewünscht, wiederholen.

Bancha-Zweig-Tee. Bancha-Zweig-Tee wirkt bei Krankheits- oder Erschöpfungszuständen unterstützend auf den Stoffwechsel. Man gibt einen Eßlöffel Tee auf einen Liter Wasser. Tee zum Kochen bringen, Flamme klein stellen, Topf zudekken und den Tee höchstens fünf Minuten leicht köcheln lassen. Bancha-Zweig-Tee sollte nach den Mahlzeiten getrunken werden. In vielen Fällen ist es angebracht, bis zu drei Tassen täglich zu trinken.

Buchweizenpflaster. Das Buchweizenpflaster hilft, übermäßige Flüssigkeitsansammlungen durch die Haut abzuziehen. Es wird erfolgreich bei Schwellungen, die auf Wasserretention zurückzuführen sind, eingesetzt. Man mischt Buchweizenmehl mit soviel heißem Wasser, daß ein fester Teig entsteht. Den Teig etwa 1 bis 2 cm dick auf die entsprechende Stelle auftragen und mit einem Verband oder einem sauberen Baumwolltuch abdecken. Das Pflaster kann alle vier Stunden erneuert werden. Die Schwellungen gehen meist schon nach einigen Anwendungen (spätestens nach zwei bis drei Tagen) zurück.

Daikon-Trank (aus weißem Rettich). Aus weißem Rettich kann man drei ausgezeichnete medizinische Getränke herstellen. Das erste wirkt fiebersenkend und schweißtreibend. Das zweite wird als Diuretikum (Entwässerungsmittel) benutzt und das dritte unterstützt den Abbau übermäßiger Fett- und Schleimansammlungen im Körper. Für das erste Getränk mischt man eine halbe Tasse frisch geriebenen weißen Rettich mit einem Eßlöffel Tamarisojasoße und einem viertel Teelöffel frisch geriebenem Ingwer. Über diese Mischung gießt man heißen Bancha-Tee. Heiß trinken.

Zur Herstellung des zweiten Getränks preßt man frisch geriebenen Rettich in einem sauberen Gazetuch aus, bis man zwei Eßlöffel frischen Rettichsaft erhält. Diesen vermischt man mit sechs Eßlöffeln Wasser und einer Prise Meersalz und bringt ihn zum Kochen. Dieses Getränk sollte nur einmal täglich und nicht länger als drei Tage hintereinander getrunken werden. (Diese Mischung muß auf jeden Fall aufgekocht werden.) Für das dritte Daikon-Getränk gibt man einen Eßlöffel frisch geriebenen weißen Rettich und zehn Tropfen Tamari in eine Tasse. Mit heißem Wasser auffüllen und trinken. Dieses Getränk sollte am besten abends vor dem Schlafengehen eingenommen werden. Nicht länger als sieben Tage hintereinander anwenden, ohne einen erfahrenen Makrobiotik-Berater zu fragen.

Dentie. Dentie wird im Orient seit langer Zeit gegen Zahn- und Zahnfleischbeschwerden und zum Blutstillen bei Nasenbluten und kleinen Verletzungen benutzt. Wendet man Dentie regelmäßig anstelle von Zahnpasta an, wirkt es dem Zahnfleischbluten entgegen, stärkt das Gebiß und verhindert Zahnverfall. Man kann Dentiepulver oder -paste in Naturkostläden kaufen oder zu Hause selbst herstellen: Eine kleine Aubergine im Ganzen backen, bis sie sich schwarz verfärbt. Abkühlen lassen und zu Pulver zerreiben. Sieben Teile Pulver mit drei Teilen Meersalz mischen. In einem trockenen, geschlossenen Behälter aufbewahren.

Grüner Tee. Grüner Tee unterstützt den Abbau und die Ausscheidung von tierischen Fetten und Cholesterin. Man gibt einen halben Teelöffel grünen Tee in eine Keramikteekanne, gießt eine Tasse kochendes Wasser darüber und läßt ihn drei bis fünf Minuten ziehen. Abseihen und heiß trinken. (Nicht mehr als eine Tasse pro Tag.) Menschen mit übermäßiger Yin-Konstitution oder Kranke sollten diesen Tee nicht verwenden.

Grüner Gerstentee. Dieser Tee besteht aus getrockneten und pulverisierten Gerstengräsern. Er unterstützt den Körper beim Abbau von tierischen Fetten und Giftstoffen tierischen Ursprungs. Außerdem fördert er die Entgiftung der Leber. Man gibt einen bis zwei Teelöffel des Pulvers in eine Tasse, fügt heißes Wasser hinzu und trinkt den Tee heiß. Lassen Sie sich bezüglich der Anwendungsdauer von einem erfahrenen Makrobiotik-Berater beraten.

Ingwerkompresse. Ingwerkompressen regen die Blut- und Lymphzirkulation an. Auf die Haut aufgelegt helfen sie, Ablagerungen von Giftstoffen, Zysten und Tumore aufzulösen. Im Fall einer Krebserkrankung darf man sie jedoch nur kurz (maximal fünf Minuten) zur Vorbereitung für ein Taro- oder Buchweizenpflaster anwenden. *Achtung:* Benutzt man die Ingwerkompresse bei einer Krebserkrankung als separate Behandlung, kann dies möglicherweise das Krebswachstum beschleunigen (besonders bei Yin-Tumoren). Für eine Ingwerkompresse reibt man eine Handvoll Ingwerwurzeln und gibt sie auf ein sauberes Gazetuch. Nun den Saft der geriebenen Wurzeln in einen Topf mit etwa drei bis vier Litern heißem (nicht kochendem) Wasser pressen. Die Mischung darf nicht kochen. Ein sauberes Handtuch in das Ingwerwasser tauchen und fest auswringen. Noch heiß auf den erkrankten Hautbezirk auflegen. Um ein zu schnelles Abkühlen zu vermeiden, kann man ein weiteres (trockenes) Handtuch auf die Kompresse legen. Die Kompresse alle sieben bis zehn Minuten erneuern, bis die Haut gut erhitzt ist.

Ingwer-Sesamöl. Ingwer-Sesamöl regt die Durchblutung der Haut an, da es die feinen Kapillargefäße stimuliert. Es wirkt außerdem schmerzlindernd. Man mischt den Saft von frisch geriebenem Ingwer zu gleichen Teilen mit Sesamöl. Ein sauberes Baumwolltuch in die Mischung tauchen und den betreffenden Hautbezirk kräftig abreiben.

Klettenwurzeltee. Klettenwurzeltee ist ein tonisierendes Getränk, das zur allgemeinen Stärkung dient. Man gibt einen Eßlöffel zerkleinerte Klettenwurzeln auf eine Tasse Wasser. Zum Kochen bringen, Flamme klein stellen und zehn Minuten leicht köcheln lassen.

Kombu-Tee. Kombu-Tee verbessert die Blutqualität und versorgt den Körper mit Mineralstoffen. Man gibt einen 8 bis 9 cm langen Kombustreifen in einen Liter Wasser. Zum Kochen bringen, Flamme klein stellen und zugedeckt zehn Minuten köcheln lassen. Kombu aus dem Wasser nehmen und den Tee servieren.

Kuzu(Kudzu)-Tee. Kuzu-Tee stärkt die Verdauungsorgane, wirkt allgemein kräftigend und bekämpft Erschöpfungszustände. Einen gehäuften Teelöffel Kuzu in einer Tasse mit kaltem Wasser auflösen. Die Mischung langsam zum Kochen bringen, Flamme klein stellen und etwa fünf Minuten unter gelegentlichem Umrühren köcheln lassen. (Der Tee ist fertig, wenn die Flüssigkeit transparent wird.) Einen Teelöffel Tamarisojasoße einrühren und heiß trinken.

Löwenzahnwurzeltee. Löwenzahnwurzeltee kräftigt das Herz und den Dünndarm. Man gibt einen Eßlöffel getrocknete Löwenzahnwurzeln auf einen Liter Wasser und bringt die Mischung zum Kochen. Flamme klein stellen und im geschlossenen Topf zehn Minuten köcheln lassen. Die Anwendung dieses Tees sollte mit einem Makrobiotik-Berater besprochen werden.

Lotoswurzel-Pflaster. Die Lotoswurzelauflage hilft, die Nebenhöhlen, die Nase, den Hals und die Bronchien von zähen Schleimablagerungen zu befreien. Man mischt sechzehn Teile frisch geriebene Lotoswurzel mit drei Teilen fein gemahlenem Vollkornmehl und einem Teil frischgeriebenem Ingwer. Diese Paste streicht man etwa einen Zentimeter dick auf ein Stück Leinen- oder Baumwolltuch, das man mit der bestrichenen Seite nach unten direkt auf die erkrankte Stelle auflegt. Man läßt das Pflaster mehrere Stunden oder über Nacht einwirken. Bevor man das Pflaster auflegt, kann man die betreffende Stelle auch mit einer Ingwerkompresse vorbereiten, um die Blutzirkulation anzuregen und den Schleim etwas zu lösen.

Lotoswurzeltee. Lotoswurzeltee wirkt besonders heilsam auf die Lunge, lindert Hustenreiz und löst zähen Schleim. Man preßt den Saft aus einer halben Tasse frisch geriebener Lotoswurzel und gibt ihn zusammen mit einer Tasse Wasser in einen Topf. Zum Kochen bringen, Flamme klein stellen und fünfzehn Minuten köcheln lassen. Eine Prise Meersalz und einen Spritzer Tamari hinzufügen und heiß trinken.

Reiscreme aus braunem Reis. Diese Reiscreme ist besonders da angebracht, wo die normale Verdauung aufgrund einer zehrenden Krankheit beeinträchtigt ist. Man wäscht braunen Reis und röstet ihn trocken in der Pfanne, bis die Reiskörner eine goldbraune Farbe annehmen. Drei bis sechs Teile Wasser und ein wenig Meersalz hinzufügen und zwei Stunden im Dampfdrucktopf kochen lassen. Den gekochten Reis durch ein sauberes Gazetuch pressen. Man serviert die Reiscreme mit einer kleinen Menge eines Nahrungsergänzungsmittels wie Umeboshi-Pflaumen, Gomasio, Tekka, Kelp- oder Kombupulver. Reiscreme kann zwei- oder mehrmals täglich in der gewünschten Menge verzehrt werden.

Roher geriebener Daikon. (Weißer Rettich). Roher geriebener Daikon wirkt verdauungsfördernd, besonders, wenn er zusammen mit fetten, öligen oder schweren Speisen (einschließlich Fleisch und Fisch) gegessen wird. Man serviert pro Person einen Eßlöffel geriebenen, mit Tamarisojasoße beträufelten Rettich. Falls weißer Rettich gerade nicht erhältlich ist, kann man auch roten Rettich oder weiße Rüben verwenden.

Salziger Bancha-Tee. Salziger Bancha-Tee reinigt den Körper von zähen Ablagerungen. Man gibt etwa einen halben Teelöffel Meersalz auf eine Tasse warmen Bancha-Tee (Körpertemperatur). Um die Nasenhöhlen zu reinigen, inhaliert man eine kleine Menge der Flüssigkeit durch ein Nasenloch, während man das andere zuhält. Wenn Flüssigkeit durch die Nase in den Mund läuft, sollte man sie eher ausspucken als hinunterschlucken. Salziger Bancha-Tee kann bei Halsentzündungen und Halsschmerzen auch zum Gurgeln verwendet werden. Auch zur Vaginalspülung ist er empfehlenswert.

Salzpackung. Salzpackungen werden angewendet, um eine Körperstelle zu erwärmen und um Muskelsteifigkeit und Schmerzen zu lindern oder die Ausscheidungsvorgänge anzuregen. Man wendet sie überall da an, wo Hitze erwünscht ist. Meersalz in einer trockenen Pfanne rösten, bis es heiß ist. Soviel Salz verwenden, daß man die erkrankte Stelle mit einer 1 bis 2 cm dicken Schicht bedekken kann. Das heiße Salz in einen baumwollenen Kissenbezug oder in ein Handtuch einschlagen. Um Verbrennungen zu vermeiden, sollte man die erkrankte Stelle mit einem zusammengelegten Handtuch abdecken, bevor man die Salzpackung auflegt. Wenn die Packung beginnt abzukühlen, ersetzt man sie durch eine neue.

Salzwasser. Salzwasser kann man heiß oder kalt gegen verschiedene Beschwerden anwenden. Normalerweise gibt man zwei bis vier Eßlöffel Meersalz auf einen halben Liter Wasser. Kaltes Salzwasser wirkt lindernd bei geringfügigen Verbrennungen. In diesem Fall taucht man den betreffenden Körperteil in ein Gefäß mit kaltem Salzwasser. Warmes Salzwasser (Körpertemperatur) eignet sich gut für Einläufe, mit denen man eine Verstopfung beheben oder Fett- und Schleimablagerungen aus den unteren Darmabschnitten entfernen kann. Auch für Vaginalspülungen kann man warmes Salzwasser verwenden.

Senfpflaster Senfpflaster regen die Blutzirkulation an und lösen Ablagerungen in erkrankten Körperteilen. Um ein Senfpflaster für Erwachsene herzustellen, rührt man trockenes Senfpulver mit soviel heißem Wasser an, bis eine dicke Paste entsteht. Diese streicht man auf ein Papierhandtuch, bedeckt sie mit einem zweiten und legt dieses »Sandwich« zwischen zwei dicke Baumwollhandtücher. Auf die erkrankte Stelle auflegen und solange einwirken lassen, bis die Haut gut durchwärmt ist. Auflage abnehmen und Senfreste mit warmem Wasser von der Haut abwaschen.

Sesamöl. Sesamöl ist ein wirksames Mittel gegen Verstopfung. Man mischt ein oder zwei Eßlöffel rohes Sesamöl mit je einem viertel Teelöffel Tamarisojasoße und frisch geriebenem Ingwer. Diese Mischung nimmt man auf nüchternen Magen ein.

Shiitake-Tee. Tee aus Shiitake-Pilzen dient als mildes Relaxans zur Entspannung verkrampfter Muskeln sowie zur nervlichen Entspannung. Außerdem unterstützt dieser Tee den Abbau tierischer Fette im Körper. Man weicht einen Shiitakepilz zwanzig Minuten in einer Tasse Wasser ein und schneidet ihn dann in vier Teile. Die Shiitakestücke zurück ins Wasser geben, eine weitere Tasse Wasser und eine Prise Meersalz hinzufügen und zwanzig Minuten kochen lassen. Von diesem Tee nicht mehr als eine halbe Tasse auf einmal trinken.

Tamari-Bancha-Tee. Tamari-Bancha-Tee hilft, übermäßig saures Blut zu neutralisieren. Man bereitet eine Tasse Bancha-Zweig-Tee und rührt zwei Teelöffel Tamari hinein. Heiß trinken.

Taro(Albi)-Pflaster. Das Taro- oder Albi-Pflaster dient dazu, Giftstoffe aus dem Körper zu ziehen. Es wird besonders dazu benutzt, die Mineralstoffe, die sich oftmals in Tumoren befinden, über die Haut abzuziehen. Wird das Taro-Pflaster regelmäßig in Verbindung mit der makrobiotischen Diät angewendet, hilft es allmählich, die Tumore zu verkleinern. Tarokartoffeln sind von ähnlicher Form wie gewöhnliche Kartoffeln und haben eine braune, haarige Schale. Für die Zubereitung des Taro-Pflasters sollten Sie kleine Tarokartoffeln verwenden. In vielen Fällen ist es angebracht, die erkrankte Stelle mit einer Ingwerkompresse vorzubereiten, bevor man das Taro-Pflaster auflegt. Herstellung des Pflasters: Man schält und reibt so viele Tarokartoffeln, daß man die erkrankte Stelle mit einer Schicht von etwa einem Zentimeter Dicke bedecken kann. Man mischt einen Teil frisch geriebene Ingwerwurzel unter neunzehn Teile geriebene Kartoffeln. Diese Mischung streicht man etwa einen Zentimeter dick auf ein sauberes Baumwolltuch. Das Pflaster wird nun mit der bestrichenen Seite nach unten auf die erkrankte Stelle aufgelegt und alle vier Stunden erneuert. Wenn gewünscht, kann man das Pflaster auch über Nacht einwirken lassen, ohne es zu wechseln. Falls die erkrankte Körperstelle abkühlt, ersetzt man das Pflaster durch eine heiße Ingwerkompresse, die man drei Minuten einwirken läßt, bevor man ein neues Pflaster auflegt. Falls das Kältegefühl bestehen bleibt, erwärmt man die Stelle mit einer Salzpackung; sie darf jedoch nicht überhitzt werden. Falls frische Tarokartoffeln in Ihrer Gegend nicht erhältlich sind, können Sie auch Taropulver kaufen, das Sie mit reinem Quellwasser und geriebenem Ingwer mischen. Sie können auch gewöhnliche Kartoffeln reiben und zu gleichen Teilen mit zerriebenem grünem Blattgemüse mischen (zum Beispiel die äußeren Blätter von Wirsing oder Grünkohl im Mörser zerrieben). Dazu fügen Sie einen Teil frisch geriebenen Ingwer und soviel Vollweizenmehl, daß eine dicke Paste entsteht. Obwohl diese Auflage nicht so wirksam ist wie ein Taro-Pflaster, kann man auch mit ihr positive Ergebnisse erzielen.

Tofu-Pflaster. Ein Tofu-Pflaster wirkt fiebersenkend. Man drückt die Flüssigkeit aus dem Tofu und rührt ihn zu Brei. Auf sechs Teile Tofu gibt man einen Teil frisch geriebenen Ingwer und drei Teile feines Vollkornmehl. Alles zu einer Paste anrühren und direkt auf die Haut auftragen. Das Pflaster alle zwei bis drei Stunden erneuern. (Falls es zu heiß wird auch öfter).

Umeboshi-Pflaume. Umeboshi-Pflaumen kann man frisch (entsteint), getrocknet und pulverisiert oder gebacken zu sich nehmen. Umeboshi-Pflaumen wirken in jeder Form normalisierend auf die Verdauung. Sie beheben eine Übersäuerung des Magens und helfen gegen vorübergehende Darmbeschwerden. Man nimmt eine halbe oder ganze Umeboshi-Pflaume mit einer Tasse Bancha-Tee ein. Umeboshipulver kann man entweder mit heißem Wasser oder mit Bancha-Tee einnehmen. Man verwendet einen Eßlöffel pulverisierte Umeboshi-Pflaumen auf eine Tasse heißes Wasser oder Bancha-Tee. Heiß trinken.

Ume-Extrakt. Ume-Extrakt wird aus Umeboshi-Pflaumen hergestellt. Man kann ihn in vielen Naturkostläden fertig kaufen. Man gibt einen viertel Teelöffel des Extraktes in eine Tasse, gießt mit heißem Wasser oder Bancha-Tee auf und trinkt die Mischung heiß.

Ume-Sho-Bancha. Ume-Sho-Bancha verbessert die Blutqualität und bewirkt eine allgemeine Kräftigung des Organismus, da es die Verdauung normalisiert. Man gießt eine Tasse Bancha-Tee über eine halbe Umeboshi-Pflaume und fügt einen Teelöffel Tamari-Sojasoße hinzu. Umrühren und heiß trinken.

Ume-Sho-Kuzu. Ume-Sho-Kuzu ist eine besonders wirksame Verdauungshilfe. Man bereitet einen Kuzutee wie auf Seite 200 beschrieben und fügt eine halbe Umeboshi-Pflaume sowie einen Teelöffel Tamari-Sojasoße hinzu. Je nach Wunsch kann man auch noch einen achtel Teelöffel frisch geriebenen Ingwer hineinrühren.

Ume-Sho-Bancha mit Ingwer. Wie Ume-Sho-Bancha normalisiert dieses Getränk die Verdauung. Außerdem wirkt es anregend auf die Blutzirkulation. Zubereiten wie oben beschrieben und einen viertel Teelöffel Saft von frisch geriebenem Ingwer hinzufügen.

Waschungen und Sitzbäder mit getrockneten Daikon-Blättern. Die getrockneten Blätter des weißen Rettichs eignen sich besonders gut zur Behandlung von Hautproblemen oder Störungen der weiblichen Fortpflanzungsorgane. Sie bekämpfen wirksam übermäßige Talg- und Geruchsbildung der Haut. Man läßt die Blätter von mehreren weißen Rettichen an einem schattigen Platz trocknen, bis sie braun und brüchig werden. Statt der Rettichblätter kann man auch die Blätter von weißen Rüben verwenden. In einem gut verschlossenen, trockenen Behälter halten sich die getrockneten Blätter bis zu einem Jahr.

Man gibt zwanzig bis dreißig Blätter auf vier bis fünf Liter Wasser. Zum Kochen bringen, Flamme klein stellen, Topf zudecken und 15 Minuten köcheln lassen, bis das Wasser braun wird. Eine Handvoll Meersalz einrühren. Blätter abseihen und die Flüssigkeit zurück in den Topf schütten. Zur Behandlung von Hautproblemen taucht man ein sauberes Baumwolltuch oder einen Baumwollwaschlappen in die heiße Flüssigkeit. Tuch ausdrücken und auf den entsprechenden Hautbezirk auflegen (darauf achten, daß das Tuch nicht zu heiß ist, um Verbrennungen zu vermeiden).

Wenn das Tuch abkühlt, nimmt man es ab und wiederholt den Vorgang, bis die Haut stark erhitzt ist. Zur Behandlung der Unterleibsorgane gibt man die Flüssigkeit in heißes Badewasser (Sitzbad). Man bedeckt den Oberkörper mit einem Handtuch und bleibt etwa zehn Minuten in dem Bad sitzen, bis man zu schwitzen beginnt. Man kann für dieses Bad auch Aramealgen benutzen. Nach dem Bad eine Spülung mit Bancha-Tee (dem der Saft einer halben Zitrone und eine Prise Meersalz hinzugefügt wurde) vornehmen. Das Bad kann bis zu zehn Tage hintereinander angewendet werden.

Anhang C

Glossar

Im folgenden werden makrobiotische Nahrungsmittel, Zubereitungsmethoden, Küchengeräte und Konzepte erklärt, die Ihnen vielleicht bisher unbekannt waren. Außerdem finden Sie hier Erläuterungen für Begriffe, die sich auf das Verhältnis zwischen Ernährung und Gesundheit beziehen.

Aduki. Siehe Azuki.

Agar-agar. Eine weiße, gelatineartige Substanz, die aus einer bestimmten Algenart gewonnen wird. Agar-agar wird hauptsächlich bei der Herstellung von Aspik oder Kanten verwendet. Siehe auch: Kanten.

Akupressur. Eine Heilweise, bei der der Behandler den Fluß elektromagnetischer Energie durch die Meridiane des Körpers anregt und harmonisiert. Bei der Akupressur werden die Finger und Hände benutzt, um die Akupunkturpunkte des Körpers zu stimulieren.

Akupunktur. Eine fernöstliche Behandlungsmethode, die zur Schmerzbekämpfung und Harmonisierung des Körpers eingesetzt wird. Bei der Akupunktur werden Nadeln in bestimmte Punkte entlang der Meridiane eingestochen, um Blockierungen und Verkrampfungen zu lösen. Manchmal benutzt der Akupunkteur auch eine Substanz, genannt Moxa, die über den entsprechenden Punkten abgebrannt wird.

Albi. Siehe Taro.

Amasake (Reismilch). Ein Süßungsmittel oder ein erfrischendes Getränk aus süßem Reis, der mit Koji zu einem dicken Sirup fermentiert wird (siehe auch: Koji).

Arame: Eine dunkelbraune, spaghettiartige Algenart, ähnlich der Hijikialge. Sie ist reich an Eisen, Kalzium und anderen Mineralstoffen und wird oft als Beilage gereicht.

Arrowroot (Pfeilwurzel). Ein Stärkemehl, das aus der Wurzel einer in Amerika heimischen Pflanze hergestellt wird. Man verwendet es, ähnlich wie Maisstärke oder Kuzu, als Bindemittel für Soßen, Eintöpfe und Nachspeisen.

Ausscheidung. Sämtliche Prozesse, mit denen sich der Körper von Schleimansammlungen, Fetten und Giftstoffen befreit, wie Urinieren, Stuhlgang, Transpiration, Husten, Abszesse, Zysten und Tumore.

Azukibohnen. Kleine, dunkelrote Bohnen, die besonders gut sind, wenn sie mit Kombualgen kombiniert werden. Manchmal werden sie auch als Aduki oder Adzukibohnen bezeichnet.

Ballaststoffe. Die unverdaulichen Bestandteile naturbelassener Nahrungsmittel, insbesondere der Kleie beim Vollgetreide und die äußeren Hüllen oder Schalen von Gemüsen und Früchten. Ballaststoffe beschleunigen die Passage von Abfallstoffen im Darm. Raffinierte, aufbereitete oder geschälte Nahrungsmittel enthalten nur geringe Mengen Ballaststoffe.

Bancha-Tee. Heißt eigentlich Kukicha und besteht aus den Zweigen und Blättern des japanischen Teestrauches. Bancha unterstützt die Verdauung, enthält viel Kalzium und wird ohne chemische Färbemittel hergestellt. Bancha ist ein ausgezeichnetes Frühstücksgetränk. (Auch als Getränk nach den Hauptmahlzeiten sehr zu empfehlen).

Bok Choy. Ein Gemüse mit grünen Blättern und dicken, weißen Stengeln. Bok Choy wird hauptsächlich für leichte Sommergerichte verwendet. Manchmal wird es auch als Pok Choy bezeichnet.

Brauner Reis. Unpolierter Reis, von dem nur die harte äußere Schale entfernt wurde. Es gibt ihn in drei verschiedenen Sorten: Rund-, Mittel- und Langkorn. Brauner Rundkornreis ist im Hinblick auf den Mineralstoff-, Eiweiß- und Kohlehydratgehalt am ausgewogensten. Aber auch die anderen Sorten können gelegentlich verwendet werden. Siehe auch: süßer brauner Reis.

Brauner Reisessig. Ein sehr milder und delikater Essig, der aus fermentiertem braunem Reis hergestellt wird. Brauner Reisessig wirkt im Körper weniger säurebildend als Apfelessig.

Brot aus gekeimtem Weizen. Ein Vollkornbrot aus Weizen, der eingeweicht und zum Keimen gebracht wurde. Brot aus gekeimtem Weizen enthält kein zusätzliches Mehl, kein Salz oder Öl und ist sehr süß und feucht.

Buchweizen. Eine in Sibirien heimische Pflanze, die in vielen europäischen Ländern über viele Jahrhunderte hinweg als Grundnahrungsmittel galt. Buchweizen wird oft in Form von Kasha, ganzen Körnern oder Sobanudeln gegessen.

Chemische Zusätze. Alle künstlichen Aromastoffe, Farbstoffe oder Konservierungsmittel, die den Nahrungsmitteln nachträglich zum Zweck der optischen oder geschmacklichen Aufbereitung hinzugefügt werden. In den USA wurden bisher über dreitausend verschiedene chemische Stoffe zur Nahrungsmittelaufbereitung zugelassen.

Chinakohl. Ein Blattgemüse, das aus großen länglichen Köpfen besteht. Die Spitzen der Blätter sind kraus und hellgrün und gehen in dicke weiße Stengel über. Dieses, auch als Nappa bezeichnete, saftige und leicht süßliche Gemüse eignet sich gut zur Zubereitung von Suppen, Eintöpfen und Gemüsepfannen. Auch sauer eingelegt ist es sehr wohlschmeckend.

Cholesterin. Eine im menschlichen Körper produzierte Substanz, die beim Aufbau von Membranstrukturen und bei der Bildung bestimmter Hormone eine wichtige Rolle spielt. Cholesterin ist auch in sämtlichen Nahrungsmitteln tierischen Ursprungs enthalten. Nimmt ein Mensch zuviel Cholesterin mit der Nahrung auf, erhöht sich sein Risiko, an Gallensteinen, Herzleiden, Krebs und anderen Gesundheitsstörungen zu erkranken.

Couscous. Ein teilraffiniertes, schnellkochendes Produkt aus Weizen, das im Geschmack an Weizengrieß erinnert.

Daikon. Ein langer, weißer Rettich. Dieses Gemüse, das gut als Beilage geeignet ist, unterstützt den Körper beim Abbau übermäßiger Fett- und Schleimansammlungen. Frisch geriebener, roher weißer Rettich ist besonders als Beilage zu fetten Nahrungsmitteln zu empfehlen, da er letztere leichter verdaulich macht.

Do-In. Eine Form orientalischer Körperübung und Selbstmassage, die dazu dient, den elektromagnetischen Energiefluß innerhalb des Körpers zu harmonisieren.

Dulse (Rotalgen). Ein rot-violettfarbenes Meeresgemüse, das für Suppen, Salate und Gemüsepfannen verwendet wird. Dulse enthält viel Eiweiß, Eisen, Vitamin A, Jod und Phosphor.

Einendes Prinzip. Das Prinzip von Yin und Yang; die philosophische Grundlage der Makrobiotik. »Das einende Prinzip« bedeutet, daß alles im Universum einem ständigen Wandel unterliegt und daß sich gegensätzliche Kräfte ergänzen. Wenn wir dieses Prinzip verstehen, können wir Körper und Geist in Einklang bringen und in Harmonie mit unserer natürlichen Umwelt leben.

Einfache Zucker. Zu den einfachen Zuckern zählen Succrose (Haushaltszucker), Fruktose (Fruchtzucker), Glukose (Traubenzucker) und Laktose (Milchzucker). Einfache Zucker liefern schnell verfügbare Energie, die jedoch nicht lange vorhält. In der modernen Ernährung besteht die Zufuhr von Kohlehydraten bis zu fünfzig Prozent aus einfachen Zuckern. Siehe auch: komplexe Kohlehydrate.

Elektromagnetische Energie. Energiewellen, die sämtliche Erscheinungsformen, einschließlich des menschlichen Körpers, durchströmen. Die elektromagnetischen Energiewellen werden durch die Bewegung der Erde auf ihrer Umlaufbahn erzeugt.

Fermentierung (Gärung). Ein Umwandlungsprozeß, bei dem die chemische Zusammensetzung der Nahrungsmittel durch das Einwirken von Bakterien oder Enzymen verändert wird. Dient dazu, diese Lebensmittel leichter verdaulich zu machen. In der makrobiotischen Ernährung werden folgende fermentierte (vergorene) Nahrungsmittel verwendet: Sauerkraut, sauer eingelegte Gemüse, Sauerteigbrot und einige vergorene Sojaprodukte.

Fu. Ein Produkt aus getrocknetem Weizengluten. Man erhält es in Form von dünnen Blättchen oder als dicke, runde Kuchen. Fu ist ein sättigendes, eiweißreiches Nahrungsmittel, das hauptsächlich bei der Zubereitung von Suppen, Eintöpfen und Gemüsegerichten verwendet wird.

Gelbes Miso. Ein kurz fermentiertes Miso aus weißem Reis, Sojabohnen und Meersalz. Dieses Miso ist von salzigem und doch zartem Aroma. Man verwendet es für Suppen, Soßen und Gemüsegerichte. Gesunde können dieses Miso gelegentlich verwenden.

Genmai Miso. Ein aus Sojabohnen, braunem Reis und Meersalz hergestelltes Miso, das einem einjährigen Fermentationsprozeß unterworfen wird. Man verwendet es für Suppen und zum Würzen von Gemüsegerichten.

Gepreßter Salat. In sehr feine Streifen geschnittene oder geraspelte frische Gemüse, die mit Meersalz, Umeboshi-Essig, braunem Reisessig oder Tamarisojasoße in einer Gemüsepresse eingelegt werden. Durch den Fermentierungsvorgang werden die Gemüse leichter verdaulich, während die natürlichen Enzyme und Vitamine größtenteils erhalten bleiben.

Gerstenmalz. Ein dickes, braunes, sirupartiges Süßungsmittel, das aus Gerste gewonnen wird. Reines (100prozentiges) Gerstenmalz wird bei der Herstellung von Nachspeisen, süßen und sauren Saucen und einer Reihe von medizinischen Getränken verwendet.

Gesättigte Fette. Dieser Begriff beschreibt die molekulare Struktur der meisten Fette, die in roten Fleischsorten, Milchprodukten und anderen Nahrungsmitteln tierischen Ursprungs vorkommen. Ein übermäßiger Verzehr dieser Fette führt zu Herzkrankheiten und anderen Erkrankungen.

Gesundheitszustand. Der gegenwärtige körperliche Zustand eines Menschen im Gegensatz zu seiner Konstitution (ursprünglicher körperlicher Zustand bei der Geburt).

Getreidekaffee. Ein koffeinfreies Kaffee-Ersatzgetränk aus geröstetem Getreide, Bohnen und Wurzeln. Durch unterschiedliche Zusammenstellung der Zutaten erhält man eine Reihe verschiedener Geschmacksrichtungen. Wird wie Pulverkaffee verwendet.

Getrockneter Daikon. Geriebener, getrockneter weißer Rettich, den man in dieser Form fertig abgepackt kaufen kann. Er schmeckt besonders gut, wenn er zusammen mit Kombualgen gekocht und mit Tamarisojasoße gewürzt wird. Weicht man getrockneten Daikon vor der Verwendung ein, tritt sein natürlich süßer Geschmack noch stärker hervor.

Getrockneter Tofu. Tofu, der durch den natürlichen Vorgang des Gefriertrocknens haltbar gemacht wurde. Man verwendet ihn für Suppen, Eintöpfe, Gemüse und Algengerichte. Getrockneter Tofu enthält weniger Fett als der normale, handelsübliche Tofu. Siehe auch: Tofu.

Gluten (Weizen). Eine klebrige Substanz, die übrigbleibt, wenn man Weizenkleie durch Kneten und Spülen aus dem Vollweizenmehl entfernt. Gluten wird zur Herstellung von Seitan und Fu verwendet.

Gobo. Siehe Klettenwurzel.

Gomasio. Auch als Sesamsalz bezeichnet. Gomasio ist ein Tafelgewürz, das aus gerösteten, zerstoßenen Sesamsamen und Meersalz hergestellt wird. Über braunen Reis oder andere Getreidegerichte gestreut schmeckt es besonders gut.

Goma-Wakame-Pulver. Eine Gewürzmischung aus zerstoßenen Sesamsamen und gerösteten, pulverisierten Wakamealgen. Dieses mineral- und nährstoffreiche Pulver wird wie Gomasio verwendet.

Gomoku-Reis. Ein herzhaftes, traditionelles Gericht, das aus vier verschiedenen Getreidesorten und einer Bohnenart besteht. Gomoku wird hauptsächlich während der Herbst- und Wintermonate gegessen.

Grüne Noriflocken. Ein Nahrungsergänzungsmittel, das aus einer bestimmten Norialge hergestellt wird. (Eine andere Sorte als die in Packungen erhältlichen Nori.) Diese Flocken enthalten viel Eisen, Kalzium und Vitamin A. Man kann sie über Getreide, Gemüse, Salate und andere Gerichte streuen.

Hatcho Miso. Miso aus Sojabohnen und Meersalz, das mindestens zwei Jahre fermentiert wurde. Es hat einen milden, salzigen Geschmack und kann ab und zu zur Zubereitung von Suppengrundlagen oder zum Würzen von Gemüsegerichten verwendet werden. Dieses dunkle, reichhaltige Miso ist besonders während der kalten Jahreszeit zu empfehlen.

Hijiki. Ein dunkelbraunes Meeresgemüse, das beim Trocknen eine schwarze Farbe annimmt. Diese spaghettiförmigen Algen enthalten viel Kalzium und Eiweiß und schmecken würziger als Arame. Hijiki wird aus Japan importiert und vor der Küste Maines (USA) geerntet.

Hirse. Ein Getreide, das aus kleinen gelben Körnern besteht. Es gibt viele verschiedene Arten, von denen die Perlhirse die bekannteste und gebräuchlichste ist. Man verwendet Hirse in Suppen, Gemüsegerichten, Aufläufen und als Getreidespeise.

Hokkaido-Kürbis. Es gibt zwei Sorten Hokkaido-Kürbis. Eine dunkelorangefarbene und eine hellgrüne Art. Beide schmecken sehr süß und haben eine harte äußere Schale.

Hydrierung. Ein chemischer Prozeß, bei dem Öle mit Wasserstoff gesättigt werden, um ihnen eine feste Konsistenz zu verleihen.

Ingwer. Eine würzige, scharfe, goldgelbe Wurzel, die zum Garnieren oder Würzen von Speisen oder bei der Zubereitung bestimmter Getränke verwendet wird. Findet auch als Hausmittel bei bestimmten Beschwerden Verwendung (Ingwerkompresse).

Ingwerkompresse. Eine heiße Kompresse, die aus dem mit Wasser vermischten Saft der Ingwerwurzel hergestellt wird. Regt die Blutzirkulation an und löst Verkrampfungen in dem Bereich des Körpers, auf den sie aufgelegt wird.

Japanische schwarze Bohnen. Eine spezielle, in Japan heimische Sojabohnenart. Sie wirken unterstützend bei Beschwerden der Fortpflanzungsorgane. Beim Kochen verwendet man sie für Suppen und als Beilage.

Kampyo. Getrocknete Kürbisstreifen, die eingeweicht und zum Einwickeln von Gemüserollen verwendet werden. Man ißt die Kampyo zusammen mit den Gemüserollen.

Kanten. Eine geleeartige Nachspeise, die mit Agar-agar zubereitet wird. Man kann sie aus Früchten der Saison, wie Melonen, Äpfeln, Beeren, Pfirsichen und Birnen oder auch mit Amasake, Azukibohnen oder anderen Zutaten herstellen. Kanten wird normalerweise gekühlt serviert und stellt eine erfrischende Alternative zu herkömmlichen Gelatineprodukten dar.

Kasha. Buchweizengrütze, die vor dem Kochen geröstet wird. Kasha ist eine traditionelle osteuropäische und russische Speise.

Kelp. Eine große Familie von Meeresgemüsen, die vor den beiden Küsten der Vereinigten Staaten wachsen. Kelp ist in den meisten Naturkostläden abgepackt erhältlich und wird oft auch als Granulat oder Pulver angeboten. Es ist eine ausgezeichnete Mineralstoffquelle (einschließlich Eisen).

Kinpura. Sautierte Wurzelgemüse, die in streichholzdicke Stifte geschnitten werden. Normalerweise Klettenwurzeln (oder Klettenwurzeln mit Karotten) mit Tamarisojasoße gewürzt. Dieses herzhafte Gericht hat wärmende Eigenschaften und vitalisiert den Körper. Eine ideale Wintermahlzeit.

Klettenwurzeln. Eine harte, wildwachsende Pflanze. Die lange, dunkle Klettenwurzel schmeckt köstlich in Suppen, Eintöpfen, Algengerichten oder zusammen mit gedünsteten Karotten. Diese Pflanze wird in der makrobiotischen Küche für ihre stärkenden Eigenschaften hoch geschätzt. Der japanische Name: Gobo.

Koji. Eine Getreidesorte (gewöhnlich teilpolierter oder polierter Reis), die mit Bakterien geimpft wurde und zur Fermentierung verschiedener Lebensmittel verwendet wird (zum Beispiel Miso, Amasake, Tamari, Natto und Sake).

Kokkoh. Ein Getreidebrei für Säuglinge und Kleinkinder, bestehend aus braunem Reis, süßem braunem Reis, Azukibohnen, Sesamsamen und Kombualgen. Kann mit ein wenig Yinnie(Reis)-Sirup oder Gerstenmalz gesüßt werden.

Kombu. Ein dickes, dunkelgrünes Meeresgemüse mit breiten Blättern. Kombu ist mineralstoffreich und wird häufig zusammen mit Bohnen und Gemüsen gekocht. Ein einziges Blatt kann mehrmals verwendet werden (zum Würzen von Suppengrundlagen).

Komplexe Kohlehydrate. Auch als Polysaccharide bezeichnete Stärken, die den Körper über einen Zeitraum von mehreren Stunden mit einem hohen Maß an nutzbarer Energie versorgen. Komplexe Kohlehydrate stellen den Hauptanteil der makrobiotischen Ernährung. Diese Energielieferanten finden wir hauptsächlich in Vollgetreide, Gemüse und Bohnen.

Komyaku. Eine gelatineartige Speise, die in Japan aus wilden Bergkartoffeln hergestellt wird. Es gibt verschiedene Sorten, die man jedoch alle kochen und gut abspülen muß, um den bitteren Geschmack zu entfernen. Man mischt sie normalerweise unter Gemüse und Nishime-Gerichte.

Konstitution: Die individuelle körperliche Ausgangsbasis eines Menschen, die schon vor der Geburt feststeht und von der Gesundheit und Vitalität der Eltern, Großeltern und Vorfahren abhängt. Siehe auch: Gesundheitszustand.

Koya. Für diese Getreidespeise verwendet man die fünf- bis zehnfache Menge Wasser wie für ein normales Getreidegericht und läßt sie solange langsam kochen, bis das Getreide weich und cremig ist.

Kudzu. Siehe Kuzu.

Kukicha. Siehe Bancha-Tee.

Kuzu. Ein weißes Stärkepulver aus der Wurzel der wilden Kuzupflanze. Kuzu kommt vor allem im Süden der Vereinigten Staaten, wo es auch Kudzu genannt wird, vor. Man verwendet es bei der Zubereitung von Suppen, Soßen und Nachspeisen, sowie zur Herstellung von medizinischen Getränken.

Lotos. Wurzeln und Samen einer braunhäutigen Wasserlilie, die innen gefächerte weiße Blätter hat. Lotos wirkt besonders wohltuend auf Nebenhöhlen und Lunge. Die Samen der Pflanze werden Getreide-, Bohnen- und Algengerichten beigefügt.

Makrobiotik. Ansatz zu einer harmonischen Lebensweise, der auf einer ausgewogenen Ernährung, regelmäßiger Bewegung, Übereinstimmung mit der Natur und einem Verständnis der philosophischen Prinzipien von Yin und Yang beruht. George Oshawa strebte als erster eine Verbindung dieser alten traditionellen Prinzipien mit einer modernen Lebensweise an.

Meeresgemüse. Verschiedene Arten von Meerespflanzen, die als Nahrungsmittel dienen. In der makrobiotischen Ernährung stellen Meeresgemüse eine der Hauptquellen für Vitamine, Mineralstoffe und Spurenelemente dar.

Meersalz. Durch Verdampfung aus dem Meerwasser gewonnenes Salz, im Gegensatz zu Steinsalz, das in Salzbergwerken abgebaut wird. Meersalz wird entweder mit Hilfe der Sonnenwärme oder durch Darren in speziellen Trockenöfen gewonnen. Es ist reich an Mineralstoffen und enthält keinen Zucker und keine chemischen Zusätze.

Mehrfach ungesättigte Fette. Dieser Begriff beschreibt die Molekularstruktur von Fetten, die in Pflanzenölen und anderen ganzheitlichen Nahrungsmitteln, zum Beispiel Fisch, vorkommen. Obwohl die mehrfach ungesättigten Fette gesünder sind als die gesättigten, kann auch ein übermäßiger Verzehr dieser Fette zu erhöhten Fettsäurewerten (Triglyceride) im Blut führen.

Meridian. In der östlichen Medizin werden die Kanäle, durch die elektromagnetische Energie durch den Körper fließt, als Meridiane bezeichnet. Die Heilkünste Akupunktur, Shiatzu und Do-in sowie die östlichen Wege der Selbstverteidigung zielen darauf ab, den Energiefluß durch die vielen Meridiane des Körpers wieder zu harmonisieren.

Mirin. Ein Wein aus süßem Vollreis, der zum Kochen verwendet wird. Beim Einkauf sollten Sie darauf achten, daß Sie eine gute Sorte bekommen, da viele im Handel angebotene Sorten aus denaturiertem Reis hergestellt sind und chemische Zusätze enthalten.

Miso. Eine eiweißreiche Paste aus fermentierten Sojabohnen. Es gibt verschiedene Sorten, von denen einige auch Gerste und braunen Reis enthalten. Miso wird bei der Zubereitung von Suppengrundlagen und als Gewürz verwendet. Bei regelmäßigem Verzehr wirkt es fördernd auf Blutzirkulation und Verdauung. Für den täglichen Verzehr sollte man Mugi(Gersten)-Miso verwenden. Die anderen Sorten können gelegentlich verwendet werden. Misoarten, die nur einem kurzen Fermentierungsprozeß unterzogen wurden (einige Wochen), sind für den häufigen Gebrauch weniger zu empfehlen, da ihr Salzgehalt höher ist als der von langsam fermentierten Sorten wie Mugi oder Hatcho Miso. Siehe auch: Genmai Miso; Hatcho Miso; Mugi Miso; Natto Miso; Onazaki Miso; rotes Miso; weißes Miso; gelbes Miso.

Miso mit braunem Reis. Siehe: Genmai Miso.

Misopüree. Mit Wasser cremig gerührte Misopaste, die man leicht in die Speisen einrühren kann. Um Miso zu pürieren, gibt man es in ein Schälchen oder einen Suribachi und fügt soviel Wasser oder Brühe hinzu, bis eine glatte, cremige Paste entsteht. Mit einem Holzstößel oder Holzlöffel glattrühren.

Mochi. Feste Reiskuchen oder Klöße, die aus gekochtem, geschlagenem Reis hergestellt werden. Mochi sind besonders für stillende Mütter zu empfehlen, da sie die Milchbildung anregen. Man kann Mochi zu Hause selbst herstellen oder fertig kaufen. Auch als Zwischenmahlzeit ideal.

Muchiga. Tee aus ungeschälter, gerösteter Gerste. Muchiga kann heiß serviert oder (im Sommer) als erfrischendes kaltes Getränk gereicht werden.

Mucus (Schleim). Absonderungen der Schleimhäute, die normalerweise dazu dienen, bestimmte Teile des Körpers zu schützen und geschmeidig zu halten. Krankheiten, Umweltverschmutzung, Rauchen und ein übermäßiger Verzehr von Fetten, Zucker und Weißmehlprodukten können zu übermäßiger Schleimbildung führen. Dadurch können die Ausscheidungsorgane des Körpers blokkiert und in ihrer Funktion beeinträchtigt werden.

Mugi Miso. Ein Miso aus Gerste, Sojabohnen und Meersalz, das achtzehn Monate bis zwei Jahre bis zur Reife gelagert wird. Dieses aromatische Miso kann das ganze Jahr über täglich verwendet werden (zur Herstellung von Suppengrundlagen, Gewürzmischungen, Eingelegtem und zum Würzen von Gemüse oder Bohnengerichten). Mugi Miso kann auch von Schwerkranken regelmäßig verzehrt werden.

Mu-Tee. Tee aus einer traditionellen Mischung nicht-anregender Kräuter. Ein wärmendes und stärkendes Getränk, das besonders auf die weiblichen Fortpflanzungsorgane wirkt. Zwei beliebte Sorten sind Mu-Tee Nr. 9 und Mu-Tee Nr. 16.

Nappa. Siehe Chinakohl.

Natto. Gekochte Sojabohnen, die mit Enzymen vermischt und 24 Stunden fermentiert wurden. Enthält viel leichtverdauliches Eiweiß und Vitamin B_{12}.

Natto Miso. Eine Gewürzmischung aus Sojabohnen, Gerste, Kombu und Ingwer; kein Miso im eigentlichen Sinne.

Naturbelassene (ganzheitliche) Nahrungsmittel. Die eßbaren Anteile von Nahrungsmitteln, die weder industriell aufbereitet noch mit chemischen Zusätzen in irgendeiner Form angereichert sind. Diese Nahrungsmittel sind nicht raffiniert und enthalten noch sämtliche Wert- und Wirkstoffe.

Naturkost. Nahrungsmittel, die nicht raffiniert oder mit chemischen Zusätzen oder Konservierungsstoffen behandelt werden. Einige dieser Nahrungsmittel werden mit natürlichen, traditionellen Methoden teilweise aufbereitet.

Nigari. Ein aus Meersalz hergestelltes Gerinnungsmittel, das bei der Tofuherstellung verwendet wird.

Nishime. Eine Zubereitungsart, bei der verschiedene Kombinationen von Gemüsen, Meeresgemüsen oder Sojaprodukten in einer Mischung aus wenig Wasser und Tamari langsam gegart werden. Man bezeichnet diese Technik auch als »Kochen ohne Wasser«.

Nori. Dünne, schwarze oder dunkelviolette Blätter einer getrockneten Algenart. Nori wird häufig über einer Flamme geröstet, bis es eine grüne Farbe annimmt. Man verwendet geröstete Noriblätter zum Garnieren oder zum Einwickeln von Reisbällchen (Sushi) oder, mit Sojasoße gekocht, als Nahrungsergänzungsmittel. Nori ist reich an Vitaminen und Mineralien und wird manchmal auch als Laver bezeichnet.

Oden. Für dieses Gericht läßt man Wurzelgemüse, Meeresgemüse, Sojaprodukte und (manchmal) Fisch zusammen in einem Topf ganz langsam garen. Dieser köstliche Wintereintopf kann aus ganz verschiedenen Kombinationen dieser Zutaten hergestellt werden.

Ohagi. Feuchte Küchlein aus geschlagenem süßem Reis, die in gerösteten Sesamsamen oder gerösteten, gemahlenen Nüssen, pürierten Azukibohnen und Rosinen etc. gewälzt werden. Man reicht sie gewöhnlich als Nachtisch.

Onazaki Miso. Ein Miso aus weißem Reis, Sojabohnen und Meersalz. Es ist heller als Mugi, Hatcho oder Genmai Miso und etwas salziger. Dieses aromatische Miso wird gelegentlich für Suppengrundlagen und zum Würzen von Gemüsegerichten verwendet.

Organisch gewachsene Nahrungsmittel. Nahrungsmittel, die ohne Verwendung von synthetischem Dünger, Pestiziden, Herbiziden und Fungiziden angebaut und geerntet wurden.

Perlgerste. Eine in China heimische Gerstenart, die gut in kaltem Klima gedeiht. Eignet sich sehr gut für Eintöpfe und Suppen oder zum Kombinieren mit anderen Getreidesorten. Perlgerste unterstützt den Abbau tierischer Fette im Körper.

Physiognomie. Die Kunst, aus den Gesichts- und Körpermerkmalen den Gesundheitszustand eines Individuums zu beurteilen.

Pok Choy. Siehe Bok Choy.

Raffiniertes Öl. Salat- oder Speiseöl, das durch chemische Extraktion gewonnen und chemisch aufbereitet wurde, um eine maximale Ausbeute und Lagerfähigkeit zu erzielen. Raffinierte Öle sind fast farb- und geruchlos. Sie haben kein Aroma und enthalten nur noch ein Minimum an Nährstoffen.

Reisbällchen. Zu Bällchen oder Dreiecken geformter Reis, der gewöhnlich eine Umeboshi-Pflaume enthält und in geröstete Nori- oder Shisoblätter eingewikkelt wird. Die Reisbällchen oder Dreiecke können auch mit anderen Zutaten gefüllt und umhüllt werden. Reisbällchen eignen sich gut als Zwischenmahlzeit, für Picknicks oder auf Reisen; man kann sie aber auch zum Mittagessen reichen.

Reissirup. Siehe Yinnie-Sirup.

Rotes Miso. Ein salzig schmeckendes, kurz-fermentiertes Miso aus Sojabohnen und Meersalz. Kann von Gesunden gelegentlich verwendet werden. Wird auch als Aka Miso bezeichnet.

Sake. Japanischer Reiswein mit etwa fünfzehn Prozent Alkohol. Wird oft zum Kochen verwendet.

Sake Lees. Die fermentierten Reste, die bei der Herstellung von Sake (Reiswein) anfallen. Man verwendet sie gelegentlich zum Würzen von Suppen, Eintöpfen, Gemüsegerichten und sauer Eingelegtem. Sake Lees sind im Winter besonders gut, da sie wärmende Eigenschaften haben.

Sanpaku. Ein japanischer Begriff. Bedeutet soviel wie »drei Weiße«. In der östlichen Medizin wird mit Sanpaku ein Zustand der Augen beschrieben, bei dem die Iris nach oben gerichtet ist und der weiße Rand unterhalb der Iris zu sehen ist. Dieser Zustand kann auf schlechte Ernährung hindeuten; er kann aber auch ein Zeichen für schlechte Gesundheit oder Unglück sein.

Schwarze Sesamsamen. Kleine, schwarze Samen, die manchmal zum Garnieren von Speisen oder zur Herstellung von schwarzem Gomasio, einer Gewürzmischung, verwendet werden. Diese Samen unterscheiden sich von den normalerweise verwendeten weißen oder hellbraunen Sesamsamen.

Schwarze Sojabohnen. Siehe: japanische schwarze Bohnen.

Seitan. Weizengluten, das in Tamarisoße, mit Kombu und Wasser gekocht wird. Seitan kann man zu Hause selbst herstellen oder fertig abgepackt im Naturkostladen kaufen. Es ist sehr eiweißreich und ist von etwas zäher Konsistenz, so daß es einen idealen Fleischersatz darstellt.

Sesambutter. Cremig gerührte, geröstete Sesamsamen. Man verwendet Sesambutter wie Erdnußbutter oder in Salatsoßen und Dressings.

Shiatsu. Eine Form orientalischer Massage, mit der man Blockierungen der elektromagnetischen Energie auflösen und den Energiefluß durch die Meridiane des Körpers harmonisieren kann.

Shiitake. Eine Pilzart, die normalerweise in getrockneter Form aus Japan importiert wird. In einigen Teilen der Vereinigten Staaten sind diese Pilze auch frisch erhältlich. Man verwendet sie zum Würzen von Suppengrundlagen oder Gemüsegerichten. Getrocknete Shiitake werden auch für medizinische Zubereitungen verwendet, da sie den Körper beim Abbau tierischer Fette unterstützen.

Shio Kombu. Kombustücke, die lange in Tamarisojasoße gekocht wurden. Man verwendet sie sparsam als Gewürz. Shio Kombu hat einen stark salzigen Geschmack.

Shio Nori. Noristücke, die lange in Tamarisoße gekocht wurden. Man verwendet sie gelegentlich als Gewürz. Shio Nori sind eine sehr pikante Beilage.

Shiso. Diese Pflanze wird in Amerika auch Beefsteak-Pflanze genannt. Die roten, eingelegten Shisoblätter werden zum Färben von Umeboshi-Pflaumen benutzt. (Gelegentlich auch als Beilage.) Manchmal auch als Chiso bezeichnet.

Shoyu. Siehe Tamari und Tamarisojasoße.

Soba. Nudeln aus Buchweizenmehl oder aus einer Mischung von Buchweizen- und Weizenmehl (Vollkorn). Soba mit klarer Brühe, in Salaten oder Gemüsepfannen servieren. Im Sommer schmecken diese Nudeln auch gekühlt sehr gut.

Somen. Sehr dünne japanische Nudeln aus weißem oder Vollweizenmehl. Somen sind dünner als Soba und andere Vollkornnudeln und werden oft für Sommergerichte verwendet.

Süßer brauner Reis. Eine süßere Variante des braunen Reises. Süßer brauner Reis ist etwas klebriger als der gewöhnliche Reis und wird für Mochi, Ohagi, Reisklößchen, Babynahrung, Amasake und zur Essigherstellung verwendet.

*Suribachi.*Eine glasierte Tonschale mit besonderer Auszähnung. In Verbindung mit einem Stößel, genannt Surikogi, benutzt man sie zum Mahlen und Pürieren von Nahrungsmitteln. Sie stellt in der makrobiotischen Küche ein wichtiges Utensil dar, mit dem man eine Vielzahl verschiedener Zubereitungen herstellt. (Zum Beispiel Gewürze, Brotaufstriche, Dressings, Babynahrung, Nußbutter und medizinische Zubereitungen.)

Surikogi. Ein hölzerner Stößel, der in Verbindung mit dem Suribachi verwendet wird. Man benutzt ihn zur Herstellung von Gomasio, Algenpulver und anderen Gewürzen und zum Cremigrühren bestimmter Speisen.

*Sushi.*Eine in Noriblätter eingewickelte und in Scheiben geschnittene Rolle aus Reis mit Gemüsen, Fisch oder sauer Eingelegtem. Sushi wird überall in den Vereinigten Staaten immer beliebter. Die gesündeste Variante besteht aus braunem Reis und anderen, naturbelassenen Zutaten.

Sushi-Matte. Eine Matte aus dünnen Bambusstreifen, die mit Baumwollfäden aneinander befestigt sind. Diese Matten können fest zusammengerollt werden und bleiben dennoch luftdurchlässig. Man benutzt sie zu Herstellung von Sushi und zum Abdecken von frischgekochten Gerichten oder Resten.

Tahini. Ein Nußmus, das aus gemahlenen, geschälten weißen Sesamsamen gewonnen wird. Man verwendet es wie Sesambutter.

Takuan. In Reiskleie und Meersalz eingelegter weißer Rettich. Takuan wurde nach dem buddhistischen Mönch benannt, der diese besondere Methode des Einpökelns erfunden hat. Manchmal auch als Takuwan bezeichnet.

Tamari und Tamarisojasoße. Tamarisojasoße ist eine auf traditionelle Weise hergestellte Sojasoße, im Gegensatz zu den heute oft erhältlichen, chemisch aufbereiteten Varianten. Original (oder »echtes«) Tamari ist die Flüssigkeit, die während der Herstellung von Hatcho Miso abgegossen wird. Tamarisojasoße bester Qualität wird einem natürlichen Fermentierungsprozeß von etwa einem Jahr unterzogen und besteht aus Sojabohnen, Weizen und Meersalz. Tamarisojasoße wird manchmal auch als Shoyu bezeichnet.

Taro. Eine Kartoffelart mit einer dicken, dunkelbraunen, haarigen Schale. Man ißt sie als Gemüse oder verwendet sie für die Zubereitung medizinischer Kompressen. Wird auch als Albi bezeichnet.

Tekka. Ein Nahrungsergänzungsmittel aus Hatcho Miso, Sesamöl, Klettenwurzeln, Lotoswurzeln, Karotten und Ingwer. Tekka wird über kleiner Flamme mehrere Stunden lang sautiert. Es ist von dunkelbrauner Farbe und sehr reich an Eisen.

Tempeh. Ein traditionelles Sojaprodukt. Es wird aus halben Sojabohnen, Wasser und einer bestimmten Bakterienkultur hergestellt. Man läßt es einige Stunden fermentieren. In Indonesien und Sri Lanka ist Tempeh ein Grundnahrungsmittel. Es ist reich an leichtverdaulichem Eiweiß und enthält viel Vitamin B_{12}. In einigen Naturkostläden kann man es fertig abgepackt kaufen.

Tempura. Eine Zubereitungsmethode, bei der Gemüsestücke oder Fisch und andere Meeresfrüchte in Teig getaucht und in nichtraffiniertem Öl schwimmend ausgebacken werden. Tempura wird häufig zusammen mit Suppen und sauer Eingelegtem serviert.

Tofu. »Sojakäse«. Wird aus Sojabohnen und Nigari hergestellt. Tofu ist ein eiweißreiches Sojaprodukt und findet Verwendung in Suppen, Gemüsegerichten, Dressings usw. Siehe auch: getrockneter Tofu.

Toxin. Eine giftige Substanz tierischen oder pflanzlichen Ursprungs, die die Bildung von Antikörpern verursacht.

Udon. Japanische Nudeln aus Weizenmehl, Vollkornweizen oder einer Mischung aus Vollkornweizen und ungebleichtem Weißmehl. Udon sind leichter als Soba(Buchweizen)nudeln und können auf die gleiche Weise verwendet werden.

Umeboshi. Salzige, eingelegte Pflaumen. Sie wirken appetitanregend und verdauungsfördernd und sorgen für alkalisches Blut. Durch Shisoblätter erhalten die Pflaumen ihre typische, rötliche Farbe und ihr Aroma. Umeboshi kann man im ganzen oder zu Paste zerrieben verwenden.

Umeboshi-Essig. Ein salziger, saurer Essig aus Umeboshi-Pflaumen. Man verdünnt ihn mit Wasser und verwendet ihn für süß-saure Soßen, Salate, Salatdressings etc.

Ungesättigte Fette. Siehe mehrfach ungesättigte Fette.

Unraffiniertes Öl. Aus den Pflanzen gepreßtes oder herausgelöstes Öl, in dem die ursprüngliche Farbe, der ursprüngliche Geschmack, das Aroma und die Nährstoffe der entsprechenden Pflanzen erhalten sind.

Wakame. Eine lange, dünne grüne Algenart, die in vielen verschiedenen Gerichten verwendet wird. Wakame ist reich an Eiweiß, Eisen und Magnesium. Sie schmeckt leicht süßlich und ist von feiner Struktur. Besonders gut zur Zubereitung von Misosuppe geeignet.

Wasabi. Ein hellgrüner japanischer Meerrettich, der traditionsgemäß mit rohem Fisch (Sashimi) gegessen wird. Man verwendet ihn auch bei der Zubereitung von Sushi. Wasabi ist sehr scharf.

Weißes Miso. Ein süßlich schmeckendes, kurz fermentiertes Miso aus weißem Reis, Sojabohnen und Meersalz. Man verwendet es für Suppengrundlagen und gelegentlich bei der Zubereitung von Gemüsegerichten. Kann von Gesunden gelegentlich verzehrt werden. Man nennt es auch Shiro Miso.

Weizengluten. Siehe Gluten (Weizen).

Wilder Reis. Eine wildwachsende Reisart, die im Wasser wächst und von Hand geerntet wird. Eine traditionelle Nahrung der amerikanischen Ureinwohner in Minnesota und anderen Gebieten. Diese langen, dunklen, dünnen Getreidekörner sind in vielen Naturkostläden erhältlich.

Yang. Gemäß der makrobiotischen Lehre bezeichnet man die zentripetale oder nach innen gerichtete Energie oder Bewegung (Kontraktion) als Yang. Sie stellt eine der beiden gegensätzlichen und sich ergänzenden Kräfte dar, die gemeinsam allen Phänomenen innewohnen. Die Yang-Energie wird traditionsgemäß durch ein Dreieck symbolisiert (△). Siehe auch: Einendes Prinzip; Yin.

Yin. Gemäß der makrobiotischen Lehre bezeichnet man die zentrifugale oder nach außen gerichtete Energie oder Bewegung (Ausdehnung) als Yin. Sie stellt eine der beiden gegensätzlichen und sich ergänzenden Kräfte dar, die gemeinsam allen Phänomenen innewohnen. Yin wird traditionsgemäß durch ein umgekehrtes Dreieck symbolisiert (▽). Siehe auch: Einendes Prinzip; Yang.

Yinnie Sirup. Ein süßer, dickflüssiger Sirup aus braunem Reis und Gerste. Man verwendet ihn häufig bei der Zubereitung von Nachspeisen. Dieses Süßungsmittel aus komplexen Kohlehydraten ist einfachen Zuckern, wie Honig, Ahornsirup und Melasse vorzuziehen, da letztere zu schnell ins Blut gelangen. Yinnie wird auch als Reissirup bezeichnet.

Yu-Dofu. Ein Tofu-Gemüsegericht, das langsam gegart und mit einer gewürzten Brühe serviert wird. In Japan ist Yu-Dofu ein überall beliebtes Gericht, das besonders an Herbst- und Winterabenden gegessen wird. Man kann es auf verschiedene Weisen anrichten oder mit den verschiedensten Saucen servieren.

Anhang D

Übergangsnahrung

Wenn Sie, wie William Dufty, die industriell aufbereiteten und raffinierten Lebensmittel aus Ihren Schränken und von Ihren Regalen entfernen, machen Sie den ersten Schritt zu einer gesünderen Lebensweise. Die folgende Tabelle soll Ihnen helfen, diesen Übergang bewußt und gut informiert vorzunehmen. Diese Tabelle stellt jedoch keine Richtlinien bezüglich der täglichen makrobiotischen Mahlzeiten auf.

Ich weise hier ausdrücklich darauf hin, daß viele der als »Übergangsnahrung« bezeichneten Lebensmittel, die in Aroma und Beschaffenheit einigen typisch modernen Lebensmitteln ähneln, jedoch wesentlich mehr Nährstoffe als diese liefern und naturbelassen sind, in der makrobiotischen Ernährung normalerweise nur gelegentlich verwendet werden und nicht zum regelmäßigen Verzehr bestimmt sind.

Einige der Nahrungsmittel, die Sie in der rechten Spalte finden, sind hauptsächlich als Ersatz für die herkömmlichen Nahrungsmittel gedacht, die in der linken Spalte aufgeführt sind. Sie können Ihnen die Umstellung erleichtern, während Sie allmählich mit den makrobiotischen Küchentechniken vertraut werden.

Wenn Sie zum Beispiel einen Kuchen backen, können Sie die Zuckermenge, die in Ihrem Lieblingsrezept angegeben ist, durch Gerstenmalz, Yinnie(Reis)-Sirup oder Ahornsirup ersetzen. Für den Guß oder Belag können Sie Pfeilwurzelmehl (Arrowroot) oder Kuzu und feingemahlenes Vollkornmehl anstelle von Eiern und gebleichtem Weißmehl verwenden. Auf diese Weise werden Sie allmählich empfänglicher für die natürlichen Aromen und die Beschaffenheit der Zutaten. Die natürlichen Eigenschaften der Nahrungsmittel bewußt zu empfinden und zu würdigen, ist eines der fundamentalen Prinzipien der makrobiotischen Lebensweise. Denken Sie jedoch daran, daß die Verwendung gesünderer Nahrungsmittel nur ein Teil einer gesünderen Lebensweise ist. Die richtige Anwendung der verschiedenen Zubereitungstechniken und die richtige Zusammenstellung der Nahrungsmittel sind ebenso wichtig. Die makrobiotische Ernährungsweise hilft dem Körper, sich an die jahreszeitlichen Veränderungen anzupassen. Neben der gesünderen Ernährung dürfen wir allerdings nicht vergessen, daß auch regelmäßige, maßvolle Bewegung und eine positive Lebenseinstellung wichtige Aspekte der makrobiotischen Lebensweise sind. Die Empfehlungen, die hier in bezug auf makrobiotische Ernährung gegeben wurden, sind nicht willkürlich, sondern gründen sich auf eine traditionelle und erprobte Ernährungsweise, die viele Menschen auf der ganzen Welt angenommen haben. Ihre Wirksamkeit zeigt sich in der Vitalität und guten Gesundheit dieser Menschen. In vielen Fällen konnte man bei Menschen, die sich auf diese Art der Ernährung umgestellt hatten, die Rückbildung und Heilung schwerer Erkrankungen beobachten. Die Standardempfehlungen der Makrobiotik entwickelten sich im Laufe vieler Jahre durch Erfahrung und sorgfältiges Studium. Darüber hinaus hat der einzelne die Möglichkeit, sich bei einem ausgebildeten Makrobiotikberater Rat zu holen, der ihm helfen kann, die Standardernährung auf ganz individuelle Bedürfnisse anzupassen. Sämtliche in diesem Buch gegebenen Ernährungsratschläge basieren auf dem richtigen Umgang mit ganzheitlichen, naturbelassenen Nahrungsmitteln und sollen den einzelnen bei seinem Streben nach Harmonie und Gesundheit unterstützen. Diese Eigenschaften sind heute, in unserer vielschichtigen modernen Umwelt nötiger denn je.

Informationen über Nahrungsmittel und Zutaten, die zum täglichen Gebrauch empfohlen werden, finden Sie in den Kapiteln 7 und 8.

Übergangsnahrung

	Typische moderne Nahrungsmittel und Zutaten (sollen nicht verwendet werden)	Übergangsnahrung und Zutaten (siehe obenstehende Erläuterung)
Gebackenes	alle Produkte, die mit Molkereierzeugnissen hergestellt sind; Hefegebäcke und Weißmehlerzeugnisse	selbstgemachtes Popcorn, Reiskuchen, Brotsorten ohne Hefe, Vollkorndesserts, Vollgetreide
Getränke	Alkohol, Kaffee, coffeinhaltige Teesorten und handelsübliche Kräutertees, industriell hergestellte Fruchtsäfte, Milch, Limonaden, Leitungswasser	Amasake, Bancha-Tee, grüner Tee, Mu-Tee, natürliche Fruchtsäfte, Reiswein, Samen/Nußmilch, Sojamilch, Quellwasser
Fette	Butter, Sahne, Käse, Margarine, Mayonnaise, Milch, Yoghurt	Nußmus, nicht-raffiniertes Mais-, Oliven-, Erdnuß-, Distel-, Sesam-, Soja- und Sonnenblumenöl
Früchte und süße Gemüsesorten	in Dosen, mit chemischen Konservierungsstoffen und/oder gezuckert; getrocknet und mit chemischen Zusätzen behandelt; aus den Tropen	Karotten, Pastinaken, Kürbisarten, unbehandelte Trockenfrüchte, Früchte aus den gemäßigten Klimazonen
Geliermittel	alle Marken	Agar-agar (Kanten)
Eiweiß	Rindfleisch, Käse, Fische mit dunklem Fleisch, Lamm, Schweinefleisch, Geflügel, Kalbfleisch,	Bohnen, Seitan, Sojaprodukte, Tofu, Fische mit weißem Fleisch, Vollgetreide
	Eier	Pfeilwurzel (Arrowroot) oder Kuzu-Pulver (zum Backen), Tofu
Salz	Tafelsalz (Steinsalz) graues Meersalz, Jodsalz	Gomasio, Miso, Meersalz, Algenpulver, Tamari, Tekka

Süßungsmittel	künstliche Süßstoffe, Schokolade, Maissirup, Honig, Melasse, Zucker, Fruchtzucker	Amasake, Apfelsaft, Gerstenmalz, frische oder gedünstete Früchte, Ahornsirup, Mirin, unbehandelte Trockenfrüchte, Yinnie(Reis)-Sirup
Weißmehlprodukte	alle	Kuchen aus Vollweizen oder anderen Vollgetreiden, Getreidebreie, Plätzchen, Nudeln aus Vollkorn

Weitere Informationen

über Makrobiotik und Kochkurse auf makrobiotischer Basis erhalten Sie vom

Ost-West-Zentrum
Eppendorfer Marktplatz
2000 Hamburg 20
Telefon 040/472750

Für all jene, die ihr Wissen über Makrobiotik noch erweitern möchten, bietet das Kushi-Institut (eine 1979 gegründete Lehreinrichtung mit Zweigstellen in London, Amsterdam und Antwerpen) Ausbildungskurse zum Makrobiotiklehrer oder -berater im Teil- und Vollzeitstudium an. Das Kushi-Institut veröffentlicht außerdem in regelmäßigen Abständen eine Liste der geprüften Makrobiotiklehrer und -berater, die in der Lage sind, andere Menschen auf dem makrobiotischen Weg qualifiziert zu beraten und anzuleiten.

Kushi Institute
17 Station Street
Brookline, MA 02147
(617) 731-0564
USA

Register